Nuevo Avance
Intermedio

Concha Moreno | Victoria Moreno | Piedad Zurita

Primera edición: 2012

Produce: SGEL - Educación
Avd. Valdelaparra, 29
28108 ALCOBENDAS (MADRID)

© Concha Moreno
Victoria Moreno
Piedad Zurita

© Sociedad General Española de Librería, S. A, 2012
Avd. Valdelaparra, 29. 28108 ALCOBENDAS (MADRID)

ISBN: 978-84-9778-743-7 (versión internacional)
ISBN: 978-84-9778-219-7 (versión Brasil)
Depósito Legal: M 20940 2012
Printed in Spain – Impreso en España

Edición: Mise García, Ana Sánchez, Esther Lema
Coordinación editorial: Javier Lahuerta
Cubierta: Track Comunicación (Bernard Parra)
Maquetación: Track Comunicación (Bernard Parra)
Ilustraciones: Gonzalo Izquierdo
Fotografías: Shutterstock, Cordon Press, Concha Moreno, Piedad Zurita
Impresión: Edelvives Talleres Gráficos

Queda prohibida, salvo excepción prevista por la ley, cualquier forma de reproducción, distribución, comunicación pública y transformación de esta obra sin contar con autorización de los titulares de la propiedad intelectual. La infracción de los derechos mencionados puede ser constitutiva de delito contra la propiedad intelectual. (Art. 270 y ss. Código Penal). El Centro Español de Derechos Reprográficos (www.cedro.es) vela por el respeto de los citados derechos.

Presentación

Nuevo Avance es fruto de una larga experiencia docente y cuenta con la garantía de los miles de estudiantes que a lo largo de todos estos años han trabajado y aprendido con él. Renovado de acuerdo con los tiempos, se adapta al *Marco común europeo de referencia* y recoge las directrices del Plan Curricular del Instituto Cervantes, teniendo siempre muy presente la realidad de lo que ocurre en el aula. Todo ello se refleja en la forma en la que se han distribuido los contenidos y las variadas prácticas correspondientes.

Su nuevo formato, de tamaño mayor, cuenta con más ilustraciones, que lo hacen más atractivo tanto para el profesorado como para el alumnado. Entre sus novedades está la grabación de los **pretextos**, lo que será una gran ayuda en el aula y fuera de ella; de este modo, el estudiante dispondrá siempre de un excelente material para escuchar y repetir cuando trabaja en solitario.

Una vez superados los niveles inicial y básico con el A1 y el A2, entramos en el **intermedio**, englobado en el **B1**. Cualquier docente experimentado sabe que este nivel es el que más contenidos abarca, ya que no solo hay que seguir avanzando con todo lo nuevo, sino que exige consolidar lo anterior. En *Nuevo Avance Intermedio*, la cantidad y variedad de contenidos, así como su secuenciación, permiten una progresión adaptada a las necesidades personales y a las del contexto educativo.

Estructura de *Nuevo Avance Intermedio*
Consta de doce unidades. Cada una se compone de las siguientes secciones:

Pretexto
Se introducen de forma visual y reflexiva los contenidos y temas que se trabajarán posteriormente. Las imágenes van reforzadas por las grabaciones correspondientes.

Contenidos gramaticales
Aparecen dos por unidad y hemos procurado que haya equilibrio entre ambos. Llamamos la atención sobre el hecho de que los contenidos que tienen relación con los vistos en los tres niveles anteriores van precedidos de ejercicios de repaso y de reflexión antes de abordar su ampliación.

Practicamos los contenidos gramaticales
Avanzamos hacia la fluidez partiendo de una práctica controlada para fijar estructuras, no solo gramaticalmente correctas, sino también adecuadas pragmáticamente.

En este nivel, la tipología de las prácticas se ha enriquecido, pero mantenemos la diferencia entre las destinadas a consolidar las estructuras y las destinadas a la práctica semiguiada y libre. La forma en que están creadas favorece la expansión de las mismas si se considera oportuno.

A partir de la unidad 7, se incorpora un ejercicio –siempre el número 5– sobre la aplicación pragmática derivada de los conocimientos gramaticales. En él partimos de los elementos aparecidos en el **Pretexto** o en la sección **Practicamos los contenidos gramaticales** para enfocarlos desde un nuevo punto de vista. Con ello pretendemos desarrollar la conciencia lingüística y dar oportunidades de aplicación en el aula.

Contenidos léxicos
Con espacio y atención independiente dentro del conjunto de la unidad, los contenidos léxicos se presentan unidos a documentos reales y con gran despliegue visual. Jugamos con los conocimientos previos del alumnado y propiciamos estrategias de inferencia antes de pasar al trabajo concreto.

Practicamos los contenidos léxicos

Con las propuestas presentadas empezamos a atender los diferentes planos de las palabras: el lingüístico, el discursivo, el referencial y el pragmático. Para la práctica proponemos juegos, el uso contextualizado de los nuevos términos, los mapas conceptuales, las definiciones, las asociaciones, la referencia a la propia lengua, etc.

De todo un poco

Apartado destinado a la profundización de todas las destrezas.

La expresión oral que impregna el material desde el **Pretexto** se practica en las secciones **Interactúa**, dedicada a la interacción, y **Habla**, orientada a la exposición personal. La comprensión auditiva, que se va afianzando con las grabaciones de **Pretextos** y **prácticas**, se refuerza con dos **Escucha**. En uno de ellos, retomamos y ampliamos las funciones comunicativas y damos un especial énfasis a los contenidos socioculturales y pragmáticos. Ambas audiciones permiten no solo desarrollar la comprensión sino que son pretexto para seguir interactuando. Mantenemos las secciones destinadas a la **lectura** y la **escritura**, pero ampliando la tipología textual reforzando lo ya practicado.

Una vez más, perseguimos la coherencia de toda la unidad, relacionando los contenidos presentados con las prácticas, que han sido estudiadas en su variedad y objetivos para que los estudiantes, usuarios de la lengua como agentes sociales, activen sus recursos cognitivos y afectivos, sin olvidar que el uso de todas sus estrategias y competencias los conducirán a la acción.

Pretendemos que al terminar este nivel el/la estudiante deje de ser usuario dependiente y empiece a ser usuario independiente.

Repasos

Cada tres unidades se presentan:
- Actividades dedicadas al repaso de las cuatro destrezas.
- Ejercicios recopilatorios de elección múltiple.

Al final del libro, incluimos un ejemplo de **examen DELE** del nivel **B1** siguiendo el modelo oficial.

Ejercicios extra

- Van al final del libro y se ofrecen como refuerzo.
- Consisten en un ejercicio de gramática, otro de vocabulario y un texto que –siguiendo el estilo de los que aparecen en los DELE– hay que completar con diferentes palabras y expresiones.

El manual se completa con varios **Apéndices**:
- Gramatical
- Glosario
- Trascripción de las audiciones
- Cuaderno de sugerencias didácticas y soluciones en la web de SGEL: *www.sgel.es/ele*

Agradecemos una vez más la buena acogida que desde 1995 (fecha de aparición del primer ***Avance***) ha tenido nuestro trabajo y confiamos en que esta nueva edición, que comparte las bases metodológicas de la anterior pero renovada en su estructura, contenidos, textos y actividades, sea merecedora de la confianza de profesores y estudiantes de español.

Ese ha sido nuestro propósito.

Las autoras

Índice

TABLA DE CONTENIDOS	6
UNIDAD 1: *La ciudad es mi planeta*	10
UNIDAD 2: *¡Cuánto hemos cambiado!*	22
UNIDAD 3: *La medida del tiempo*	34
REPASO: Unidades 1, 2 y 3	48
UNIDAD 4: *Vamos a contar historias*	52
UNIDAD 5: *Los espectáculos*	66
UNIDAD 6: *La diversidad es nuestra realidad*	80
REPASO: Unidades 4, 5 y 6	94
UNIDAD 7: *Nuestra lengua*	98
UNIDAD 8: *Los estudios, ¿una obligación? No*	112
UNIDAD 9: *Dar las gracias no cuesta dinero*	126
REPASO: Unidades 7, 8 y 9	140
UNIDAD 10: *Ellos y ellas*	144
UNIDAD 11: *Me lo dijeron dos veces*	158
UNIDAD 12: *El mundo del trabajo*	172
REPASO: Unidades 10, 11 y 12	186
EXAMEN DELE	192
APÉNDICE GRAMATICAL	208
GLOSARIO	230
TRANSCRIPCIONES DE LAS AUDICIONES	234

Tabla de contenidos

UNIDAD 1: *La ciudad es mi planeta*

Contenidos temáticos
- La ecología y el medio ambiente.
- El reciclado.
- Tu futuro profesional.
- Tus hábitos.
- Tu ciudad.
- Los deseos para el futuro.

Contenidos gramaticales
- Repaso del futuro.
- El condicional simple regular e irregular.
- Repaso de la probabilidad referida al presente.
- La probabilidad referida al pasado.
- Repaso y ampliación de los adverbios y locuciones adverbiales.

Contenidos léxicos
- Materiales reciclables.
- Lugares donde se recicla.
- Elementos de una ciudad y una vida ecológica.

Contenidos funcionales y socioculturales
- Pedir favores.
- Expresar deseos para el futuro.
- Presentar una ciudad.

Contenidos pragmáticos
- La cortesía para pedir favores.
- La atenuación de las afirmaciones: la probabilidad.

Tipología textual
- Texto expositivo: el reciclado.
- Monólogo:
  • Hablar de una ciudad.
- Texto dialógico:
  • Conversaciones con personas conocidas.
  • Interacciones breves.
  • Entrevista a un alcalde.
- Texto informativo:
  • Carteles.

UNIDAD 2: *¡Cuánto hemos cambiado!*

Contenidos temáticos
- Los inventos.
- Los cambios personales y sociales.

Contenidos gramaticales
- Repaso de los pretéritos perfecto e indefinido.
- Contraste entre los pretéritos perfecto e indefinido.
- Reflexión sobre los marcadores temporales.
- Repaso y ampliación de los demostrativos: los pronombres demostrativos.

Contenidos léxicos
- Inventos de todos los tiempos.
- Objetos perdidos.
- Recursos para describir a la familia 'Clon'.

Contenidos funcionales y socioculturales
- Proponer planes.
- Hablar de los cambios personales y sociales.

Contenidos pragmáticos
- Recursos para proponer, aceptar o rechazar planes.
- Justificar/atenuar el rechazo.

Tipología textual
- Textos dialógicos:
  • Interacciones breves.
  • Conversación en el **Messenger**.
  • Blog o bitácora.
  • Entrevista a una alcaldesa.
- Monólogo:
  • Hablar sobre el uso de las nuevas tecnologías.
- Textos expositivos:
  • Correos electrónicos.
- Texto informativo:
  • Noticia periodística.

UNIDAD 3: *La medida del tiempo*

Contenidos temáticos
- Calendarios y relojes.
- Actividades que están y no están de moda.
- Revistas de moda.

Contenidos gramaticales
- Repaso de los pretéritos perfecto, indefinido e imperfecto.
  • Contrastes de significados.
- Repaso de los pronombres de objeto directo e indirecto.
- Los pronombres de objeto directo e indirecto agrupados.

Contenidos léxicos
- El tiempo, calendarios y relojes.
- La ropa y los complementos.
- Actividades de moda.

Contenidos funcionales y socioculturales
- Contar historias.
- Hacer entrevistas.
- Las revistas de moda.

Contenidos pragmáticos
- Fórmulas para mostrar enfado.
- Recursos para preguntar si alguien sabe algo y responder afirmativa y negativamente.
- Mostrar desacuerdo.

Tipología textual
- Texto dialógico:
  • Interacciones breves.
  • Preguntas de respuesta abierta.
  • Conversación con un extraterrestre.
  • Entrevistas.
- Monólogo:
  • Explicar una historieta.
- Texto descriptivo:
  • Un sueño.
- Texto narrativo - descriptivo:
  • La vida en el campo y la ciudad.
- Texto expositivo:
  • Los relojes.
  • TBO.
  • Juego: la Oca.

REPASO: Unidades 1, 2 y 3

Tabla de contenidos

UNIDAD 4: *Vamos a contar historias*

Contenidos temáticos
- Anécdotas.
- Cuentos tradicionales.
- Los viajes Erasmus.

Contenidos gramaticales
- Repaso de los pretéritos estudiados hasta ahora.
- Pluscuamperfecto de indicativo.
- Ortografía y fonética.

Contenidos léxicos
- Colores, clima y paisaje.
- Fenómenos atmosféricos.
- Trabalenguas.

Contenidos funcionales y socioculturales
- Contar anécdotas.
- Contar cuentos.
- Preguntar y expresar opiniones.
- Cuentos tradicionales.

Contenidos pragmáticos
- Atenuar las opiniones.

Tipología textual
- Textos dialógicos:
  - Interacciones breves.
  - Conversación entre amigos.
  - Entrevistas breves.
- Monólogo:
  - Describir una historieta.
- Textos narrativo – descriptivos:
  - La historia de un robo.
  - Los cuentos.
  - La casa misteriosa.
- Avisos, anuncios y mensajes.
- Chistes gráficos.

UNIDAD 5: *Los espectáculos*

Contenidos temáticos
- Los espectáculos.
- El cine español.
- Actividades culturales.
- Los payasos y su función social.

Contenidos gramaticales
- Introducción al subjuntivo:
  - Presentes de subjuntivo: verbos regulares y algunos irregulares.
  - Verbos de sentimiento + que + presente de subjuntivo.
  - Verbos de influencia + que + presente de subjuntivo.
- La acentuación.

Contenidos léxicos
- Espectáculos y actividades culturales.
- Verbos que expresan sentimientos e influencia.

Contenidos funcionales y socioculturales
- Expresar preferencias.
- Invitar a alguien a algo: aceptar o rechazar invitaciones.
- Comportamiento del público en el cine.

Contenidos pragmáticos
- Atenuar/justificar el rechazo.
- Aceptar con reservas.
- Mostrar la actitud del hablante hacia su interlocutor o frente a los hechos.

Tipología textual
- Textos dialógicos:
  - Interacciones breves.
  - Debate dirigido.
- Texto descriptivo:
  - Me gusta el cine.
- Texto literario:
  - Poema.
- Monólogo:
  - Describir un fotograma.
  - Hablar sobre un concierto.
- Textos informativos:
  - Teatralia.
  - Payasos sin fronteras.
  - Carteleras de espectáculos.

UNIDAD 6: *La diversidad es nuestra realidad*

Contenidos temáticos
- La inmigración. Los nuevos españoles.
- Un día normal en tu vida.
- La gastronomía.

Contenidos gramaticales
- Presentes de subjuntivo: verbos irregulares.
- Verbos de entendimiento, lengua y percepción («de la cabeza») + que + indicativo/subjuntivo.
- Ser/Estar + sustantivo/adjetivo/adverbio + que + indicativo/subjuntivo.
- Las preposiciones que expresan lugar y tiempo. Repaso y ampliación.

Contenidos léxicos
- Verbos para expresar percepción; opinión, etcétera.
- Platos típicos de diferentes regiones españolas e hispanoamericanas.
- Recipientes y utensilios de cocina.

Contenidos funcionales y socioculturales
- Dar o no dar la razón a alguien.
- Hablar de la cocina de cada país.
- Platos típicos.

Contenidos pragmáticos
- Atenuar las creencias (creo, me parece...).
- Afirmar que otro tiene / no tiene razón.

Tipología textual
- Textos dialógicos:
  - Interacciones breves.
  - Comentarios y reacciones.
  - Debate dirigido.
- Texto dialógico-informativo:
  - Entrevistas.
- Texto expositivo-argumentativo:
  - Diferencias entre mi país y los que conozco.
- Texto narrativo-descriptivo:
  - Españoles en América.
- Textos informativos:
  - Una receta de cocina.
  - Carteles.

REPASO: Unidades 4, 5 y 6

Nuevo Avance Intermedio

Tabla de contenidos

UNIDAD 7: *Nuestra lengua*

Contenidos temáticos
- La lengua española.
- Algunas costumbres españolas.
- La mejor forma de aprender un idioma.
- La importancia del acento en una lengua extranjera.

Contenidos gramaticales
- La expresión del deseo. Repaso y ampliación: *que / ojalá + presente de subjuntivo*.
- La expresión de la duda. Repaso y ampliación.
- Repaso y ampliación de las preposiciones (2).

Contenidos léxicos
- Palabras usuales de origen latino, árabe y americano.
- Comunidades y ciudades autónomas españolas.

Contenidos funcionales y socioculturales
- Pedir cosas que se devuelven y cosas que no se devuelven.
- Expresar dudas y deseos.
- -
- La España autonómica.
- Las lenguas cooficiales en España y América.

Contenidos pragmáticos
- Atenuar las afirmaciones: indicativo / subjuntivo.
- Desear algo a los demás mostrando empatía.
- Reflexión sobre elementos discursivos y gramaticales de la unidad.

Tipología textual
- Textos dialógicos:
  • Interacciones breves.
  • Reacciones y respuestas.
  • Debate dirigido.
- Texto expositivo:
  • Carta.
- Texto informativo virtual:
  • Consulta a un foro.
- Texto informativo:
  • Las lenguas de España y América.

UNIDAD 8: *Los estudios, ¿una obligación? No*

Contenidos temáticos
- Los estudios. Elegir una carrera.
- Recuerdos del colegio / la escuela.
- Los buenos estudiantes.

Contenidos gramaticales
- Oraciones finales: *para, para que + subjuntivo*.
- Oraciones temporales: *cuando + indicativo / subjuntivo*. Revisión y ampliación.
- Oraciones de relativo *+ indicativo / subjuntivo*. Revisión y ampliación.
- Revisión y ampliación de las oraciones causales, consecutivas y condicionales.

Contenidos léxicos
- Lenguaje escolar.
- Abreviaturas y acortamientos.

Contenidos funcionales y socioculturales
- Expresar causas, consecuencias y condición.
- Buscar soluciones a situaciones difíciles.
- Expresar angustia, miedo, nerviosismo, extrañeza, escepticismo.
- -
- Carreras más demandadas en España.

Contenidos pragmáticos
- Mantener el hilo conductor del discurso: la causa y la consecuencia.
- Reflexión sobre elementos discursivos y gramaticales de la unidad.

Tipología textual
- Textos dialógicos:
  • Interacciones breves.
  • Comentario y reacciones.
  • Contrastar opiniones.
  • Entrevistas breves.
- Texto expositivo:
  • Cuando lleguen los exámenes.
  • Sugerencias.
- Monólogo:
  • Recuerdos del colegio, de la escuela.
- Textos informativos:
  • Artículo de periódico.
  • Tests.
  • Formularios.
- Juego:
  • Juego de la oca.

UNIDAD 9: *Dar las gracias no cuesta dinero*

Contenidos temáticos
- La buena y la mala educación.
- Diferentes costumbres de la vida social.
- El uso adecuado del teléfono.

Contenidos gramaticales
- Repaso y ampliación del imperativo: el imperativo negativo.
- El imperativo y los pronombres.
- La puntuación.

Contenidos léxicos
- Actividades que pueden / no pueden hacerse en público.

Contenidos funcionales y socioculturales
- Dar consejos, órdenes, instrucciones.
- Terminar una conversación.
- -
- Cuándo hablar de *tú* o de *usted* a alguien (ampliación).
- Ocasiones y fórmulas para brindar.

Contenidos pragmáticos
- Atenuar o reforzar las órdenes, consejos e instrucciones.
- Reforzar las opiniones mediante la entonación.
- Reflexión sobre elementos discursivos y gramaticales de la unidad.

Tipología textual
- Textos dialógicos:
  • Interacciones breves.
  • Conversación entre amigos.
  • Reacciones y respuestas.
  • Debates dirigidos.
- Texto expositivo:
  • Panamá.
  • Curso de buenas maneras: el teléfono.
- Monólogo:
  • Expresar opiniones sobre la educación.
- Textos descriptivo-narrativo:
  • ¿Qué pasó en la fiesta?
- Texto informativo:
  • Carteles
  • Planos de dos ciudades.

REPASO: Unidades 7, 8 y 9

Tabla de contenidos

UNIDAD 10: *Ellos y ellas*

Contenidos temáticos
- Los hombres y las mujeres.
- Algunas actividades cotidianas.
- Las tareas de la casa.
- Los alimentos preferidos por hombres y mujeres.
- El trabajo de hombres y mujeres.

Contenidos gramaticales
- Repaso y ampliación de los verbos ser, estar y hay.
- Adjetivos que se construyen con ser y estar.
- Consolidación de los posesivos con artículo.

Contenidos léxicos
- Recursos para describir: un lugar público; un cuadro.
- Algunos verbos que expresan cambios: volverse; hacerse; ponerse.
- Actividades cotidianas.
- Adjetivos para describir personas (repaso y ampliación).
- Alimentos.

Contenidos funcionales y socioculturales
- Elaborar un retrato.
- Hablar de alimentación.
- Proponer, aceptar o rechazar una cita.
- Cuentos tradicionales.

Contenidos pragmáticos
- Justificar una propuesta para verse.
- La cortesía para rechazar una cita.
- Reflexión sobre elementos discursivos y gramaticales de la unidad.

Tipología textual
- Textos dialógicos:
  • Interacciones breves.
  • Conversación entre amigos.
- Monólogo:
  • Describir una historieta.
- Textos descriptivos:
  • La plaza de mi ciudad.
  • Un retrato.
  • Historieta familiar.
- Texto informativo:
  • Anuncio publicitario.

UNIDAD 11: *Me lo dijeron dos veces*

Contenidos temáticos
- Transmitir distintos tipos de mensajes.
  • Entre amigos.
  • Entre colegas de trabajo.
- La puntualidad como rasgo cultural.
- La diversidad cultural.

Contenidos gramaticales
- El estilo indirecto en modo indicativo.
- Los sustantivos:
  • El género de los sustantivos (repaso y ampliación).
  • Género de los sustantivos que empiezan por a y ha- tónica.
  • Sustantivos compuestos de verbo + sustantivo.

Contenidos léxicos
- Objetos de nombre compuesto.
- Palabras que se dicen de modo diferente en España y en algunos países hispanoamericanos.

Contenidos funcionales y socioculturales
- Fórmulas para excusarse.
- Recursos para preguntar y responder si se recuerda algo o no.
- La puntualidad en los diferentes países.

Contenidos pragmáticos
- Recursos para transmitir las palabras de otros.
- Los malentendidos y el humor.
- Reflexión sobre elementos discursivos y gramaticales de la unidad.

Tipología textual
- Textos dialógicos:
  • Interacciones breves.
  • Interacciones telefónicas.
  • Entrevistas breves.
- Monólogo:
  • Describir una historieta y dar excusas.
- Texto argumentativo:
  • Debate dirigido.
- Texto narrativo:
  • Enigmas.
- Texto narrativo:
  • Condorito.
  • Chistes gráficos.
  • Cuestionario para completar.

UNIDAD 12: *El mundo del trabajo*

Contenidos temáticos
- El mundo del trabajo.
- El teletrabajo.
- Ser o no ser funcionario.
- Vivir sin trabajar.
- La cultura del **slow down**.

Contenidos gramaticales
- La expresión de la impersonalidad.
- Repaso y ampliación de las perífrasis: **llevar** + *gerundio* / **llevar sin** + *infinitivo*; **seguir** + *gerundio* / **seguir sin** + *infinitivo*; **ponerse a** + *infinitivo*; **volver a** + *infinitivo*.

Contenidos léxicos
- Mundo del trabajo.
- Cuentas bancarias.

Contenidos funcionales y socioculturales
- Expresar opiniones.
- Expresar gustos, intereses y aficiones.
- Recursos para abrir una cuenta bancaria.
- Recursos para contestar a una entrevista por la calle.

Contenidos pragmáticos
- Atenuación de los papeles de hablante y oyente: la impersonalidad.
- Reflexión sobre elementos discursivos y gramaticales de la unidad.

Tipología textual
- Textos dialógicos:
  • Interacciones breves.
  • Interacción en el banco.
  • Entrevistas breves.
- Textos informativo/explicativo:
  • La cultura del **slow down**.
  • Texto argumentativo: debate dirigido.
- Texto informativo:
  • Anuncio.
  • Correos electrónicos.
- Diario interactivo:
  • Blog o bitácora.

REPASO: Unidades 10, 11 y 12

1

La ciudad es mi planeta

Al terminar esta unidad serás capaz de...

- Expresar deseos.

- Dar consejos.

- Expresarte con cortesía.

- Expresar probabilidad en pasado.

- Entender y hablar sobre la conservación del medio ambiente y de las técnicas adecuadas para la reutilización y el reciclado.

1. Pretexto

Para mí, una ciudad ecológica sería pequeña. Los edificios no serían muy altos, estarían bien orientados y habría paneles solares en todos los tejados. Los vecinos tendrían que poner plantas en todas las terrazas y balcones. Anualmente se celebraría un concurso de plantas y se daría un premio a la más bonita. Pondría un carril para las bicis por donde los ciclistas podrían circular sin peligro y prohibiría el tráfico por el centro, excepto para los vecinos, taxis, autobuses y ambulancias, que circularían lentamente. Y funcionaría un tranvía eléctrico. Habría espacios verdes en cada barrio, donde los niños jugarían al aire libre, los mayores se sentarían en los bancos, los jóvenes se reunirían con sus amigos y todos podrían hacer deporte. Potenciaría un pequeño comercio que recuperaría el trato humano entre vendedores y clientes.
¿Pido demasiado?

1 Escucha, lee y contesta.
  a ¿Qué tipo de energía se propone?
  b ¿Cada cuánto tiempo tendría lugar el concurso de plantas?
  c ¿Qué vehículos podrían circular por el centro?
  d ¿A qué tipo de comercio se ayudaría?

2 Y ahora reflexiona.
  a Enumera las palabras relacionadas con la ciudad.
  b ¿Qué elementos ecológicos aparecen en el texto?
  c Subraya las formas verbales. ¿A qué otro tiempo te recuerdan?
  d ¿Podrías decir cómo se forma este nuevo tiempo verbal?

3 Habla.
  a ¿Te gustaría vivir en una ciudad como esta?

1. La ciudad es mi planeta

2. Contenidos gramaticales

1 El futuro.

En el Pretexto has visto el condicional. Su formación recuerda al futuro. ¿Te acuerdas del futuro? Completa estos diálogos para comprobarlo.

1. ● Te (volver a llamar, yo) <u>*volveré a llamar*</u> dentro de un rato.
   ▼ De acuerdo. Entonces ya (tener, yo) _____ la información que necesitas.

2. ● ¿Quién es esa chica alta y morena que va con tu hermano?
   ▼ (Ser, ella) _____ Alejandra, una compañera de clase.

3. ● Creo que tu hija (ser) _____ una gran bailarina.
   ▼ Yo también lo creo porque se mueve muy bien.

4. ● ¿Dónde está Maruja? La he buscado por algunos despachos y no la encuentro.
   ▼ (Estar, ella) _____ desayunando.

5. ● Dentro de unos años no (haber) _____ ni televisores, ni vídeos, ni ordenadores; (haber) _____ un único aparato electrónico en todos los hogares.
   ▼ Y otras muchas cosas que ahora no podemos imaginar.

6. ● Si comes tanto, (doler, a ti) _____ el estómago.
   ▼ ¡Pero si no estoy comiendo mucho!

Verbos regulares.

Hablar	Comer	Subir
hablar-**é**	comer-**é**	subir-**é**
hablar-**ás**	comer-**ás**	subir-**ás**
hablar-**á**	comer-**á**	subir-**á**
hablar-**emos**	comer-**emos**	subir-**emos**
hablar-**éis**	comer-**éis**	subir-**éis**
hablar-**án**	comer-**án**	subir-**án**

2 El condicional.

> Se forma con el infinitivo + las terminaciones -ía / -ías / -ía / -íamos / -íais / -ían

a Ahora, termina de conjugar estos verbos.

Hablar	Comer	Subir
hablar-**ía**	comer-**ía**	subir-**ía**
hablar-**ías**	comer-**ías**	subir-
hablar-**ía**	comer-**ía**	subir-
hablar-**íamos**	comer-	subir-
hablar-**íais**	comer-	subir-
hablar-**ían**	comer-	subir-

Condicionales irregulares. Se forman a partir del futuro. Completa las formas que faltan.

Pierden la **-e**:	Pierden una vocal y una consonante:	Pierden una vocal y añaden una **-d**:
Que**r**er: quer**r**ía	Ha**c**er: ha**r**ía	Po**n**er: pon**dr**ía
quer**r**ías	ha**r**ías	pon**dr**-
quer**r**ía	ha**r**ía	pon**dr**-
quer**r**íamos	ha**r**-	pon**dr**-
quer**r**íais	ha**r**-	pon**dr**-
quer**r**ían	ha**r**-	pon**dr**-

12 Nuevo Avance Intermedio

b ¿Recuerdas qué verbos pertenecen a cada grupo?

*¿**Podría** repetir la pregunta?*
*¿Me **harías** un favor?*

Usamos el condicional para:
a Dar consejos con fórmulas de obligación. 　　***Deberías** trabajar menos y salir más.* 　　***Tendrías** que contar a la policía lo que ha ocurrido.*
b Expresar deseos. 　　***Sería** estupendo vivir en un mundo sin contaminación y con agua para todos.* 　　***Nos apetecería** hacer un largo viaje por toda Hispanoamérica.*
c Hablar con cortesía. 　　*¿**Podría** explicar este ejercicio de nuevo?* 　　*¿**Le importaría** volver más tarde?* **RECUERDA** El imperfecto también se usa para ser más amables. *(En una tienda)* ● *Buenos días, ¿qué **deseaba**?* ▼ ***Quería** probarme ese vestido.*
d Expresar inseguridad/probabilidad cuando la acción está en pretérito imperfecto o en pretérito indefinido.

Ya sabes que para expresar inseguridad y probabilidad en presente usamos el futuro. Completa para comprobarlo.

	Seguridad	Inseguridad/Probabilidad
¿Cuándo es el cumpleaños de Analía?	**Es** el mes que viene.	**Será** el mes que viene porque es Acuario.
¿Por qué llora Lucía?		
¿Dónde está mi paraguas?		

Y ahora, mira cómo funciona con los pasados.

	Seguridad	Inseguridad/Probabilidad
¿A qué hora te llamaron?	**Me llamaron** a las 10:00 h.	**Me llamarían** a las 10:00 h.
¿Qué le pasaba ayer a Ana?	Le **dolía** la espalda.	Le **dolería** la espalda.

RECUERDA

Seguridad	Inseguridad/Probabilidad
Presente	Futuro
Pretérito imperfecto	Condicional
Pretérito indefinido	Condicional

1. La ciudad es mi planeta

3 Adverbios y locuciones adverbiales.

DE LUGAR
aquí, ahí, allí
arriba / abajo
cerca / lejos
delante / detrás
encima / debajo
enfrente

DE MODO
bien, regular, mal
despacio / deprisa
la mayoría de los terminados en -mente*

DE CANTIDAD
más / menos
todo, algo, nada
poco, bastante = mucho, demasiado, casi, solo

DE TIEMPO
ayer, hoy, mañana
antes, ahora, después
pronto = temprano / tarde
siempre / nunca = jamás
anteayer / pasado mañana
anoche

DE DUDA
quizá = quizás
posiblemente,
probablemente,
tal vez, a lo mejor
seguramente...

DE AFIRMACIÓN
sí
también
cierto
sin duda

DE NEGACIÓN
no
jamás = nunca
tampoco

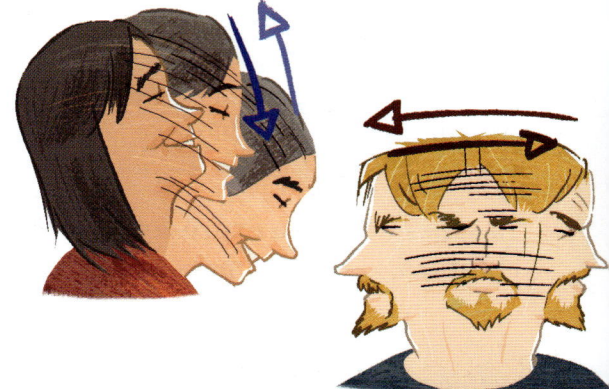

*Formación de los adverbios en -mente:

- La terminación -mente: se añade directamente a los adjetivos que terminan en consonante o en -e: *fácil* → **fácilmente**. *Inteligente* → **inteligentemente**.
- Para los adjetivos que tienen forma masculina y femenina, la terminación -mente se añade a la femenina: *claro* → **clara** → **claramente**.

ATENCIÓN
Cuando aparecen seguidos varios adverbios en -mente, solo lleva la terminación el último.
Has explicado las dudas que teníamos clara y brevemente. Se esfozaron física y mentalmente para llegar a la final.

3. Practicamos los contenidos gramaticales

1 a Pon los infinitivos en condicional.

Lali: Me (1) (encantar) *encantaría* ser astronauta porque así (2) (poder, yo) _____ salir al espacio, y de este modo (3) (conseguir, yo) _____ ver la Tierra desde el exterior. (4) (Ser) _____ una sensación increíble: poder ver en un momento los océanos, las grandes montañas, la Amazonia... ¡Un sueño!

Sergio: ¿Pero, no te (5) (dar) _____ miedo alejarte de la Tierra a una velocidad vertiginosa?

Lali: No, estoy segura de que no (6) (tener) _____ ningún miedo.

Sergio: Pero, ¿hablas en serio? ¿De verdad (7) (querer, tú) _____ ser astronauta?

Lali: Completamente en serio y, además, voy a intentarlo porque (8) (ser) _____ una gran frustración para mí no hacerlo.

Sergio: Bueno, Lali, pues nada*... ¡Ánimo y adelante!

*__PUES NADA__: pues ya no tengo nada más que decir sobre este asunto. Se usa para terminar una conversación.

La ciudad es mi planeta

b **Si todavía no tienes una carrera o una profesión, di a tus compañeros/as qué te gustaría ser en el futuro.**

2 a Escribe los verbos en futuro o condicional.

1 ● Si te echas una buena siesta, (sentirte, tú) *te sentirás* mejor.
   ▼ (Gustar, a mí) _____, pero no tengo tiempo.

2 ● Buenos días, (querer, yo) _____ un billete para Madrid en el AVE de las 15:00 h.
   ▼ Lo siento, pero ya no quedan plazas.

3 ● (Deber, tú) _____ cortarte el pelo, lo tienes demasiado largo.
   ▼ Pero es que a mi novio le gusta así.

4 ● (Deber, tú) _____ que decirle la verdad a tu madre, si no*, se (enfadar, ella) _____.
   ▼ (Hablar) _____ con ella mañana por la mañana.

5 ● Hola, Violeta, ¿(poder, tú) _____ darme el número de teléfono de Carlos?
   ▼ No lo tengo aquí, pero mañana te lo (dar, yo) _____.

6 ● ¿(Ir, tú) _____ a la fiesta de Ismael?
   ▼ La verdad es que me (gustar) _____ mucho, pero no quiero ver a Paloma.

7 ● Buenos días, ¿(poder, usted) _____ fotocopiar las páginas 14 y 15 de este libro?
   ▼ Lo siento, pero está prohibido fotocopiar libros.

__SI NO__: el verbo siguiente está omitido porque resulta obvio. «Si no (le dices la verdad a tu madre), se enfadará».

b Forma la probabilidad con futuro o condicional.

¿Dónde está Marina?
Creo que está en la librería Baroja.
Tú: **Estará** *en la librería Baroja.*

1 ● ¿Quién es ese niño?
   ▼ A lo mejor es el hijo de Pablo.
   Tú: _____.

2 ● ¿Por qué no comió casi nada Lola?
   ▼ Porque creo que no le gustó el almuerzo.
   Tú: _____.

3 ● ¿Por qué no vino ayer Germán?
   ▼ Tal vez tenía otra cita.
   Tú: _____.

4 ● ¿Quién es Irene?
   ▼ Creo que es la novia de José Luis.
   Tú: _____.

5 ● ¿Por qué no te llamó Jorge?
   ▼ Porque creo que no le funcionaba el teléfono.
   Tú: _____.

6 ● Pero, ¿cuántos mensajes tienes sin leer?
   ▼ Me parece que tengo 100.
   Tú: _____.

7 ● ¿Por qué se divorciaron los padres de Juan?
   ▼ Me parece que tenían problemas de convivencia.
   Tú: _____.

8 ● ¿Dónde está la factura de la florería*?
   ▼ A lo mejor está en la carpeta negra.
   Tú: _____.

__FLORERÍA:__ forma común de Hispanoamérica, salvo en Venezuela, El Ecuador, Nicaragua, Honduras, Costa Rica y Guatemala donde se dice floristería como en España.

La ciudad es mi planeta

3 Primero completa este texto y luego habla con tu compañero/a sobre lo que dice. ¿Cuándo y para qué te gustaría ser invisible?

> Me (1) (encantar) *encantaría* ser invisible a ratos, porque así (2) (poder) _____ ver muchas cosas sin ser visto, por ejemplo, (3) (entrar) _____ en el despacho de la profesora de Física para mirar las preguntas y saber las respuestas.
> Siendo invisible, (4) (escuchar) _____ conversaciones secretas y así (5) (saber) _____ lo que nadie sabe.
> Como no tengo mucho dinero, siendo invisible (6) (poder) _____ hacer muchas cosas sin pagar.
> ¡(Ser) (7) _____ estupendo ser invisible algunas veces!

4 Pon estos adverbios en el lugar correcto.

> temprano • después • bastante • <u>seguramente</u> • despacio • más
> • tarde • tampoco • nunca • ahora • quizá

1 ● ¿Por qué no me puedo conectar a internet?
  ▼ <u>Seguramente</u> será problema del *router*. Está fallando mucho.
2 ● ¿Quiere usted _____ hielo?
  ▼ No, gracias. Con este tengo _____.
3 ● Me encanta levantarme _____ y ver amanecer.
  ▼ Pues yo lo odio. Cuando puedo me levanto muy _____.
4 ● Conduce más _____, hay mucha niebla.
  ▼ Tranquilo, yo sé lo que hago.

5 ● ¿Qué planes tienes para el fin de semana?
  ▼ _____ vamos a Toledo.
6 ● _____ voy al cine el día del espectador.
  ▼ Yo _____. No soporto el ruido que hace la gente comiendo palomitas.
7 ● ¿Puedes echarme una mano?
  ▼ _____ estoy ocupado. ¿Te importa venir _____?

5 a Contesta a este test individualmente.

Hábitos y costumbres

Usted se levanta
☐ temprano   ☐ tarde

Desayuna en casa
☐ siempre   ☐ casi siempre
☐ a veces   ☐ nunca

¿Cómo conduce usted?
☐ deprisa   ☐ normal   ☐ despacio

¿Cómo cree que está su economía?
☐ bien   ☐ regular
☐ mal   ☐ fatal

¿Trabajaría para una ONG?
☐ sí   ☐ seguramente
☐ quizás   ☐ no

¿Robaría un banco?
☐ sí   ☐ posiblemente
☐ jamás

¿Hace deporte?
☐ nada   ☐ poco
☐ algo   ☐ bastante   ☐ mucho

b Ahora, busca al compañero/a de la clase que tiene más puntos en común contigo y comentad vuestras opiniones.

La ciudad es mi planeta **1**

4. Contenidos léxicos

5. Practicamos los contenidos léxicos

1 Adivina qué es.

1 Lugar donde se depositan los elementos que queremos reciclar.
   _____.

2 Material de una botella de agua.
   _____.

3 Los hay de tres colores: azul, amarillo y verde y cada uno tiene una función distinta.
   _____.

4 Van al contenedor de papel después de leerlas.
   _____.

5 Con ellas funciona, por ejemplo, una radio.
   _____.

6 Es lo que hacemos si seguimos todas estas normas.
   _____.

7 Material de una botella de vino.
   _____.

8 Envase en el que suele presentarse la leche.
   _____.

Nuevo Avance Intermedio

1 La ciudad es mi planeta

2 a Por equipos, elegid dos o tres elementos. Vuestros/as compañeros/as tienen que hacer tres preguntas para adivinar qué es. Vosotros/as solo podéis contestar sí o no.

¿Contiene un líquido? Sí.
¿El líquido es transparente? Sí.
¿Va al contenedor de plásticos? Sí.
La botella de agua.

b Ahora vamos a hacerlo al contrario. Os damos los nombres de diferentes elementos del reciclado y vosotros tenéis que intentar dar una definición.

La basura.
Son las cosas que ya no necesitamos.
La ponemos en bolsas.

6. De todo un poco

1 Interactúa.

A Habéis sido elegidos presidentes del gobierno de vuestro país. En grupos, decidid qué medidas tomaríais para cuidar el medio ambiente. Comparad vuestras respuestas con las de vuestros/as compañeros/as.

Yo, prohibiría el tráfico por el centro de las ciudades.

B En parejas o grupos, pensad en cuatro cosas que ayudan a cuidar el medio ambiente y en otras cuatro que destruyen o perjudican al medio ambiente. Aquí tenéis unos ejemplos.

Limpia y desinfecta
incluso en agua fría.

Suaviza la ropa y acaba con los malos olores.

Gran ahorro. La **ECOBOLA IRISANA** tiene hasta 3 años de vida útil o 1000 lavados. Ahorra varias decenas de kilos de detergente al año.

La utilización de la **ECOBOLA IRISANA** es un método barato, saludable y ecológico.

CONTAMINAN MUCHO.

Una sola pila alcalina puede **contaminar** 175 000 litros de agua (más de lo que puede **consumir** una persona en toda su vida).
Cuando ya no **sirven**, hay que ponerlas en contenedores especiales.
Es mejor **utilizar** aparatos eléctricos.

La ciudad es mi planeta

2 Habla.

Explica a tus compañeros/as brevemente cómo es tu localidad. Diles qué te gusta de ella, qué cosas cambiarías y por qué.

Soy de un pueblo del centro de mi país. Está a 32 kilómetros de una ciudad bastante grande. Durante el día hay poca gente porque la mayoría trabaja fuera del pueblo...

3 Escucha, lee e interactúa.

A Pedir favores.

1 Escucha los siguientes diálogos y contesta.

1 ¿Qué están haciendo las personas que hablan?
   a Pedir permiso
   b Pedir favores
   c Animar a alguien a hacer algo

2 ¿Cuántas respuestas son afirmativas y cuántas negativas?

3 Además del presente de indicativo, ¿qué otro tiempo verbal usan en las preguntas?

4 ¿Hay algunas preguntas más formales que otras?

2 Vuelve a escuchar y comprueba si tus respuestas son correctas.

3 En parejas, leed la transcripción. Procurad poner la entonación adecuada.

1 ● ¿**Puedes** poner la música más baja? Es que me molesta.
   ▼ Sí, perdona, ahora mismo la bajo.
2 ● ¿**Os importa** llevarme a la estación?
   ▼ Es que no podemos. De verdad, lo sentimos mucho.
3 ● ¿**Podéis** cambiar de canal? Es que no me apetece ver el tenis.
   ▼ Pues a mí me apetece mucho verlo.
4 ● ¿**Le importaría** dejarme el periódico?
   ▼ Claro que no, tómelo.

5 ● ¿**Cierras** la puerta? Hace un poco de fresco.
   ▼ No quiero cerrarla; es que yo tengo calor.
6 ● ¿**Sería tan amable** de volver a llamar?
   ▼ De acuerdo, ¿a qué hora?
7 ● ¿**Me prestas** el coche para este fin de semana?
   ▼ No puedo porque me voy a Granada.
8 ● ¿**Podríamos** vernos otro día? Hoy tengo mucho trabajo.
   ▼ Sí, no hay inconveniente.

RECURSOS

- **Cuando conocemos mucho a las personas, les pedimos favores de un modo más informal.**

   * Con el verbo en presente en forma interrogativa:
      ¿**Cierras** la puerta? / ¿**Me prestas** el coche?

   * Con el presente de los verbos **poder**, **importar** y **molestar** en forma interrogativa:
      ¿**Puedes** poner la música más baja?
      ¿**Os importa** llevarme a la estación?
      ¿**Te molesta** cambiar de canal?

- **Cuando no conocemos a las personas o las tratamos habitualmente de modo formal, les pedimos los favores en condicional, como has estudiado en esta unidad.**

Nuevo Avance Intermedio

1 La ciudad es mi planeta

B Te toca.

- Necesitas 50 euros para terminar el mes. Pide el dinero a tu padre.
- Tus vecinos limpian la casa por la noche y hacen demasiado ruido. Sube a hablar con ellos.
- Estás en el autobús y un señor mayor está junto a la puerta y tú quieres salir.
- No tienes ganas de cocinar, pero tienes hambre. Tu hermano va a ir a la cocina a preparar su cena. Habla con él.

4 Escucha.)) 3

Contesta si las siguientes afirmaciones son verdaderas o falsas.

Vertedero

		V	F
a	El alcalde ha estado en el programa.	V	F
b	La primera señora tiene problemas de sueño.	V	F
c	El señor pide contenedores en las urbanizaciones.	V	F
d	La segunda señora quiere vivir en la misma zona en la que vive el alcalde.	V	F
e	El programa de radio se emite cada día.	V	F
f	El correo electrónico es: visitaalcalde@ondameridional.es.	V	F
g	El número de teléfono es: 952 202 020.	V	F

5 Lee.

1 Antes de leer.

   a En parejas o en grupos, haced una lista de palabras relacionadas con el reciclado.

   b ¿Qué creéis que va a decir un técnico de Medio Ambiente sobre el reciclado?

2 Durante la lectura.

   a Comprueba si se confirman tus hipótesis iniciales sobre el vocabulario.

3 Después de leer.

   Contesta a estas preguntas.

     a ¿Qué propone el técnico para reducir el consumo?
     b ¿Y para reutilizar?
     c ¿Y para reciclar?
     d ¿Qué tres cuestiones se presentan como fundamentales para favorecer el reciclado?
     e ¿Qué deberían hacer los Ayuntamientos?

La ciudad es mi planeta

MUNDO VERDE

Jacinto Segura, Técnico de Medio Ambiente de la Diputación de Málaga

Reciclar es algo importantísimo, sin duda, pero no hay que olvidar que es el último paso de una cadena que podríamos simbolizar con las tres R: REDUCIR, REUTILIZAR Y **RECICLAR**. Me explico: Lo primero sería reducir el consumo. Voy a poner el ejemplo de las bolsas de plástico. Habría que ir al supermercado con las bolsas desde casa, salir de compras con bolsas de tela u otras que ya tenemos. Así reduciríamos el consumo. El segundo punto consiste, como he dicho, en reutilizar. Es decir, siguiendo con el ejemplo de las bolsas, deberíamos utilizarlas como bolsas de basura. Y lo último sería reciclarlas si no las hemos reutilizado; es decir, depositarlas en el contenedor de envases, desde donde se envían a una planta de clasificación y desde allí a una fábrica para el reciclado de materias. Reciclando conseguimos aprovechar materiales que irían a la basura, pero en este proceso consumimos energía. Por ello, es mejor no consumir o al menos reutilizar lo consumido. Esto puede hacerse con muchos artículos que utilizamos diariamente, por ejemplo, las pilas, que deberían ser recargables.

Otra cuestión fundamental es la información y concienciación de la gente en este tema. Es cierto que cada día estamos más informados, pero sigue habiendo muchas dudas sobre qué residuos se ponen en cada contenedor. Para mí, el principal problema es concienciar a la población, porque separar y reciclar suponen un esfuerzo y un tiempo extra y no todos estamos dispuestos a hacerlo con el ritmo de vida que llevamos. Además, parte de la responsabilidad reside en las administraciones, que deberían facilitar la tarea de los ciudadanos colocando los contenedores cerca de las viviendas.

6 Escribe.

A Lee el Pretexto atentamente y escribe *La clase perfecta.*

Para mí, la clase perfecta sería pequeña, unos diez alumnos. Tendría mucha claridad y en las paredes habría láminas de...

B Entre todos/as los/as estudiantes, elaborad un cartel atractivo que represente vuestra ciudad ideal. Primero haced un resumen de todas las ideas y después diseñad el cartel.

2

¡Cuánto hemos cambiado!

Al terminar esta unidad serás capaz de...

- Proponer planes.
- Hablar de los cambios personales y sociales.
- Narrar.
- Señalar cercanía y lejanía por medio de los demostrativos.
- Hablar, leer, escuchar y escribir sobre los inventos que han cambiado nuestras vidas.
- Ir a buscar un objeto en la oficina de objetos perdidos.
- Jugar al *veo veo*.
- Leer y comprender un artículo periodístico.

2. ¡Cuánto hemos cambiado!

1. Pretexto

Inicio   **Sobre el blog**   **Suscripción**   **Contacto**   [Buscar]

Suscripción
Suscripción a
inventos.com
[Pon tu e-mail aquí]

Algunos inventos

¿Alguna vez te ha interesado saber quién inventó el lápiz, los zapatos de tacón, internet, etc.? Si es así, tú y yo coincidimos en la misma inquietud, por eso en este *blog* (o **bitácora** como se dice en español) voy a investigar y contar las historias de aquellos inventos que han cambiado nuestra vida.

El contestador automático, por ejemplo, fue un invento revolucionario, sobre todo en el mundo de la empresa. Pero este aparato también se metió en nuestras casas hace mucho tiempo.
¿Ha cambiado mi vida el contestador automático? Pues sí. Gracias a él encontré el trabajo de mis sueños. Me dejaron un mensaje por error. Me presenté a la entrevista y me dieron el trabajo. Aunque ya no lo uso tanto como antes, todavía no lo he quitado. Sigue al lado del teléfono. Y tú, ¿qué me cuentas del contestador?

¿Y qué me dices del bolígrafo, algo tan pequeño y tan útil?
Lo inventaron en 1938 los hermanos húngaros Laszlo y George Biro. Yo, desde que compré mi primer boli, siempre he llevado uno en el bolso o en la cartera.
Y una curiosidad, en algunos países se llama 'lapicera', 'birome' (del apellido de los hermanos Biro y el de su socio Meyne) –que fue su nombre original–, 'puntabola' y de muchas otras maneras.
Bueno, lo dejo aquí por hoy, pero espero vuestros comentarios y vuestros inventos preferidos.
Nos vemos.

1 Escucha y lee lo que se cuenta en este blog y contesta.
  a ¿De qué inventos habla?
  b ¿Qué anécdotas cuenta sobre cada uno?
  c ¿Puedes escribir un texto parecido sobre un invento que cambió o influyó en tu vida?

2 Y ahora reflexiona.
  a Separa en dos columnas las formas verbales que admiten la idea de 'hasta ahora' y las que no.
  b ¿Recuerdas la diferencia entre *mi vida ha cambiado* y *mi vida cambió*?

3 Si quieres, apunta en tu cuaderno los diferentes nombres del bolígrafo.

Nuevo Avance Intermedio

2 ¡Cuánto hemos cambiado!

2. Contenidos gramaticales

1 Contraste pretérito perfecto y pretérito indefinido.

> **ATENCIÓN**
> Recuerda que en algunas regiones de España y en Hispanoamérica no se usa el pretérito perfecto y, por tanto, no existe el contraste.

a Lo que ya sabes.

¿Recuerdas cuándo se usan el pretérito perfecto y el pretérito indefinido? Completa estos diálogos.

1. ● ¿(Ver, ustedes) *Vieron* ayer *Casablanca*? La (poner, ellos) _____ en la tele otra vez.
   ▼ Yo sí y me (gustar) _____ mucho, como siempre.
   ■ Pues yo, ayer, no (poder) _____ verla. Pero la (ver) _____ muchas veces en mi vida. ¡Es una película estupenda!
2. ● ¿(Ir, vosotros) _____ alguna vez a un SPA?
   ▼ Yo no (ir) _____ nunca hasta ahora, pero tengo muchas ganas. Dicen que es genial.
   ■ Pues yo (estar) _____ en uno espectacular el verano pasado.

Pretérito perfecto	Pretérito indefinido
Usamos el pretérito perfecto para referirnos a hechos acabados (representados por el participio) en un tiempo que no ha terminado (representado por el presente del verbo *haber*). Presente de *haber* + participio de un verbo → acción acabada en tiempo no acabado. *Este año **he viajado** poco.* ***Hasta ahora** no **he ido** a Japón.*	**Usamos el pretérito indefinido** para referirnos a acciones y hechos acabados en un tiempo que ya ha terminado. *El año pasado **viajé** mucho.* *Yo **estuve** en Japón **en 2006**.*

Coincidencias	Diferencias
• Los dos presentan las acciones / los hechos terminados. *Nuestra ciudad **ha cambiado** mucho.* *En aquella época nuestra ciudad **cambió** mucho.* (Los cambios han ocurrido en los dos casos). • Los dos sirven para hacer avanzar las acciones en contraste con la descripción del p. imperfecto. ***Me he levantado**, **me he vestido** y **he salido** a buscar trabajo. Y **he encontrado** uno de repartidor en un supermercado.* *Cuando **perdí** el trabajo, no **perdí** la ilusión: **preparé** un CV, **salí** a buscar otro empleo y lo **encontré** en una oficina.*	• **El pretérito perfecto** pone el límite temporal en el presente del hablante (= hasta ahora). *Nuestra ciudad **ha cambiado** mucho.* • **El pretérito indefinido** pone el límite temporal fuera del presente del hablante. *En aquella época nuestra ciudad **cambió** mucho.*

b Los pasados y los marcadores temporales.

Pretérito perfecto

El hablante está dentro de la unidad de tiempo presente.

Pretérito perfecto

Sitúa un hecho terminado en cualquier momento del pasado que incluya el 'hoy' del hablante.

Por eso, los marcadores que mejor combinan con este tiempo son los que indican la misma idea temporal.

En estos últimos años ha aumentado el número de estudiantes de español.
Este verano han venido muchos estudiantes de todo el mundo.
Hasta ahora hemos recibido treinta matrículas.
Hoy he matriculado a tres alumnas más.

Pretérito indefinido

El hablante está fuera de la unidad de tiempo presente.

Pretérito indefinido

Sitúa un hecho en cualquier momento pasado que no incluya el 'hoy' del hablante.

Por eso, los marcadores que mejor combinan con este tiempo son los que indican un corte con el presente.

Entre 2000 y 2007 aumentó el número de estudiantes de español.
El verano pasado vinieron muchos estudiantes de todo el mundo.
La semana pasada recibimos treinta matrículas.
Ayer matriculé a tres alumnas más.

c El caso especial de *nunca, siempre* y *alguna vez*.

Con pretérito perfecto	Con pretérito indefinido
Se sitúan en cualquier momento del pasado y llegan 'hasta ahora'. *¿Por qué tenemos que cambiar?* **Siempre hemos actuado** *así (hasta ahora).* *Yo,* **nunca** *(hasta ahora)* **he ido** *a Japón.* *¿***Has comido alguna vez** *(hasta ahora) guacamole?*	Se sitúan en cualquier momento del pasado y cortan con el presente. **Siempre actué** *con buena voluntad (mientras fui jueza).* *Yo* **nunca dije** *una cosa así (en aquella reunión).* *¿***Comiste alguna vez** *guacamole (cuando estuviste en México)?*

Y ahora, escribe con tus propias palabras la diferencia que hay entre un tiempo y otro.

2 ¡Cuánto hemos cambiado!

2 Los demostrativos.

a ¿Los recuerdas?

Sirven para señalar en el espacio e indicar proximidad o lejanía. Fíjate en el ejemplo y completa las oraciones para relacionar el adverbio de lugar y el demostrativo.

*Usted está **aquí**. → Usted está en **este** lugar.*

1. ● Aquella chica me gusta mucho.
   ▼ ¿Cuál? ¿La que está _____?
2. ● Mira, mira, allí va Pedro.
   ▼ ¿De verdad Pedro es _____ señor?
3. ● Estos temas son muy complicados.
   ▼ Sí, es verdad, pero los vamos a resolver _____ entre todas.
4. ● Esos zapatos me parecen caros.
   ▼ ¿Cuáles? ¿Los negros de _____?
5. ● Aquí no vive nadie.
   ▼ _____ casa parece vacía.
6. ● Ahí hay un taxi libre.
   ▼ En _____ taxi no hay pasajeros.

b Los adjetivos y pronombres demostrativos.

Los pronombres demostrativos señalan de la misma forma que lo hacen los adjetivos. Se usan sin el sustantivo, que tiene que haber aparecido previamente.

- **Este** / **Esta** / **Estos** / **Estas** se refieren a lo que está cerca de la(s) persona(s) que habla(n). Los adverbios de lugar **aquí** / **acá** indican la cercanía.
  ***Estas personas** que viven **aquí** al lado son muy amables.*

- **Ese** / **Esa** / **Esos** / **Esas** se refieren a lo que está más cerca de la(s) persona(s) que escucha(n). Establece una distancia intermedia. El adverbio de lugar **ahí** indica la distancia.
  *Por favor, ¿me pone un kilo de **esos tomates**?*

● *Mira, **aquí** hay camisas rebajadas.*
▼ *Sí, voy a probarme **esta**.*

● *¿Qué corbata me pongo?*
▼ ***Esa** que está en el armario.*

- **Aquel** / **Aquella** / **Aquellos** / **Aquellas** se refieren a lo que está lejos de la(s) persona(s) que habla(n). Los adverbios de lugar **allí** / **allá** indican la lejanía.

- Los neutros **Esto** / **Eso** / **Aquello** indican las mismas relaciones espaciales.
  Se usan para referirse a un conjunto de cosas indeterminadas, a una idea o a algo desconocido.
  ● *¿Qué es **aquello**?* (algo desconocido).
  ▼ *No sé. Parece un platillo volante.*

  *Chicos, hay que guardar **todo eso** (conjunto de cosas indeterminadas) que habéis dejado **ahí**.*

● *¿De quién es **aquel** coche?*
▼ *¿**Aquel** coche? Es mío. Si quieres te llevo a casa.*

Nuevo Avance Intermedio

¡Cuánto hemos cambiado!

3. Practicamos los contenidos gramaticales

1 Pon los verbos en la forma correcta del pretérito perfecto o del pretérito indefinido.

1 ● ¿(Llamar, tú) *Has llamado* al fontanero?
   ▼ Sí, lo (llamar) _____ ayer, pero todavía no (venir) _____.
2 ● ¿(Estar, tú) _____ alguna vez en Roma?
   ▼ Sí, (estar) _____ el año pasado. ¿Y tú?
   ● Yo (estar) _____ varias veces.
3 ● ¿(Hacer, vosotros) _____ el examen?
   ▼ Sí, lo (hacer) _____ el jueves y ayer nos (dar, ellos) _____ las notas.
   ● Y ¿qué (sacar, vosotros) _____?
   ▼ Por suerte, los dos (aprobar) _____.
4 ● ¿Qué tal el viaje?
   ▼ No (ser) _____ muy pesado. Ayer (conducir) _____ y hoy (conducir) _____ Miguel.
5 ● ¿(Ver tú) _____ mis gafas?
   ▼ Ayer las (dejar, tú) _____ en el sofá antes de acostarte.

6 ● ¿Qué película (poner, ellos) _____ ayer en La 2?
   ▼ No sé, no la (ver, yo) _____.
7 ● ¿Qué sabes de Pepa?
   ▼ (Estudiar, ella) _____ Arquitectura y ahora (terminar) _____ el proyecto del Palacio de Congresos.
8 ● ¿Sabes que Adolfo (abrir) _____ una tienda de deportes?
   ▼ ¡No me digas!
   ● Sí, (pedir, él) _____ un crédito al banco y se lo (conceder, ellos) _____.
9 ● Oye, ¿Fernando y Aurora (volver) _____ de Australia?
   ▼ Claro que sí, (volver) _____ hace 20 días.
10 ● ¿Estás en alguna red social?
   ▼ Sí, mi hermana me (meter) _____ en Facebook el año pasado.

2 a Completa el mensaje con el perfecto o el indefinido.

Querida profesora:

(1) (Llegar, yo) *Llegué* aquí el mes pasado y desde entonces ya (2) (hacer, yo) _____ muchas cosas: (3) (estudiar, yo) _____ español en un curso intensivo, (4) (conocer, yo) _____ un poco a los españoles, pero quiero hacer muchas cosas más.

Anteayer (5) (ver, yo) _____ una corrida de toros, pero no me (6) (gustar) _____ demasiado; sobre todo me (7) (impresionar) _____ la muerte del toro. No sé si voy a ver otras corridas.

En estos días hay feria en Málaga. ¡Es espectacular! Veinte horas de cultura y diversión durante nueve días seguidos. (8) (Ir, yo) _____ todos los días a la feria. El jueves (9) (bailar, yo) _____ sevillanas con un chico que (10) (conocer, yo) _____ aquí en Málaga.

El primer día, el viernes por la noche, (11) (ver, yo) _____ los fuegos artificiales, (12) que (durar) _____ 35 minutos, acompañados por música clásica y rayos láser. También (13) (asistir, yo) _____ a dos conciertos en el teatro Cervantes y, naturalmente, por la noche (14) (ir, yo) _____ a la feria, que está a las afueras y (15) (escuchar, yo) _____ a grupos de música españoles.

También (16) (visitar, yo) _____ la Alcazaba, una fortaleza que (17) (construir) _____ los árabes en el siglo XI. Y por supuesto (18) (ir, yo) _____ todos los días a la playa.

El domingo pasado (19) (hacer, nosotros) _____ una moraga, que es una fiesta en la playa por la noche, donde se comen sardinas y se bebe sangría. ¡Qué bien lo (20) (pasar, nosotros) _____!

Además este verano (21) (abrir, ellos) _____ varias discotecas. El sábado (22) (ir, yo) _____ a una al aire libre y (23) (bailar, yo) _____ toda la noche.

Como ve, aquí no se está mal y mi español (24) (mejorar) _____ bastante, ¿no cree? Le adjunto unas fotos. A ver si le gustan.

Muchos recuerdos para todos los compañeros y los demás profesores.

Para usted, un fuerte abrazo,

Sabrina

2 ¡Cuánto hemos cambiado!

b Vuelve a leer el *e-mail* y pon debajo de las imágenes los nombres que aparecen en el mensaje.

1 _____

2 _____

3 _____

4 _____

3 a Esto le pasó a Cecilia la semana pasada. Transforma los infinitivos con la forma verbal adecuada.

La semana pasada Cecilia (1) (salir) _salió_ de casa para tomar el avión para México y (2) (ir) _____ al aeropuerto hora y media antes.
Todo empezó cuando (3) (llegar) _____ al aeropuerto y (4) (tener) _____ que esperar más de tres horas por culpa de los retrasos.
Luego, (5) (elegir) _____ un carro estropeado y sus maletas se (6) (caer) _____. Por eso (7) (ponerse) _____ muy nerviosa y (8) (estar) _____ así todo el tiempo.
Cuando (9) (llamar, ellos) _____ para embarcar, no (10) (oír) _____ la llamada y (11) (perder) _____ el avión.
Total, que no (12) (poder) _____ asistir al Congreso de Personas con Mala Suerte.

b Escribe un texto parecido contando un día de mala suerte. Comparad los textos de toda la clase y dad un premio a quien lo pasó peor.

4 Completa con el demostrativo adecuado.

1 • Por favor, ¿podría enseñarme *aquel* bolso? El que está en el escaparate.
  ▼ ¿_____? *(Tocándolo)*
  • Sí, sí, _____.

2 • _____ verano no podremos irnos de vacaciones, tendremos que quedarnos en casa.
  ▼ _____ mismo me pasó a mí el verano pasado.

3 • ¿Estás segura de que _____ es el camino?
  ▼ Claro que sí. He pasado por aquí miles de veces.

4 • Veo fatal, ¿qué es _____ de allí?
  ▼ Tienes que graduarte la vista, ¿eh? _____ es mi coche nuevo.
  • Perdona, pero es que con _____ gafas no veo nada.

5 • ¿Cuál es tu casa?
  ▼ ¿Ves _____ edificio alto que está pintado de gris?
  • Sí.
  ▼ Pues en _____ edificio de ahí, tengo yo mi apartamento.

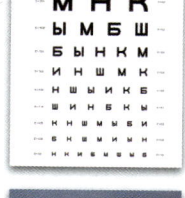

6 *(Señalando una foto)*
  • ¿Quién es _____?
  ▼ Mi exnovia. En _____ foto todavía nos llevábamos muy bien.

¡Cuánto hemos cambiado! 2

5 Vamos a jugar con

- Meted en una bolsa
- La clase se divide en dos equipos. Un alumno saca una tarjeta y tiene que hacer una oración
- Para hacer la oración
- Gana el equipo que

Saco la tarjeta con el ... ¿fo que está **allí**?

AQUÍ

ALLÍ

AHÍ

Nota manuscrita:
d) Navegación por satélite
a) electricidad
b - tarjeta de crédito
c - cajero automático
e) - fotocopiadora
f) los semáforos
g) rueda
h) lavadora
i - ordenador (portátil)

4. Contenidos léxicos

1 Relaciona las adivinanzas con sus imágenes.
¿Cómo se llaman estas cosas en tu idioma?

a

b   c

d   e

f

g

h

i

1 Es redondo y muy antiguo. Con su ayuda podemos mover cualquier cosa.
2 Sirve para ver el interior de una caja cerrada o reproducir documentos.
3 Desde que existe, podemos comprar sin usar el dinero real.
4 Si no funciona, nos quedamos sin conexión a internet, sin frigorífico y, sobre todo, a oscuras.
5 Tiene tres colores que indican «alto, puede pasar y tenga cuidado».
6 Sirve para no perderse en coche por ciudades desconocidas.
7 Desde que se inventó, cambiarse de ropa es más fácil.
8 Su nombre significa que podemos llevarlo a todas partes. Tiene mucha memoria y con él trabajamos en cualquier sitio.
9 También está relacionado con el dinero. Parece una ventana. Para usarlo tenemos que recordar una clave. Funciona de día y de noche.

2. ¡Cuánto hemos cambiado!

5. Practicamos los contenidos léxicos

1 a Practica para recordar estas palabras. Fíjate en lo que se dice y elige la palabra más adecuada. Escribe el artículo si es necesario.

1. Si queremos evitar accidentes en las vías urbanas, debemos respetar _____. Sus colores nos indican cómo y cuándo circular.
2. Cuando sales por la noche y te quedas sin dinero, puedes hacer varias cosas: pedir prestado a una amiga; volver a casa o buscar _____ y sacar un poco para terminar la fiesta.
3. Ya veo por qué no anda el tren de Héctor: hay _____ que no funcionan.
4. Desde que tengo _____ casi no uso fotocopias en mis presentaciones profesionales. Todo lo hago en Power point.
5. Yo antes no quería usar _____, pensaba que el dinero de verdad era más fácil de controlar. Ahora tengo cuatro. Cambiar de opinión es de sabios, ¿no?
6. De todos los inventos modernos yo prefiero _____. Creo que es el que más trabajo nos evita.
7. Cuando tomo un taxi y voy a una nueva urbanización, pregunto al taxista si tiene _____, para evitar dar vueltas sin sentido.
8. Cada vez que se produce un apagón, nos damos cuenta de lo importante que es _____ y cuánto dependemos de ella.
9. Cuando pasamos por el control de equipajes, la policía ve el contenido en la pantalla del _____.

b Elige un invento importante para ti. Prepara una adivinanza con él. Tus compañeros/as pueden hacer cinco preguntas para saber cuál es. Si no lo adivinan, ganas tú.

6. De todo un poco

1 Interactúa.

A En la oficina de objetos perdidos.

Se divide la clase en dos grandes grupos:
- **A** Los empleados de la oficina de objetos perdidos.
- **B** Las personas que han perdido cosas.

El primer grupo elabora una lista de objetos que hay en su oficina.
El segundo, en parejas o grupos de familia, piensan en qué han perdido y van a la oficina de objetos perdidos y actúan.
Tienen que describir el objeto que buscan y decir dónde y cuándo lo perdieron.
El grupo **A** tiene que ver si está entre los objetos de la lista.

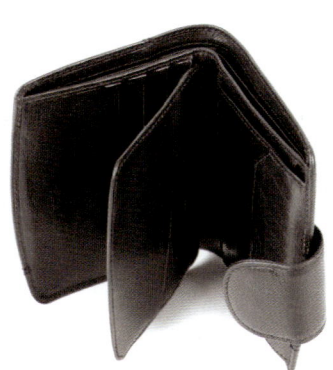

- *Buenos días, he perdido / anteayer perdí una cartera. Es negra, de piel. Creo que la olvidé en un taxi...*
- *Lo siento mucho, no tenemos ninguna cartera así. / ¡Qué suerte! Aquí tenemos una cartera como la que usted describe.*

Nuevo Avance Intermedio

> ¡Cuánto hemos cambiado! **2**

B Veo, veo, ¿qué ves?

Una persona elige a un miembro de la familia 'Clon'. El resto de la clase hace preguntas hasta adivinar quién es. Quien acierta, elige otro personaje, así hasta describirlos todos. Tendréis que buscar primero el vocabulario necesario.

C Opina después de escuchar.

1 Antes de escuchar.
   a Comprueba que conoces estas palabras. Consulta el diccionario o pregunta a tu profesor/a.
   Habitable; calle peatonal; cinturón verde; mandato político.

2 Durante la audición. 5
   a Toma nota de lo que te parece más interesante.

3 Después de escuchar.
   a Haz un resumen de lo que ha dicho la alcaldesa.
   b Representad una entrevista equivalente.
     Una persona es la alcaldesa y los demás le hacen más preguntas.
   c En grupos, elaborad un breve informe de lo que se ha dicho.

2 Habla.

Elige uno de estos temas y haz una presentación ante toda la clase. También puedes hablar de dos de ellos.

Y algo muy importante:

> Si no quieres improvisar, tienes unos minutos para pensar y preparar lo que vas a decir.
> Tienes que hablar unos tres minutos.
> Tus compañeros/as y tu profesor/a pueden hacerte preguntas al terminar tu exposición.
> ¡Suerte!

¿Prefieres ir al cine o ver un DVD (se pronuncia deuvedé) en tu casa?

¿Llamas a tus amigos y amigas o chateas con ellos?

¿Lees el periódico o lees las noticias por internet?

¿Tienes muchas horas de música en tu iPod? ¿Y muchos cedés (CD)?

Nuevo Avance Intermedio 31

¡Cuánto hemos cambiado!

3 Escucha, lee e interactúa.

A ¿Quieres venir con nosotras?

1 Antes de escuchar.

a ¿Qué te sugiere el título?
b ¿Sabrías decir lo mismo de otra manera?

2 Escucha.

En estos diálogos se proponen planes. Apunta los recursos que se usan en cada caso.

¿Quieres venir con nosotras?

3 Vuelve a escuchar y anota cuántos planes se aceptan y cuántos se rechazan.

¿Puedes decir qué relación hay entre las personas de cada diálogo?

El primer diálogo ocurre entre amigas.

RECURSOS

Proponer un plan	Aceptar un plan	Decir que no a un plan
¿Quieres...? ¿Vamos a...? ¿Por qué no...? Tengo una idea. Vamos a..., ¿vienes?	Sí, por supuesto. Bueno. Vale, de acuerdo. ¡Qué buena idea!	Lo siento, no puedo + una justificación de por qué no se puede. Imposible.

FÍJATE

Cuando rechazamos un plan, para no resultar maleducados, solemos dar una justificación de por qué lo rechazamos. Y para introducir esta justificación se usa mucho es que.
*Lo siento, pero no puedo. **Es que** tengo un examen.*

B Te toca.

● Con tu compañero/a elaborad una serie de planes. Luego buscad a alguien más de la clase para proponérselos.

● Vas a escuchar unos planes de tus compañeros/as. Tienes que aceptarlos o rechazarlos según lo que has aprendido.

4 Escucha.

¡Cuánto hemos cambiado!

1 Vas a oír a dos personas mayores que hablan de los cambios que han vivido. Imagina de qué hablarán y haz una lista de temas con tu compañero/a.

2 Ahora, escuchad atentamente y comprobad si habéis acertado.

3 Para terminar, di si estas afirmaciones son verdaderas o falsas.

a	La medicina ha avanzado más en unos campos que en otros.	V	F
b	La televisión ha destruido muchas vidas.	V	F
c	Los medios de transporte han evolucionado muy poco.	V	F
d	Los padres del futuro dispondrán de más tiempo para sus hijos.	V	F
e	La felicidad depende en gran parte de las personas.	V	F

¡Cuánto hemos cambiado! 2

5 Lee.

1 Fíjate en este texto y contesta.
  a ¿Se parece a un *e-mail*, a una carta, a una bitácora o a una noticia del periódico?
  b ¿Cómo lo sabes?

2 Lee atentamente y contesta.
  a ¿Quién o quiénes son los protagonistas de lo que se cuenta?
  b ¿Dónde ocurre?
  c ¿Qué se cuenta? ¿Cuál es el tema?
  d ¿Cuándo se fundó la empresa?
  e ¿Por qué se cuenta esto? ¿A quién puede interesar?

La compañía malagueña *Airzone*, con sede en el Parque Tecnológico de Andalucía (PTA), ha sido seleccionada para climatizar 'La Palmera', una obra urbanística que se levanta actualmente frente a las costas de Dubái, en los Emiratos Árabes Unidos. Es la más importante del mundo.

Airzone suministrará a 1300 villas de lujo sus sistemas de control de la climatización. La ventaja de este sistema está en que permite regular el aire acondicionado de manera independiente en cada zona de la vivienda u oficina, lo que favorece el ahorro de energía respecto a los circuitos tradicionales.

La empresa ha conseguido hacerse con este importante contrato tras superar a grandes multinacionales del sector. Su concesión le dará unos beneficios superiores a 1,5 millones de euros; eso supone un aumento en su facturación del 25 %. La empresa no solo ha conseguido el suministro de estos sistemas de control de aire acondicionado, sino que también formará a las empresas instaladoras de este servicio.

Esta empresa nació en 1997, fundada por Antonio Mediato. Y desde entonces crece constantemente. En 2005 ganó el Premio Joven Empresario Andaluz y el accésit a la innovación tecnológica en el Premio Nacional Joven Empresario, en el que participan emprendedores menores de 40 años, así como un Premio Alas a la exportación, concedido por la Junta de Andalucía.

3 ¿Qué título es el mejor para este texto?
  a De Málaga a Dubái.
  b Gana el Premio Joven Empresario.
  c Menores de 40 años.

4 Haz un resumen con los datos más importantes.

5 Apunta en tu cuaderno las palabras que te han parecido útiles y que piensas que vas a usar en el futuro. Compáralas con las de tus compañeros/as.

6 Escribe.

Opción A
Fíjate en el correo que Sabrina envía a su profesora de español.
Escribe uno semejante a tu profesor/a para contarle tus experiencias relacionadas con el español.

Opción B
Vuelve a leer el *blog* o bitácora del Pretexto. Escribe un mensaje sobre tu(s) invento(s) preferido(s).

3

La medida del tiempo

Al terminar esta unidad serás capaz de...

- Hablar de actividades que están y no están de moda.
- Contar historias.
- Hacer entrevistas.
- Evitar repeticiones usando los pronombres de OD y OI.
- Mostrar enfado.
- Preguntar y responder si alguien sabe algo usando nuevos recursos.
- Mostrar acuerdo y desacuerdo usando nuevos recursos.
- Llevar la contraria.

3. La medida del tiempo

1. Pretexto

Calendario hebreo

Calendario musulmán

Calendario tibetano

Calendario maya

> El astrónomo y filósofo griego Sosígenes midió el tiempo y nos dio un calendario de 365 días y 6 horas. Este calendario, asombrosamente exacto para la época, fue oficial durante el Imperio Romano. Después, cada cultura ha medido el tiempo a su manera. Por ejemplo, según el calendario gregoriano el siglo XXI comienza en 2001. Para los musulmanes este cambio de siglo fue en 1423 y para los tibetanos lo será en 2128.
>
> Y en los calendarios judío y maya, que se remontan al origen de los tiempos, el año 2001 aparecía como 5761 y 5117 respectivamente.

1 Escucha, lee y contesta.

a ¿Cuáles son los calendarios más antiguos?
b ¿Qué papel tiene Sosígenes en la historia de los calendarios?
c ¿Por qué se menciona el Imperio Romano?
d ¿Recuerdas cómo se leen los números? Practícalos leyendo en voz alta el texto.

2 Y ahora reflexiona.

a ¿Podrías explicar por qué se usa el pretérito perfecto en *cada cultura ha medido el tiempo a su manera*?
b Después de leer el último párrafo, dinos, ¿el pretérito imperfecto presenta una costumbre?
La explicación puedes encontrarla en Contenidos gramaticales.

3 La medida del tiempo

2. Contenidos gramaticales

1 El pretérito perfecto, el pretérito indefinido y el pretérito imperfecto.

a ¿Recuerdas cuándo se usan estos tiempos?
Completa estos diálogos para comprobarlo.

1 ● Todavía no (venir) *han venido* los técnicos de la compañía de teléfonos.
  ▼ Normal, es que es pronto.

2 ● ¡Qué simpática (ser) _____ la profesora del curso pasado!
  ▼ Sí, todavía me acuerdo de sus clases.

3 ● ¿Quién (ir) _____ a la excursión del mes pasado?
  ▼ Yo.
  ● ¿Y (estar) _____ bien organizada?
  ▼ Sí, todo (salir) _____ muy bien.

4 ● Antes siempre (llevar, ella) _____ vaqueros, ahora solo se pone falda.
  ▼ Será porque antes (ser, ella) _____ estudiante y ahora es la directora del hotel.

5 ● ¿(Estar, ustedes) _____ en un hotel de cinco estrellas alguna vez?
  ▼ Yo no, nunca (tener, yo) _____ dinero suficiente.
  ■ Yo sí, pero solo en la recepción.

6 *(En una tienda de ropa)*
  ● Buenos días, ¿qué (desear, usted) _____?
  ▼ (Querer, yo) _____ probarme ese traje.

b Contrastes de significado.
Estudiamos aquí, por un lado, los rasgos comunes de los pasados que presentan la acción acabada, que nos informan de los hechos (p. perfecto y p. indefinido) y, por otro, el p. imperfecto que no nos informa del final de las acciones sino que las presenta ocurriendo, en su desarrollo; que habla de las circunstancias.

Pretérito perfecto / Pretérito indefinido	Pretérito imperfecto
1 Presentan las acciones acabadas. Y ambos son unidades de tiempo cerradas que expresan tiempo determinado. ● ¿Y los deberes? ▼ Ya los **he hecho**. *El otro día* **fui** *al cine y* **vi** *una película estupenda.* **He trabajado** *en este proyecto toda mi vida.* **Trabajé** *varias horas y luego me fui a andar.*	1 Presenta las acciones, los hechos en su desarrollo, ocurriendo, sin informar de si han llegado o no hasta el final. **Pensaba** *hacer los deberes.* *Cuando te vi,* **iba** *al cine.* *En el calendario maya, el año 2001* **aparecía** *como 5117.* Si queremos saber más, tenemos que preguntar: *Y al final ¿***hiciste** *los deberes o no?* *Por fin, ¿***fuiste** *o no* **fuiste** *al cine?* En el tercer ejemplo, se presenta el hecho de *aparecer* sin informar del final.

La medida del tiempo

Pretérito perfecto / Pretérito indefinido	**Pretérito imperfecto**
2 Ambos se utilizan para presentar una sucesión de acciones. Con ellos «pasa» algo. Las acciones avanzan. *Me he acostado y, como no podía dormir, me he levantado, he tomado un vaso de leche, he leído un poco y he vuelto a acostarme.* *Me sentí mal, me puse el termómetro, vi que tenía fiebre y llamé al médico.* **ATENCIÓN** *Durante* + cantidad de tiempo + p. perfecto / p. indefinido *Durante unos minutos se quedó / se ha quedado sin saber qué hacer, pero luego reaccionó / ha reaccionado y ha actuado / actuó.* Si expresamos costumbres, usamos el imperfecto. *Se quedaba sin saber qué hacer durante unos minutos, pero luego reaccionaba y actuaba.*	**2** Sirve para presentar el decorado, el escenario, el ambiente que rodea a los hechos. Por eso la acción no avanza. *Esta mañana no he ido a trabajar porque no me sentía bien, tenía fiebre, me dolía todo el cuerpo.* *Aquel día no me sentía bien, tenía fiebre, me dolía todo el cuerpo, por eso llamé al médico.* La acción es 'no ir a trabajar' y 'llamar al médico'. El imperfecto presenta el decorado, la escena. **3** Como consecuencia de todo lo anterior, el imperfecto se utiliza para hablar de costumbres y para describir, es decir, para hacer presente el pasado. *En aquella época las mujeres no llevaban pantalones, estaba mal visto.* *Mira, en esta foto estábamos en Iguazú. Había mucha gente, pero en la foto no se ve a nadie.* El imperfecto acompaña al perfecto y al indefinido para expresar el decorado, la escena. *Cuando me desperté, el dinosaurio todavía estaba allí.* *Cuando me he levantado, no había nadie en casa.*

Y NO OLVIDES

La diferencia fundamental entre el perfecto y el indefinido está en el límite temporal:
- El perfecto lo coloca en el presente del hablante con un 'hasta ahora'.
- El indefinido lo coloca fuera del presente del hablante.

2 Los pronombres de objeto directo e indirecto agrupados.

a ¿Recuerdas los pronombres de OI? Completa estos diálogos para comprobarlo.

1. ● ¿_____ interesan los deportes?
   ▼ No mucho.
2. ● _____ gusta mucho el mar. ¿Y a ti?
   ▼ Prefiero el bosque.
3. ● ¿Qué _____ pasa a tu hermana?
   ▼ Que _____ duele la cabeza.
4. ● ¿_____ apetece un té o un café?
   ▼ No, gracias, yo ya he tomado café.
   ■ Sí, gracias. Para mí un té.

b ¿Y los pronombres de OD? Completa para comprobarlo.

1 ● ¿Has leído ya ese libro?
   ▼ No, todavía no _____ he leído, pero _____ tengo en casa.

2 ● ¿Conoces a esas chicas?
   ▼ Sí, _____ conocí en una exposición de fotografía.

3 ● ¡Anda! Hay fruta en casa. ¡Qué bien!
   ▼ Claro, _____ he comprado esta mañana.

4 ● ¿Llamaste a Fran por su cumpleaños?
   ▼ Sí, _____ llamé el mismo día.

5 ● Voy a regar las plantas.
   ▼ No hace falta, _____ regué yo ayer.

c Ahora vamos a estudiarlos juntos.

Hay verbos que llevan un objeto indirecto de persona y un objeto directo de cosa. Algunos de estos verbos son:

Comprar	Decir	Explicar			
Contar	Enseñar	Mandar	Prestar	a alguien	algo
Dar	Escribir	Pedir	Regalar	algo	a alguien

d ¿En qué orden aparecen los pronombres de objeto directo e indirecto?

a Primero el pronombre de objeto indirecto y después el pronombre de objeto directo.
  ● ¿Te han dado ya tu regalo?
  ▼ No, dicen que <u>me lo</u> darán esta noche.
       OI OD
  ● Quiero una videoconsola, mamá.
  ▼ Bueno hijo, <u>te la</u> compraremos por tu cumpleaños.
       OI OD

b Este orden aparece también cuando se trata de verbos reflexivos.
  ● ¿Te has lavado las manos?
  ▼ Sí, ya <u>me las</u> he lavado.
       OI OD

e ¿Qué transformaciones ocurren cuando se encuentran?

| Le | + lo, la, los, las → se lo, se la, se los, se las |
| Les | |

● No puedo esperar más, quiero darle la noticia a Francisco.
▼ Pues aquí está. Ya puedes *dárlela → **dársela.**

● ¿Les has enseñado a tus padres las notas?
▼ No, ahora voy a *enseñárlelas → **enseñárselas.**

3 La medida del tiempo

f ¿Dónde se colocan?

a Delante del verbo en forma conjugada.
  ¿Que no sabéis dónde están las ilustraciones? **Os las mandé** *por e-mail la semana pasada.*

b Detrás del imperativo afirmativo, formando una sola palabra.
  Pues no las encontramos. Por favor, **mándanoslas** *otra vez.*

c Con los infinitivos y gerundios pueden ir delante del verbo en forma conjugada o detrás del infinitivo o gerundio, formando una sola palabra.
  ¿Te llegó el libro o tengo que **enviártelo** *otra vez /* **te lo tengo** *que enviar otra vez?*

  (Hablando por el móvil)
  ● *Por favor recuerda que tienes que darle mi recado a Lola.*
  ▼ *Precisamente en este momento* **se lo estoy dando** */ estoy* **dándoselo**.

  ● *¿Vas a* **secarte el pelo** *ahora?*
  ▼ *Sí, voy a* **secármelo** *ahora mismo / Sí,* **me lo** *voy a* **secar** *ahora mismo.*

3. Practicamos los contenidos gramaticales

1 a Completa el diálogo usando una forma de pretérito perfecto o imperfecto.

● Hoy **(1)** (dormir, yo) *he dormido* la siesta y **(2)** (soñar) _____ contigo.
▼ Me acuerdo perfectamente de todo.
● A ver... Cuenta, cuenta.
▼ Pues resulta que **(3)** (estar, nosotros) _____ paseando los dos por el parque, tú **(4)** (estar) _____ escayolada y yo te **(5)** (ayudar) _____ a andar.
● ¿Escayolada yo? ¡Qué extraño!
▼ Eso no importa. El caso es que solo **(6)** (haber) _____ parejas de enamorados que **(7)** (llevar) _____ un corazón rojo en sus camisetas. Yo **(8)** (intentar) _____ decirte que **(9)** (estar) _____ enamorado de ti, pero no **(10)** (encontrar, yo) _____ ninguna forma de expresar ese sentimiento. **(11)** (Querer, yo) _____ casarme contigo, pero no **(12)** (saber, yo) _____ cómo decírtelo.
● Oye, tú no estás bien de la cabeza. Ya sabes lo que pienso del matrimonio.
▼ Tranquila, mujer, solo **(13)** (ser) _____ un sueño.

b Y ahora, reflexiona.

a ¿Con qué verbos se presenta el decorado?

b ¿Con qué verbos no se informa del final de la acción?

c ¿Con qué verbos se expresa la acción acabada?

3 La medida del tiempo

2 Completa con una forma de pretérito indefinido o pretérito imperfecto. Fíjate en los escenarios, en las costumbres y en los hechos.

Cuando (1) (ser, yo) *era* niña, (2) (vivir) _____ en un pueblo cerca de Salamanca hasta que mi familia (3) (trasladarse) _____ a la ciudad. La casa del pueblo (4) (estar) _____ junto al río y (5) (tener) _____ un pequeño jardín. La vida allí (6) (ser) _____ muy sencilla. (7) (Ir, yo) _____ a la escuela, (8) (aprender) _____ muchas cosas y (9) (jugar) _____ con mis amigos.
Los fines de semana (10) (ser) _____ diferentes. Mis amigos y yo (11) (ir) _____ al río y (12) (pasar) _____ allí todo el día. (13) (Nadar) _____, (14) (jugar) _____, (15) (tomar) _____ sol y (16) (divertirse) _____ mucho.

En 1972 mi familia y yo (17) (venir) _____ a Salamanca porque mi padre (18) (decidir) _____ dejar el trabajo en el campo y (19) (comprar) _____ una tienda. Antes (20) (cultivar) _____ patatas, tomates, zanahorias... cosas de la huerta.
Un lunes por la mañana (21) (levantarse, nosotros) _____ temprano, (22) (meter) _____ las maletas en el coche y (23) (viajar) _____ a la capital. Allí (24) (encontrar) _____ un piso en el centro y (25) (instalarse) _____. Me gusta vivir aquí, pero, de vez en cuando, vuelvo al pueblo para no olvidar dónde (26) (nacer, yo) _____.

3 En parejas, contesta a las preguntas de tu compañero/a.

1 ¿Por qué viniste a clase el viernes?
2 ¿Por qué no fuiste a clase la semana pasada?
3 ¿Qué lenguas has estudiado y por qué las has elegido?
4 ¿Qué hiciste el último verano?
5 ¿Cuándo te sacaste el carné de conducir?
6 ¿Por qué han llegado ustedes tarde?

4 a Completa con el pasado adecuado: pretérito perfecto, pretérito indefinido o pretérito imperfecto.

● Hola, ¿podría decirme si este lugar es la Tierra? Es que no sé dónde estoy. Y no (1) (poder, yo) *he podido* preguntar hasta ahora porque no (2) (haber) _____ nadie por aquí. Usted es el primer terrícola que encuentro.
▼ Pues claro, tío* estás en la Tierra. Y tú, ¿de dónde vienes?
● Vengo de XPHP, un planeta muy lejano. Allí (3) (empezar, nosotros) _____ a tener problemas con la superpoblación y (4) (ponerse, nosotros) _____ a buscar un lugar para emigrar. Y buscando, buscando, (5) (encontrar, nosotros) _____ este otro planeta. Nos (6) (gustar) _____ mucho, por eso (7) (construir, nosotros) _____ varias naves y las (8) (enviar) _____ para ver si alguna (9) (llegar) _____ a la Tierra, pero parece que solo (10) (llegar) _____ la mía, que (11) (ser) _____ la más segura.
▼ ¿Me estás diciendo que eres un extraterrestre? Un poco raro sí pareces. Oye, ¿y qué os pasó en vuestro planeta?
● Que (12) (tener, nosotros) _____ demasiada gente, no (13) (haber) _____ comida para todo el mundo y nadie (14) (encontrar) _____ una solución hasta que yo, que soy un inventor muy famoso, (15) (pensar) _____ en enviar gente fuera.
▼ Mira, eso se llama emigrar y lo hacemos en la Tierra desde hace mucho tiempo y no lo (16) (inventar) _____ nadie.

* **TÍO**: expresión coloquial, para dirigirse a las personas.

Nuevo Avance Intermedio

b Y ahora, en parejas, leed el texto dándole la entonación adecuada.

Fijaos en que la chica habla con mucha confianza a una persona mayor que no conoce. Ocurre entre gente joven de determinados países.

5 Hemos suprimido la viñeta final de esta historieta. En parejas completadla, pero antes tenéis que contar toda la historieta…

María aquel día i…

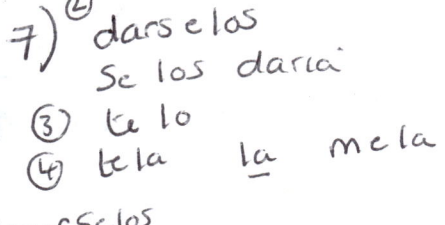

6 Lee y fíjate en los pronombres. Algunos están mal colocados. ¿Puedes colocarlos en su lugar correcto?

Mi regalo es una sorpresa, por eso no te puedo enseñarlo.
*… no **te lo** puedo enseñar / no puedo enseñár**telo**.*

1. Nunca me cuentas nada. Yo, en cambio, cuéntotelo todo, no tengo secretos para ti.
2. Aquí tenéis el paquete. Os lo he envuelto bien, así no se estropeará durante el viaje.
3. La semana pasada le compré un regalo a la profesora porque mañana es su cumpleaños. Se lo pensaba dar hoy, pero ha llamado para decir que no viene. ¿Qué hago? ¿Llévoselo a su casa o se lo doy mañana antes de la clase?
4. No comprendo por qué ha aprobado Pedro y nosotros no. Vamos a hablar con el profesor. Tiene que explicárnoslo, si no, vamos a se lo contar a la directora.
5. Señor agente: usted no me cree, pero yo le estoy diciendo la verdad. Se la estoy diciendo desde el principio y usted sigue sin creerme.

7 Completa usando los pronombres necesarios.

1. ● ¿Vas a contarle la verdad a tu novio?
   ▼ Sí, *se la* contaré, pero no sé cuándo.
2. ● ¿Les damos los regalos a los niños esta noche o el día de Navidad?
   ▼ Yo preferiría dar _____ esta noche.
   ● ¿Esta noche? Pues yo _____ daría mañana, así se levantarán pensando en la sorpresa de los regalos.
3. ● Todavía no me has enseñado el premio que ganaste en el campeonato de ajedrez.
   ▼ ¿No? Pues ahora mismo _____ enseño.
4. ● Patricia, por favor, ¿me prestas tu cazadora de cuero para esta noche?
   ▼ ¡Vaya! No puedo prestar _____ porque _____ he prestado a Raquel. _____ pidió antes que tú. Lo siento, de verdad.
5. ● ¿Y la ropa que estaba encima de mi cama en una bolsa de plástico?
   ▼ Pensé que ya no _____ querías y _____ he dado a la gente que cuida a los chicos de la calle.
   ● ¡Ah! Vale. Yo también pensaba llevar _____.

3 La medida del tiempo

8 Llevar la contraria.

Este juego consiste en responder llevando la contraria a lo que aparece en las casillas. Se puede jugar en parejas o en grupos de cuatro. Se necesita un dado y unas fichas.

> **Reglas del juego.**
> 1 Cada jugador/a coloca sus fichas en la SALIDA.
> 2 Se tira el dado y se coloca la ficha en la casilla correspondiente.
> 3 Hay que reaccionar en 15 segundos a lo que aparece en las casillas llevando la contraria y siguiendo la indicación, como en el ejemplo.
>   Pregunta de la casilla: *¿Vas a escribir una postal a tu hermano?*
>   Respuesta válida: *No, se la escribiré a mi novio.*
> 4 Si la respuesta es correcta, se puede volver a tirar una vez más. Si no, pasa el turno.
> 5 Si la ficha cae en casillas sin pregunta, se hará lo que allí se pide.
> 6 Gana quien primero llega a la casilla LLEGADA.

3 La medida del tiempo

4. Contenidos léxicos

La ropa y los complementos.

1 Fíjate en el nombre de las prendas y complementos y escríbelos debajo de cada una.

> paraguas • abrigo • bañador • guantes • falda • bufanda • camiseta • jersey
> camisón • pantalón • calcetines • medias • ropa interior • biquini

1 _____   2 _____   3 _____   4 _____   5 _____   6 _____   7 _____
8 _____   9 _____   10 _____   11 _____   12 _____   13 _____   14 _____

5. Practicamos los contenidos léxicos

1 En parejas, volved a leer el vocabulario anterior y pensad en para qué sirve cada prenda o complemento.

2 Ahora, en grupos de tres, escribid la palabra correspondiente a cada definición. Usad el diccionario si lo necesitáis.

1. Conjunto de chaqueta y pantalón o chaqueta y falda. _____
2. Prenda de vestir femenina de una sola pieza. _____
3. Objeto redondo que se cose a la ropa para poder abrocharla. _____
4. Parte exterior del zapato que sirve para levantarlo del suelo. _____
5. Conjunto de camisa y pantalón que se usa para dormir. _____
6. Tejido hecho con el hilo producido por algunos gusanos. _____
7. Parte de la ropa que se pone en la unión de la cabeza y el tronco. _____
8. Trozo de tela que se cose a la ropa y sirve para meter cosas dentro. _____

ROPA

3 Y para no olvidar estas palabras, decidnos: ¿qué está de moda este año?

Nuevo Avance Intermedio

3 La medida del tiempo

6. De todo un poco

1 Interactúa.

A El tiempo influye en nuestras costumbres, nuestras modas. En parejas, comentad las que damos a continuación y señalad cuáles están de moda y cuáles están anticuadas.

> Chatear, el teléfono móvil, el *piercing*, el tatuaje, la comida rápida, salir de marcha* después de las 12 de la noche, leer novelas, tener animales en casa, casarse por la iglesia, hacer deporte, el rock and roll, el turismo rural, conocer la vida de los famosos, el botellón*, la filosofía oriental, fumar, escribir cartas, los zapatos con plataforma, los hombres con pelo largo, los concursos de televisión, los deportes de aventura, ponerse muy moreno, ser ecologista, viajar a países exóticos, hacerse operaciones de cirugía estética...

***SALIR DE MARCHA:** *salir por las noches a divertirse.*
***EL BOTELLÓN:** *costumbre de comprar las bebidas y los vasos en una tienda o supermercado y consumirlos en la calle.*

En Hispanoamérica, **salir de marcha** se dice de otro modo. Así: en Colombia, *salir a rumbear*, en Guatemala *parrandear*, en México, *irse de reventón* o en Chile, *carretear*.

2 Escucha, lee e interactúa.

A ¿Sabes si Leticia se fue a México?

1 Antes de escuchar.
  a ¿Qué te sugiere el título?
  b ¿Sabrías decir lo mismo de otra manera?

3 Vuelve a escuchar y anota.
  a Los temas por los que se pregunta.
  b Quién pregunta (es una persona joven, mayor...).
  c Qué recursos se usan para responder.

2 Escucha y contesta las preguntas.
  a ¿Qué están haciendo las personas que hablan?
    a Pedir permiso.
    b Preguntar si alguien sabe algo.
    c Animar a alguien a hacer algo.
  b ¿Entiendes claramente las preguntas y respuestas? Explica tus dificultades.

RECURSOS		
Preguntar a alguien si sabe algo	**Contestar que sí**	**Contestar que no**
¿Qué sabes de...?	Sí, ya lo sé.	No, no lo sé.
¿Sabes si...?	Sí, ya sé que...	No, no tengo ni idea.
¿Te has enterado de que...?	Sí, he oído hablar de eso.	Ni idea.
¿Te has dado cuenta de que...?	Sí, ya me he dado cuenta.	No sé nada de...
¿Has oído que...?	Sí, me lo han dicho.	¡Y yo qué sé!
¿Tienes idea si...?		No sabía nada.

FÍJATE

¡Y yo qué sé! Con esta respuesta se transmite la idea de que no se quiere hablar del tema o que no interesa en absoluto.

La medida del tiempo

B Te toca.

- Con tu compañero/a vas a elaborar una serie de preguntas sobre diferentes asuntos usando los recursos que habéis visto.

- Preguntad al resto de la clase. En las respuestas hay que usar los recursos estudiados.

3 Escucha. 🎧 10

El tiempo y la moda.

La moda es algo unido al paso del tiempo. Podemos reconocer diferentes épocas viendo cómo se vestía la gente o las cosas que solían hacer. Pero, para mucha gente, la moda es una tiranía. Otras personas en cambio opinan que es un signo de los tiempos. Por eso hoy hemos salido a la calle a preguntar.

1 Escucha las entrevistas y toma nota de las ideas que transmite cada persona.
   a ¿Defienden la moda?
   b ¿Creen que la moda tiene aspectos positivos?
   c ¿Hablan solo de ropa o también de otras cosas?

2 Vuelve a escuchar y subraya en cada recuadro las opiniones que has escuchado a cada una de las personas entrevistadas.

Hombre	Chica	Mujer
- Los hombres y mujeres que siguen la moda parecen pinturas. - Los grupos musicales modernos siempre tienen el mismo ritmo. - La verdadera pintura no es la moderna. - El mundo camina hacia la estupidez.	- La moda incluye costumbres sanas. - Seguir la moda no es divertido. - Seguir la moda es igual que estar al día. - La moda puede esclavizar.	- Lo clásico no está de moda. - Los hombres no pueden llevar mucho tiempo el mismo traje. - Las mujeres quieren estar siempre a la última moda. - Los jóvenes que siguen la moda afirman su personalidad.

3 Para terminar, debatid sobre los aspectos positivos y negativos de seguir las modas.

4 Lee.

1 Antes de leer.
   a ¿Cuántos tipos de relojes conoces?
   b ¿Cuál crees que fue el primer reloj usado por los seres humanos?
   c ¿Qué crees que vas a encontrar al leer el texto?

2 Durante la lectura.
   a Subraya las palabras relacionadas con pueblos y culturas. Piensa en por qué se mencionan.
   b Anota los diferentes tipos de relojes y lo que dice sobre quiénes los usaban.

3 Después de leer.
   1 Contesta.
      a ¿Cómo se medía el tiempo en los orígenes de la Humanidad?
      b ¿Qué diferencia hay entre una clepsidra y un reloj de arena?
      c ¿Dónde aparecieron los primeros relojes públicos?
      d ¿Cuál es el origen del reloj de cuco?
   2 Habla.
      a Señala las diferencias entre tus hipótesis iniciales y la lectura del texto.
      b ¿Qué has aprendido que no sabías?

3 La medida del tiempo

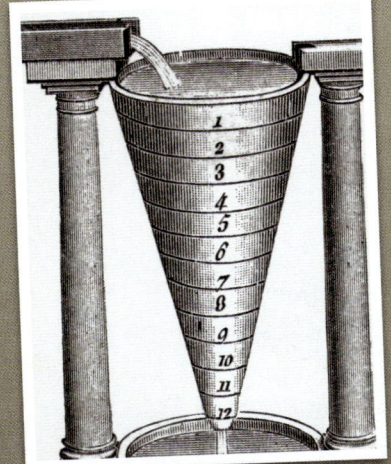

Ante la necesidad de controlar el tiempo, las antiguas civilizaciones se guiaban por el día y la noche o los ciclos de la luna.

El primer reloj creado por el ser humano fue el solar, que indicaba los momentos del día por la sombra del sol. Se cree que los chinos lo usaron aproximadamente 3000 años antes de Cristo y también lo usaron los egipcios e incas. Pero solo servía de día.

Los romanos marcaban velas en forma de regla para controlar el tiempo en la noche.

El reloj de agua o clepsidra indicaba la hora durante la noche al vaciarse el agua que contenía; el más antiguo de estos se encontró en un templo egipcio y parece que fue fabricado hace más de tres mil años, aproximadamente. Lo usaron en Babilonia, Egipto, Grecia y Roma.

El reloj de arena apareció en el siglo III después de Cristo. Consistía en dos recipientes esféricos de vidrio unidos con un estrecho canal que comunicaba ambas partes. Servía para controlar todo un día. Según los libros del rey español Alfonso X «El Sabio», se logró controlar mecánicamente el tiempo con un movimiento rotario continuo y regular. Con este mecanismo nació el reloj mecánico.

El primer motor de reloj fue el de pesas, aparecido en el siglo VIII. Aproximadamente en el año 1300 fue posible ver estos relojes en las iglesias de Europa. El reloj más antiguo está en la Catedral de Salisbury (Reino Unido).

El conocido como reloj de cuco nació en los bosques alemanes; allí es común un pájaro de plumaje gris ceniza que lo hace poco visible y emite en primavera un canto parecido al cucú. Este canto dio origen al sonido que lleva a los pájaros del bosque a nuestras casas.

Pero fue en Suiza donde los relojes se hicieron famosos. Hacia 1535, un grupo de personas, perseguidas por sus creencias religiosas, encontraron refugio entre las montañas del Jura y los Alpes. Allí, en medio de la tranquilidad, creció y se desarrolló el trabajo técnico artesanal que ha llegado hasta nuestros días.

5 Escribe.

Busca una revista de moda. Escribe los títulos de las secciones que trata. Haz un resumen de alguna de ellas. Di las que, en tu opinión, son interesantes y las que te parecen una estupidez.

Para argumentar tu opinión puedes usar los recursos que ya conoces.
- *Porque*: para expresar causa.
- *Así que*; *por eso*: para expresar consecuencia.

La estructura de tu texto debe ser esta:
- Una introducción para presentar los hechos y captar el interés.
- Un desarrollo con tus argumentos a favor o en contra.
- Una conclusión para resumir lo expuesto.

Si no sabes qué decir, haz con tu compañero/a una lluvia de ideas.
Luego, organízalas en argumentos a favor y en contra.

Aquí tienes un ejemplo.

Hay revistas de moda que son basura. En cambio, otras merecen un respeto y por eso no se puede generalizar.
La revista XXYY me gusta mucho, en primer lugar porque la imagen es agradable, empezando por las portadas que no son agresivas. En ellas no solo aparecen modelos, también escritoras, actrices. Pero siempre muy delgadas. Y eso es un fallo: queremos ver gente famosa NORMAL.
En las primeras páginas están las cartas de las lectoras, bien seleccionadas. Las entrevistas son interesantes. Las críticas de música, lectura, ocio, viajes, etc., son estupendas. Yo creo que tienen muy buen criterio.
Quien compra este tipo de revistas debe saber que XXYY es una revista de MODA y por eso no debe esperar artículos científicos. Pero, teniendo eso en cuenta, creo que es una de las mejores y más serias, porque no solo encontramos ropa, cosmética y todo lo anterior. También explican, por ejemplo, qué es el *mobbing* o cómo hacer una entrevista de trabajo. En conclusión, yo la recomiendo por todo lo dicho.

Repaso

Unidades 1, 2 y 3

1 Interactúa.

En parejas. Primero uno/a de vosotros/as lee las preguntas y el otro o la otra las contesta. Después cambiáis: quien ha preguntado contesta y quien ha contestado pregunta.

1. ¿Cómo sería tu ciudad ideal?

2. Y tu vivienda ideal, ¿cómo sería, dónde estaría, cómo la decorarías, etc.?

3. ¿Cómo sería la escuela de idiomas ideal para ti? Descríbela.

1. De los últimos inventos de finales del siglo XX y principios del siglo XXI, ¿cuál o cuáles te parece/n más importante/s y por qué?

2. ¿Qué cosas están de moda actualmente en tu país?

3. ¿Qué opinas sobre los móviles de última generación?

2 Habla.

Habla sobre uno de estos tres temas propuestos:
- Un día especial del pasado.
- El viaje que hiciste a...
- Algo divertido/peculiar/peligroso que te ocurrió en...

Recuerda que tienes unos minutos para prepararlo, que puedes escribir una serie de palabras para no perderte y recuerda, también, todo lo que has aprendido sobre la narración en estas unidades.

3 a Escucha y contesta.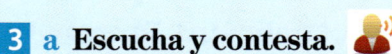

Te presentamos cinco diálogos correspondientes a estas funciones comunicativas: proponer planes y pedir favores. Señala con una X en qué diálogos aparecen esas funciones.

	Proponer planes	Pedir favores
Diálogo uno		
Diálogo dos		
Diálogo tres		
Diálogo cuatro		
Diálogo cinco		

Nuevo Avance Intermedio

b Escucha y di si son verdaderos o falsos los enunciados.

a	Jorge Luis Borges estudió en Ginebra.	V	F
b	No pudo dirigir la Biblioteca Nacional porque ya no veía casi nada.	V	F
c	La obra de Borges no es muy sencilla.	V	F
d	Sus relatos son auténticas pequeñas obras maestras.	V	F
e	Borges fue un gran novelista.	V	F
f	Jorge Luis Borges no recibió el premio Nobel.	V	F
g	Murió en su país en 1986.	V	F

Si quieres saber más sobre este autor, entra en *http://cvc.cervantes.es/actcult/borges/*

4 Lee y contesta.
Avisos y anuncios.

a Aviso.

Estimados/as vecinos/as:
En este último mes ha habido quejas de varios/as vecinos/as por el ruido que hacen las personas cuando vuelven del botellón (suponemos) de madrugada los viernes y los sábados.
También ha habido quejas de algunos/as propietarios/as que dicen que las motocicletas están muchas veces aparcadas en sitios no permitidos.
Y por último les informo de que sigue habiendo personas que bajan la basura al contenedor antes de las 19:30 h.
Para hablar de todo ello, se convoca una reunión para el martes 17, a las 20:30 h.
Agradeciendo su colaboración y su asistencia, aprovecho la ocasión para saludarles.

María Eugenia Montenegro,
presidenta de la comunidad.

Y ahora contesta.

a ¿Qué problema principal produce el botellón para los vecinos?
b ¿A qué hora se debe bajar la basura?
c ¿Cuándo es la reunión?

b Anuncio.
Concurso de relatos sobre viajes *Trotamundos.org*.

La Asociación de viajeros Trotamundos convoca la quinta edición de su concurso de relatos.

Bases

- Los relatos tendrán una extensión máxima de cinco páginas, estarán escritos en español y será elemento imprescindible del argumento la narración de un viaje que no tiene que ser real.
- Al presentar el relato solo aparecerá su título. En un sobre aparte se incluirán el título y los datos del autor/a.
- El plazo empieza el 1 de enero y acaba el 30 de junio.
- Los relatos deberán ser originales y no pueden haber ganado ningún premio literario anteriormente.
- Para obtener más información consulten nuestra página web *Trotamundos.org*.
- Los cinco mejores relatos, además de recibir un premio, se publicarán en un libro de formato digital.

Repaso Unidades 1, 2 y 3

Y ahora, señala verdadero o falso.

a El relato debe incluir un viaje real o ficticio.	V	F
b El relato debe ir firmado obligatoriamente al final con el nombre y los apellidos reales del participante.	V	F
c No se admitirán los relatos ya premiados.	V	F

5 Lee.

Lee el siguiente texto sobre inventos.

El 31 de marzo de 2006 se celebró en el Instituto de Investigación en Biotecnología e Industria de Santo Domingo la Primera Feria Nacional de Inventos e Innovaciones. En ella se vio la imaginación de inventores, profesores, estudiantes y empresas dominicanas.

Eso sí, la mayoría eligió el lado práctico: en los 83 inventos expuestos se pudo ver desde una purificadora de agua, hasta prótesis de silicona para dedos y piernas. Unas prótesis muy necesarias en la República Dominicana, donde una parte de su población está mutilada por accidentes de tránsito, percances laborales o incidentes armados.

José Guzmán, miembro de la Sociedad Nacional de Inventores, es el autor de estas prótesis de silicona, pintadas con acrílicos, que se pegan perfectamente a la piel. Entre las últimas prótesis que ha hecho figuran un dedo para un pianista y una mano para un taxista. «Ahora pueden continuar con sus trabajos sin problemas», afirmó orgulloso.

Este ingeniero electromecánico asegura que la gente pobre suele desarrollar destrezas fuera de lo común y que por eso él trata de inventar cosas para ayudarla. «Yo tengo en mi cabeza buenos inventos comerciales, pero no los hago porque no tengo los recursos para patentarlos. Invento cosas útiles y no me importa el plagio», añade con resignación.

Por eso, uno de los objetivos de este tipo de ferias es crear asociaciones y alianzas estratégicas entre quienes tienen las ideas y quienes tienen el capital. Y es que, como dijo Héctor Antigua, presidente de la Sociedad Nacional de Inventores de la República Dominicana, esa feria fue solo el primer paso, porque todavía «falta mucho por inventar».

(Adaptado de *http://www.pergaminovirtual.com.ar/revista/cgi-bin/hoy/archivos/2006/00000367.html*)

Elige las afirmaciones correspondientes.

1 La Primera Feria Nacional de Inventos e Innovaciones:
   a Se celebró en invierno.
   b Recogió inventos prácticos.

2 José Guzmán presentó:
   a Una prótesis de silicona.
   b Una purificadora de agua.

3 Entre los objetivos de esta feria está:
   a Descubrir grandes inventos comerciales.
   b Favorecer el encuentro entre las ideas y el capital.

6 Escribe.

Estás harto/a de la ciudad en la que vives. Quieres trasladarte a una más tranquila. Afortunadamente puedes trabajar desde tu casa gracias al teletrabajo. Escribe un mensaje a tus amigos hispanohablantes de Facebook para explicarles qué condiciones debe tener la zona o la ciudad a la que te gustaría trasladarte. Sin duda ellos te harán después buenas sugerencias.

Unidades 1, 2 y 3 **Repaso**

7 Marca la respuesta correcta.

1. La patrulla de policía _____ al motorista durante 20 km.
   a. siguió
   b. seguiyó

2. Alfredo _____ molesto por lo que le dijo su jefe.
   a. se sintió
   b. se ha sentado

3. El año pasado _____ un hospital en las afueras.
   a. construieron
   b. construyeron

4. El vuelo _____ y tuvimos que esperar 90 minutos.
   a. llegó con retraso
   b. estaba tarde

5. ● ¡Qué raro! Joseba se fue muy pronto de la fiesta.
   ▼ Bueno, no es tan raro. El día anterior se quedó a estudiar para un examen y _____ sueño.
   a. tuvo
   b. tendría

6. ● ¿_____ quedarte el fin de semana en mi casa?
   ▼ _____, así podemos ir juntas a hacer *surfing*.
   a. Puedes / No
   b. Quieres / ¡Qué buena idea!

7. ● ¿Quiere usted _____ sopa?
   ▼ No, muchas gracias, con un plato tengo _____.
   a. más / bastante
   b. mucha / más

8. ● ¿Les apetece venir con nosotros al zoo?
   ▼ Muchas gracias, pero _____.
   a. me encantaría ir, tengo trabajo
   b. no puedo acompañarles, tengo trabajo

9. Vivo en esta casa _____ seis años.
   a. hace
   b. desde

10. Laura es mi mejor amiga, siempre se ríe mucho _____.
    a. conmigo
    b. de mí

11. ● Por favor, ¿_____ a Gibralfaro?
    ▼ Coja el autobús número 35 en la Alameda.
    a. podemos ir
    b. para ir

12. Infórmate bien de lo ocurrido, porque yo sé que _____ problemas.
    a. ha habido
    b. habían

13. ● En su opinión, ¿cuál ha sido el cambio más importante de la ciudad en estos cuatro años?
    ▼ Para mí, sin duda, convertir en _____ el centro histórico.
    a. patinaje
    b. peatonal

14. ¿Qué tal _____ a Sevilla este fin de semana?
    a. si vamos
    b. vamos

15. ● Yo _____ he estado _____ en Japón.
    ▼ Yo _____, pero me encantaría ir.
    a. Ø / Ø / también
    b. no / nunca / tampoco

16. En el siglo pasado _____ dos guerras mundiales.
    a. habían
    b. hubo

17. ● A Marcos _____ venir a vivir a España.
    ▼ ¿Y por qué no _____?
    a. le encantaría / viene
    b. se encantará / va

18. ● ¿Te parecen útiles _____ para regular el tráfico?
    ▼ Sí, claro, pero tienen que funcionar bien y no estar siempre en intermitente.
    a. los semáforos
    b. los policías

19. ● Buenos días, ¿_____ fotocopiar estas páginas de este libro?
    ▼ Lo siento, pero está prohibido fotocopiar libros.
    a. es posible para mí
    b. podría usted

20. ● ¿Por qué no puedo conectarme a internet?
    ▼ _____ un problema del *router*. Está fallando mucho.
    a. Será
    b. Sería

21. Para reciclar hay que separar papeles, _____, plásticos y metales.
    a. vidrios
    b. contenedores

22. El lugar donde se echan todas las basuras se llama _____.
    a. colectivo
    b. vertedero

23. (*En la sala de profesores*).
    ● ¿Me das _____ cuaderno?
    ▼ ¿_____ rojo? Toma.
    a. ese / Este
    b. aquel / Ese

24. Tiene un nombre especial en español que viene del mundo de la navegación por mar. Es como un cuaderno, pero virtual.
    a. La bitácora o el *blog*
    b. El internauta

25. Ayer, cuando _____ a casa, nos _____ a Luisa y a Álvaro paseando al perro.
    a. volvimos / encontrábamos
    b. volvíamos / encontramos

26. ● ¿Por qué no vamos a tomar la última copa?
    ▼ Chico, son las 5 de la madrugada, es muy tarde. Ayer a las 5 de la madrugada Juan _____ tomar la última copa y yo le contesté que _____ demasiado tarde.
    a. quiso / fue
    b. quería / era

27. Anteayer _____ una reunión muy importante para organizar los grupos de trabajo.
    a. habían
    b. hubo

28. ● ¿Has estudiado ya este tema?
    ▼ No, todavía no _____ he estudiado, pero voy a _____ este fin de semana.
    a. lo / hacerlo
    b. la / estudiarla

29. ● ¿Vas a contarle el chiste a Laura?
    ▼ Sí, _____ contaré, seguro que se ríe mucho.
    a. se lo
    b. lo se

30. ● Patricia, por favor, ¿me prestas tus pendientes largos para esta noche?
    ▼ ¡Vaya! No puedo _____ porque voy a _____. Lo siento, de verdad.
    a. prestártelos / ponérmelos
    b. prestárloste / llevárselos

Nuevo Avance Intermedio

4

Vamos a contar historias

Al terminar esta unidad serás capaz de...

- Contar anécdotas y cuentos usando todo tipo de tiempos del pasado.
- Describir y contar una historieta.
- Expresar opiniones usando nuevos recursos.
- Comprender anuncios escritos y contestar.
- Llegar a acuerdos.
- Interpretar historietas y representar un personaje.
- Imaginar el posible final de una historia de misterio.
- Mejorar tu ortografía y tu fonética.

4. Vamos a contar historias

1. Pretexto

Un abrazo muy peculiar

Un día, mi padre fue a comer a un restaurante con unos amigos. Le habían dicho que era muy bueno y que estaba muy bien de precio. La comida fue un desastre. Todos empezaron a discutir con el pobre camarero, que no tenía culpa de nada. Mi padre llamó al dueño y le dio un abrazo. El propietario, asombrado, le preguntó:

– ¿Tan contentos han quedado con la comida?

Y mi padre dijo:

– No, es que como no pienso venir nunca más, quería despedirme de usted para siempre.

Pero, ¿qué pasa?

Yo había pasado un día estupendo subiendo y bajando montañas, estaba muy cansado y me fui a mi tienda a dormir. Llevaba un rato durmiendo cuando me desperté asustado porque había sentido que la tienda se movía. «Es una pesadilla», pensé. Busqué la linterna, pero me la había dejado fuera; encontré unas cerillas, pero no pude encenderlas, así que empecé a tocar el suelo y sí, se movía. Salí de la tienda, agarré la linterna y me puse a buscar la causa de lo que había notado dentro. Después de un rato vi un bulto que se movía, que se desplazaba. Era un topo despistado.

1 Escucha, lee y contesta.

a El restaurante de la primera historia, ¿es caro o barato?
b ¿Cómo fue la comida?
c ¿Cómo reaccionó el padre de la narradora?
d En la segunda historia, ¿dónde está el narrador?
e ¿Por qué está tan cansado?
f ¿Cuál es la causa de su susto?

2 Y ahora reflexiona.

a Señala en las dos historias las formas de pasado que ya conoces.
b Fíjate en la forma nueva que aparece y subráyala. ¿Qué crees que expresa: una acción anterior o una acción posterior a otra pasada? La explicación puedes encontrarla en Contenidos gramaticales.

4. Vamos a contar historias

2. Contenidos gramaticales

1 Pretéritos perfecto, indefinido e imperfecto.

a ¿Recuerdas cuándo se usan el pretérito imperfecto y los pretéritos perfecto e indefinido? Aquí tienes unas reglas que ya has visto.
Escribe debajo de cada una a qué tiempo corresponden.

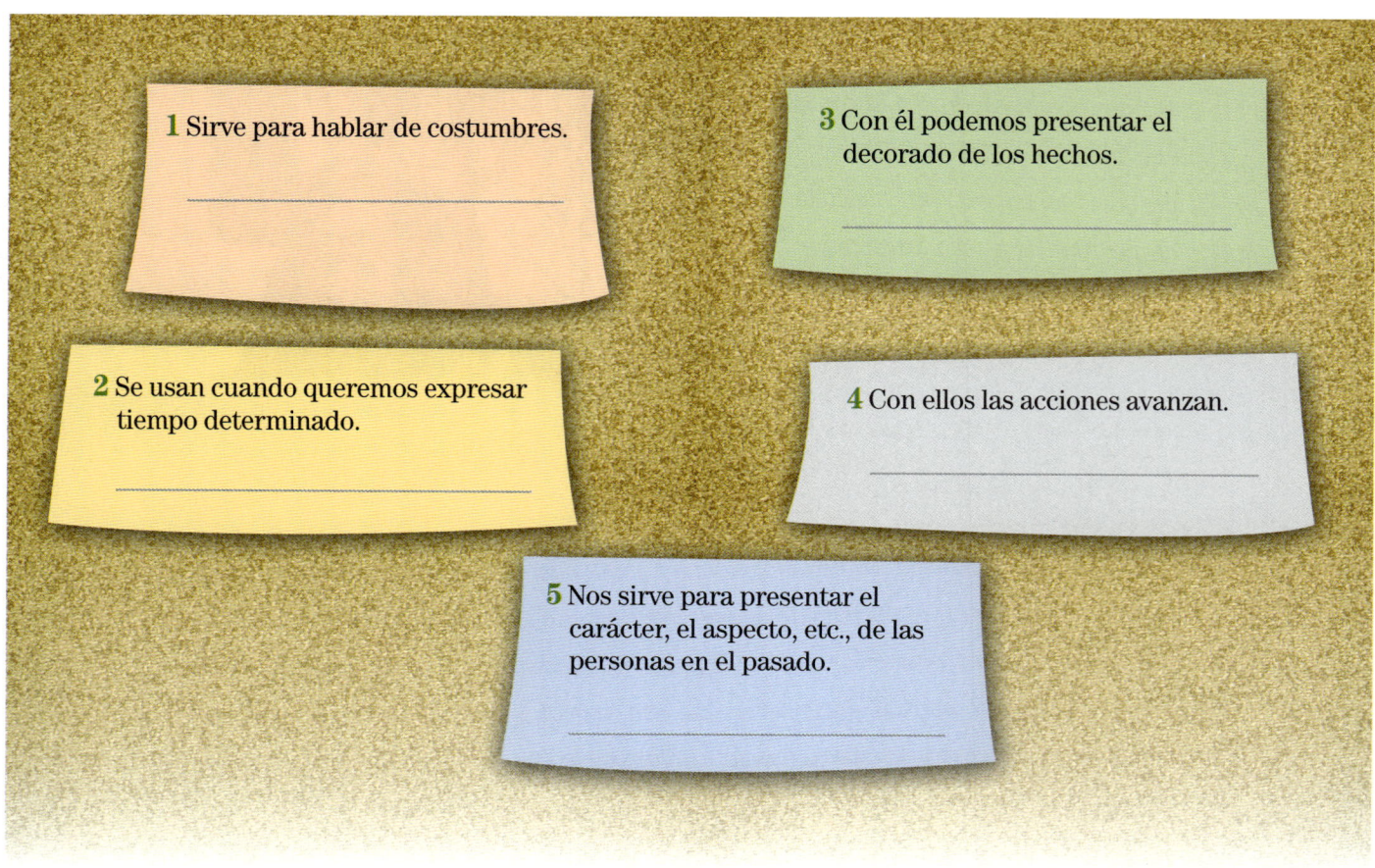

1 Sirve para hablar de costumbres.

2 Se usan cuando queremos expresar tiempo determinado.

3 Con él podemos presentar el decorado de los hechos.

4 Con ellos las acciones avanzan.

5 Nos sirve para presentar el carácter, el aspecto, etc., de las personas en el pasado.

Si quieres, añade otros casos que no hemos incluido.

b Ahora transforma los infinitivos adecuadamente.

1 ● Tienes los ojos rojos, ¿qué te (pasar) _____?
  ▼ Que (trabajar, yo) _____ muchas horas con el ordenador.

2 La casa de mi abuela (parecer) _____ un castillo, (tener) _____ muchas habitaciones y todo (ser) _____ misterioso.

3 Cuando (ser, nosotros) _____ niños, (vivir) _____ con unos tíos mayores. (Tener, ellos) _____ mal carácter y (enfadarse) _____ por todo lo que (hacer, nosotros) _____.

4 ● ¿Qué (hacer tú) _____ cuando (volver) _____ a casa después de la fiesta?
  ▼ Primero me (poner) _____ cómoda y luego (llamar) _____ a todos mis amigos para contarles lo bien que lo he pasado.

Vamos a contar historias

c Ya sabes que, cuando contamos historias, unas veces nos referimos a las acciones y otras veces nos referimos al decorado que rodea la acción o describimos los lugares y a las personas y sus estados de ánimo.

*Esta mañana **he ido** (acción) al parque porque **había** (decorado) una exposición de sellos antiguos y **he encontrado** (acción) dos maravillosos.*

Cuando el hablante está fuera de la unidad de tiempo (recuerda las Unidades 2 y 3), en lugar del pretérito perfecto usamos el pretérito indefinido para las acciones, pero seguimos usando el pretérito imperfecto para ambientes, descripción de personas y lugares.

*Ayer **fui** a un bar (acción), la música **estaba** altísima (ambiente, decorado), **había** mucho humo (decorado) y por eso **me marché** (resultado de la acción).*

***Me sentía** (estado de ánimo) muy deprimido, **llamé** (acción) a Ángela, **hablé** (acción) un buen rato con ella y me **animé** (resultado de la acción).*

Completa para asegurarte de que lo sabes.

No **(1)** (poder, yo) _____ ir a Lanzarote porque no **(2)** (tener) _____ dinero, pero una amiga me lo **(3)** (prestar) _____ y **(4)** (ir, yo) _____. **(5)** (Pasar, yo) _____ allí unos días estupendos.

2 Pretérito pluscuamperfecto.

Forma	Uso
había habías había habíamos + participio → hablado / comido / vivido habíais habían	Imagina que estás contando una serie de hechos pasados: 1, 2, 3, 4..., como en el Pretexto. Si hablas del 1, del 3 y del 4 y quieres volver al 2, **tienes que usar el p. pluscuamperfecto** porque **sirve para expresar una acción pasada anterior a otra también pasada.** Con él decimos que algo había ocurrido (o no) antes de ese momento.

FÍJATE

• La anterioridad puede establecerse con el pretérito perfecto y con el pretérito indefinido.

● ¿Por qué no has traído el informe?
▼ Porque lo **había metido** en un cajón y al salir de casa lo he olvidado.

● ¿Por qué llegaste tarde al examen?
▼ Porque no **había puesto** el despertador y me dormí.

• La relación de anterioridad puede expresarse con otros recursos, no solo con un verbo.

Ayer, a las siete de la mañana, ya **me había levantado**. (Significa que me levanté antes de las siete.)

Era una superdotada. A los cuatro años ya **había aprendido** a leer. (Significa que aprendió a leer antes de los cuatro años.)

4 Vamos a contar historias

3 Ortografía y fonética.

Te presentamos algunas reglas sobre la pronunciación y la ortografía del español, que debes recordar.

- No se pronuncia la '**u**' que va en '**gue**' y en '**gui**': **guerra**, **guitarra**; ni la que va en '**que**' y en '**qui**': **queso**, **quiero**. Sí se pronuncia la '**u**' cuando va escrita así: '**ü**', **pingüino**, **vergüenza**.

- La '**h**' nunca se pronuncia. **Alcohol** se pronuncia *alcool, **hospital** se pronuncia *ospital.

- La '**b**' y la '**v**' se pronuncian igual (el sonido es el de la '**b**'): **botella**, **vaso**.

- Hoy en día tampoco hay diferencia entre la '**ll**' y la '**y**', excepto en algunas zonas del norte de España: **llave**, **yo**.

- Detrás de L, N y S se escribe '**r**', pero suena '**rr**': **Israel**, **Enrique**, **alrededor**.

- **Za / ce / ci / zo / zu** se pronuncian como θ en toda España excepto en algunas zonas de Andalucía, en Canarias y en Hispanoamérica donde se pronuncian como '**s**'.

- En español hay solo cuatro consonantes que pueden duplicarse. Para recordarlo tienes la palabra CaRoLiNa: **acción**, **perro**, **lluvia**, **innecesario**.

- No existe diferencia de pronunciación entre '**ge**' y '**je**', ni entre '**gi**' y '**ji**': **general**, **jefa**, **gitano**, **jirafa**.

- La '**ph**' no existe en español, siempre se escribe '**f**'.

---

3. Practicamos los contenidos gramaticales

1 Completa con los pretéritos pluscuamperfecto, indefinido o perfecto.

1. ● ¿Sabes si Antonio (viajar) _ha viajado_ al extranjero?
   ▼ Con 25 años no (salir) _____ de casa.
   ● Pues a esa edad yo ya (ver) _____ medio mundo.

2. ● Antes de entrar en el supermercado (trabajar, yo) _____ en otros sitios.
   ▼ ¡Qué suerte! En cambio yo estoy en paro desde 2008, cuando (terminar) _____ mis estudios.

3. ● Cuando (ir, yo) _____ a comprar el pantalón, lo (vender, ellos) _____.
   ▼ ¿Y por qué no lo (comprar, tú) _____ cuando lo (ver) _____?
   ● Porque no sabía si me (pagar, ellos) _____ y en ese momento no llevaba dinero.

4. ● Los niños ya (dormirse) _____; (caer) _____ en la cama agotados.
   ▼ Claro, es que (jugar) _____ mucho en el parque.

5. ● Miguelito, ¿por qué me traes el cuaderno de los deberes con una hoja estropeada?
   ▼ ¿Estropeada? Pues no la (ver, yo) _____ cuando lo (meter) _____ en la cartera.

6. ● Esta mañana cuando (llegar, nosotros) _____ a la estación, el tren ya (irse) _____.
   ▼ ¿Y qué (hacer) _____?
   ● Pues (esperar, nosotros) _____ el tren de las 14:30 h.

7. ● Nunca estás en casa. Anoche te (llamar, yo) _____ y otra vez (saltar) _____ el contestador.
   ▼ Es que me (poner) _____ los auriculares y no (oír) _____ el teléfono.

8. ● Kris, hablas muy bien español. ¿Lo (estudiar, tú) _____ en tu país?
   ▼ Sí, (empezar) _____ a estudiarlo hace muchos años, pero no (poder, yo) _____ practicarlo hasta venir aquí.

Vamos a contar historias — 4

2. Completa con una forma correcta del pasado. Antes de empezar, contesta a estas preguntas:

a Si la casa está revuelta, ¿hay orden o desorden?
b Una colección de LPs, ¿es una colección de sellos o de discos?
c ¿Qué busca la policía si busca huellas: marcas físicas de las personas o bien personas que han visto un robo?

Cuando (1) _llegué_ a mi casa, me (2) (dar) _____ cuenta de que me (3) (robar, ellos) _____. La puerta (4) (estar) _____ abierta y la casa totalmente revuelta. (5) (Entrar, yo) _____ en el salón: (llevarse, ellos) (6) _____ el aparato de música, pero (7) (dejar) _____ el televisor de plasma en su sitio. Mi vieja colección de LPs (8) (estar) _____ allí; no la (tocar, ellos) (9) _____.
Enseguida (10) (mirar, yo) _____ en el dormitorio. Allí sí que (haber) (11) _____ desorden. (12) (Parecer) _____ que (13) (haber) _había habido_ un terremoto: los cajones (14) (estar) _____ abiertos y la ropa (15) (estar) _____ por el suelo. Seguramente (16) (querer, ellos) _____ dinero o joyas. (17) (Comprobar, yo) _____ si (18) (faltar) _____ algo y (19) (ver) _____ que solo me (20) (quitar, ellos) _____ unos pendientes que no (21) (valer) _____ nada.
A continuación (22) (llamar, yo) _____ a la policía, que (23) (venir) _____ enseguida. (24) (Tomar, ellos) _____ fotos, (25) (buscar) _____ huellas y me (26) (hacer) _____ muchas preguntas.

3. Rompecabezas.
En parejas, poned un poco de orden en estas cinco noticias. Para ello tenéis que relacionar las tres columnas de manera lógica, como en el ejemplo. O de manera divertida.

A Una anciana que volvía a casa al anochecer...
B Durante un mitin, el jefe de la oposición...
C Los estudiantes de periodismo...
D Dos hermanas que vivían en un piso del centro...
E El Ministro de Hacienda....

I ...se manifestaron por las calles....
II ...declaró en una entrevista para una cadena de televisión...
III ...pusieron una denuncia contra sus vecinos...
IV ...atacó violentamente...
V ...fue agredida por dos jóvenes...

1 ...que era necesaria una política económica menos conservadora.
2 ...la política del Gobierno.
3 ...que le robaron el bolso con todos sus ahorros.
4 ...para pedir más libertad de expresión.
5 ...porque celebraban fiestas muy ruidosas.

Podéis añadir más información.

4 Vamos a contar historias

4 Di si estas palabras están bien escritas. Si están mal, corrígelas.

1. frequencia _____
2. diferente _____
3. cuello _____
4. gitano _____
5. llegé _____
6. aparcé _____
7. famillia _____
8. architecto _____
9. jirafa _____
10. posible _____
11. boracho _____
12. gente _____
13. empezé _____
14. zielo _____
15. quidado _____
16. güerra _____

5 Trabalenguas.

Los trabalenguas pertenecen a la literatura oral. Son parte del folclore de los pueblos, por esa razón es posible encontrar distintas versiones de los mismos. Son juegos de palabras con sonidos difíciles de pronunciar juntos. Lo interesante de los trabalenguas está en poder decirlos con claridad y rapidez, aumentando la velocidad sin dejar de pronunciar ninguna de las palabras.

Aquí tienes algunos. Pásalo bien jugando con ellos y no te enfades si no te salen, a nosotros también nos cuesta.

1. Cuando cuentes cuentos, cuenta cuántos cuentos cuentas, porque si no cuentas cuántos cuentos cuentas, nunca sabrás cuántos cuentos cuentas tú.

2. El perro de san Roque no tiene rabo porque Ramón Ramírez se lo ha robado.

3. Un tigre, dos tigres, tres tristes tigres comen trigo en un trigal.

4. Pablito clavó un clavito, un clavito clavó Pablito. ¿Qué clase de clavito clavó Pablito?

5. Como poco coco como, poco coco compro.

6. Rápido corren los carros, cargados de azúcar del ferrocarril.

7. Pepe Peña, pela papa, pica piña, pita un pito, pica piña, pela papa, Pepe Peña.

8. El amor es una locura que solo el cura lo cura. Pero el cura que lo cura comete una gran locura.

4. Contenidos léxicos

1 Ya has estudiado lo relacionado con los colores, el clima y el paisaje. Lee esta lista de palabras para recordar.

- blanco
- azul
- amarillo (dorado)
- rojo
- verde
- marrón (ocre)
- negro
- gris
- rosa
- morado
- violeta

- la lluvia (llover)
- la nieve (nevar)
- el granizo (granizar)
- el viento (hacer viento)
- la niebla (haber niebla)
- el frío (hacer frío)
- el calor (hacer calor)
- el hielo (helar)

- el río
- la montaña
- el mar
- el bosque
- el árbol
- la selva
- el desierto
- la isla

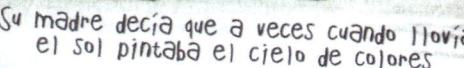

5. Practicamos los contenidos léxicos

1 Lee la historia de Blanca y escribe un breve relato usando elementos de las tres columnas que has repasado antes del vocabulario anterior. También puedes relacionar los colores con lo que te sugieran.

- *De pequeña mis hermanos y yo íbamos al bosque a buscar setas. Recuerdo que los colores más bonitos eran los ocres y los dorados.*
- *A mí el amarillo me hace pensar en el desierto y cuando pienso eso, tengo mucha sed.*

6. De todo un poco

1 Interactúa.

A Cuentos.

1 ¿Recordáis los cuentos infantiles como Caperucita roja, Hansel y Gretel, Sherezade o algún cuento de vuestro país? Con ayuda de vuestro/a profesor/a, vais a contar uno en versión original.

Para contar el cuento:	
• Introducir el cuento: Érase una vez… / Había una vez…	• Presentar acciones: pretérito indefinido.
• Presentar el ambiente y describir las cosas y las personas: pretérito imperfecto.	• Hacer avanzar las acciones en contraste con la descripción: pretérito indefinido.
	• Acciones en desarrollo: pretérito imperfecto.
	• Volver a hechos anteriores: pretérito pluscuamperfecto.
	• Terminar el relato: total que / al final + indefinido.

Tened en cuenta también:

QUIÉN
El / la protagonista
Los personajes secundarios

DÓNDE
El país / la región…
Los lugares…

CUÁNDO
Las épocas
Las costumbres

QUÉ PASÓ
Dificultades
Problemas

QUÉ HIZO
Cómo resuelve los problemas

¿TUVO AYUDAS?
De un animal
De un personaje mágico
De un objeto mágico

EL FINAL
Los cuentos tradicionales suelen terminar así en español: *Y colorín colorado, este cuento se ha acabado.*

• Personajes del cuento.	• Acción del cuento original.
• Personajes adaptados.	• Acción adaptada.

4 Vamos a contar historias

2 Escucha la adaptación que hizo el grupo de Karin. 🔊 15
Identifica el cuento original y toma nota de los cambios.

3 Por último, escribid vuestro cuento.

B Historias de viajes.
Sin duda ya habéis visitado distintas ciudades europeas o americanas. Señala en este mapa las que conocéis y explicad a vuestros/as compañeros/as cuándo estuvisteis, lo que más os gustó y por qué, lo que menos os gustó y por qué.
¿Podéis contar algún recuerdo o anécdota de esos viajes?

2 Habla.

1 Mira esta viñeta y cuenta a tus compañeros/as tu versión de la historia. Debes explicar:

   a Qué quiere la chica.
   b Qué relación hay entre los chicos.
   c Cuántas motos aparecen en la historia y qué pasa con ellas.
   d Cómo crees que termina realmente la historia.

2 Luego, comparad las diferentes versiones y comentadlas.

Nuevo Avance Intermedio

Vamos a contar historias — 4

3 Escucha, lee e interactúa. 🎧 16

A ¿Y a ti qué te parece?

1 **Antes de escuchar.**
   a ¿Qué te sugiere el título?
   b ¿Sabrías decir lo mismo de otra manera?

3 **Vuelve a escuchar y anota.**
   a Los temas sobre los que se pregunta.
   b La relación (formal o informal) que existe entre quien pregunta y las personas preguntadas.
   c Cómo se pregunta.

2 **Escucha.**
   a ¿Qué están haciendo las personas que hablan?
      a. Hablar de sus aficiones.
      b. Aceptar y rechazar un plan.
      c. Preguntar y expresar opiniones.
   b ¿Entiendes claramente las preguntas y las respuestas? Explica tus dificultades.

RECURSOS PARA PREGUNTAR Y DAR UNA OPINIÓN	
Preguntas	**Respuestas**
¿Qué opinas / opina usted de / sobre...? ¿Qué te / os / les parece + nombre singular? ¿Qué te / os / les parecen + nombre plural?	Creo que... / A mí me parece que... En mi opinión... / Para mí... Creo que sí / no.
En tu / su opinión + ¿ _____ ? ¿Cree(s) que...?	No estoy seguro/a. No tengo ni idea. No sé qué decirte/le.

B Te toca.
En parejas, preguntad y expresad la opinión sobre:

- Un trabajo de muchas horas con un gran salario o un trabajo de menos horas con un salario menor.
- Internet, el mejor invento de finales del siglo XX.
- Vivir en un pueblo cerca de una gran ciudad.
- Es más fácil ser uno mismo en las comunicaciones virtuales.
- La ciudad ideal del siglo XXI.
- Los libros digitales harán desaparecer los libros de papel.
- Por culpa de los sms la gente no sabrá escribir correctamente en su propio idioma.

4 Vamos a contar historias

4 Escucha.

De viaje por Europa.

1 Antes de escuchar.
a En pequeños grupos, imaginad tres rutas para visitar diferentes países de Europa.
b Escribid un listado de palabras y expresiones que pueden salir en esta audición según su título.

2 Ahora, escucha y toma nota de lo siguiente.
a ¿Cuántas personas intervienen en la conversación?
b ¿Qué relación hay entre ellas?
c ¿Cuántas rutas aparecen?

3 Vuelve a escuchar y contesta a estas preguntas.
a ¿Qué ruta incluye Bélgica?
b ¿Por qué una de las chicas no quiere hacer la ruta n.º 1?
c ¿Qué ciudades incluye la ruta n.º 3?
d ¿Es cierto que van a viajar del 1 al 15 de julio?
e ¿Qué va a hacer uno de los chicos el próximo semestre en Ámsterdam?

4 Después de escuchar.
a Comprobad vuestras hipótesis iniciales.
b Hablad de las ciudades mencionadas. ¿Las conocéis? ¿Qué os parecen?
c ¿Conocéis las becas Erasmus? Si no es así, buscad información en:
http://www.viajoven.com/educacion/Erasmus/principal.asp o en: *http://www.mailxmail.com/curso/excelencia/becas/capitulo4.htm*

5 Lee.

A Mi perra Clea.

Anteayer perdí a mi PERRA «CLEA» POR LA PLAYA DE «El Palo»

Fecha: 20 de mayo
Raza: Dálmata
Zona: España, Málaga (El Palo)
Contacto: Gabriel
Detalles: Tiene un ojo más claro que el otro

DE RAZA DÁLMATA, PESA ALREDEDOR DE 25 KILOS, SE LLAMA CLEA, TOMA MEDICACIÓN. ES MUY IMPORTANTE PARA MÍ. POR FAVOR, SI ALGUIEN LA HA VISTO O PUEDE DAR INFORMACIÓN, PUEDE LLAMARME A LOS NÚMEROS DE TELÉFONO: 676708755 / 952 001 002 O PUEDE PONERSE EN CONTACTO POR CORREO ELECTRÓNICO: *gabriela@hotmail.com*

SE OFRECE RECOMPENSA.
Contactar con Gabriel.

Contesta las preguntas:
a ¿Qué le pasa a Clea?
b ¿Cuántas maneras de ponerse en contacto con Gabriel aparecen en el anuncio?
c ¿Dará dinero Gabriel si alguien le devuelve a Clea?

B Ayer fui al súper.

Contesta las preguntas:
a ¿Compró todo Seiji?
b ¿Cuánto dinero de más le dio Agnes?
c ¿Dónde está el dinero?

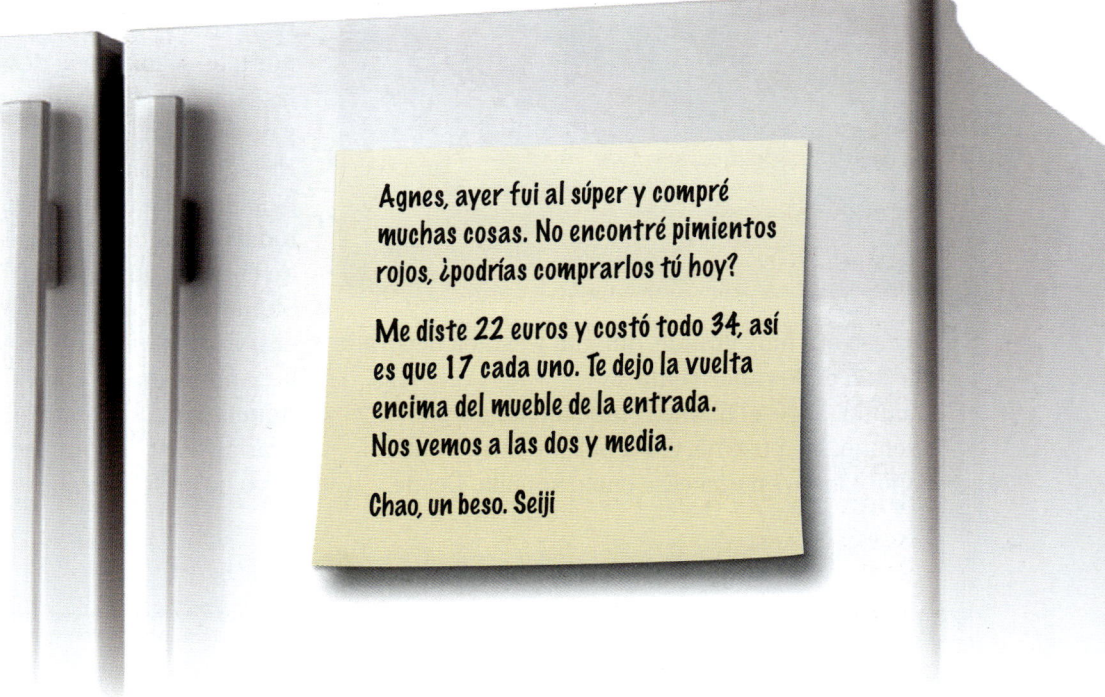

Agnes, ayer fui al súper y compré muchas cosas. No encontré pimientos rojos, ¿podrías comprarlos tú hoy?

Me diste 22 euros y costó todo 34, así es que 17 cada uno. Te dejo la vuelta encima del mueble de la entrada. Nos vemos a las dos y media.

Chao, un beso. Seiji

4 Vamos a contar historias

C Usted no puede saber eso.

1 Antes de leer.
a Imagina a partir del título de qué puede tratar la lectura.
b ¿Qué relación crees que puede tener el anuncio con el tema de la lectura?
c ¿Por qué puede atraernos una casa?
d Comprueba que conoces estas palabras: *pasillo*; *curva*; *mirador* y *envoltorio*.

2 Después de leer.
a Señala las diferencias entre las hipótesis iniciales y la lectura del texto.
b Elabora un breve resumen con las ideas centrales del texto.
c ¿Has tenido alguna vez una sensación de *déjà vu*? ¿Quieres contárselo a la clase?
d En parejas, imaginad otro final para esta historia.

Usted no puede saber eso.

La casa era muy grande, antigua y estaba decorada al estilo de los años veinte.

Cuando entré, el dueño estaba hablando por teléfono. Me puse nerviosa porque nunca antes había estado en una casa como aquella. Desde que la vi, cuando paseaba por la parte vieja de la ciudad, me atrajo. En aquel momento me decidí y me dije: «Quiero comprar esa casa». Es verdad, quería comprarla porque me parecía que ya había vivido en ella antes. Tenía una sensación de *déjà vu*; aunque soy una persona más bien escéptica, no podía evitar sentir algo como «aquí he estado antes». El dueño colgó el teléfono y hablamos de las condiciones de la compra. Me explicó que esa casa había sido de su abuelo antes de ser suya.

El señor Hermida empezó a recordar detalles y anécdotas. Me habló de un pasillo que tenía dos curvas. Sonrió al decirme que la gente contaba que al pasar una de ellas aparecía un fantasma. También me habló del mirador desde donde su abuela vigilaba los juegos de sus nietos en el parque de enfrente. Me explicó que en ese mirador ella se sentía una reina. Yo estaba encantada de escucharle. Sus recuerdos lo llevaron a un dormitorio. Yo, sin saber por qué, seguí con la descripción, incluso hablé de las lámparas que había sobre las mesitas de noche y de su color.

El señor Hermida me miró muy sorprendido: «¡Imposible! ¡Usted no puede saber eso! Esas lámparas todavía están dentro de su paquete, igual que cuando llegaron de Austria y nadie las ha visto nunca». Subimos al dormitorio; el señor Hermida rompió el envoltorio de una de las lámparas y, efectivamente, la pantalla era de color morado.

Aquella casa sigue cerrada, yo no he podido comprarla y hasta ahora parece que nadie lo ha hecho, ni yo he podido explicar lo que pasó aquel día.

Vamos a contar historias

6 Escribe.

A Imagina.

> Era una mañana fría de diciembre. Juan iba por la calle sin fijarse en nada ni en nadie. Estaba preocupado. Hacía algunos días que había ido a comer con Elisa, su novia, a un restaurante pequeño y acogedor; lo pasaron estupendamente. Después fueron al apartamento de ella, que era fotógrafa profesional, para ver sus últimas fotos.
> Decidieron ir al cine, a la sesión de las 19:00 h. A la salida, Juan acompañó a Elisa a su casa. Él se marchó a la suya porque, al día siguiente, tenía que ir más temprano a la oficina.
>
> Aquel día Juan esperó a su novia, como siempre, en el Café Central. La llamó por teléfono, pero no contestó. Se dirigió a su casa, llamó al timbre, pero nadie abrió. Como tenía una llave, entró en el apartamento. Todo estaba en perfecto orden, no faltaba nada. Volvió a su casa muy preocupado. Al día siguiente, como no conseguía encontrarla, fue a la policía a denunciar su desaparición.
> Hoy se ha levantado. Hace una mañana fría. Va preocupado al trabajo y se pregunta ¿qué le ha ocurrido a Elisa?

Termina esta historia usando tu imaginación. Puedes elegir un final cómico, trágico, surrealista, etc.

B Lee este anuncio.

> Familia numerosa de fantasmas busca casa grande o castillo en buenas condiciones. No somos ruidosos; no arrastramos cadenas y tampoco asustamos por las noches.

Ahora, escribe con tu compañero/a un anuncio curioso, divertido, gracioso o insólito del estilo de este. Usad vuestra imaginación. ¡Suerte!

5

Los espectáculos

Al terminar esta unidad serás capaz de...

- Opinar sobre los espectáculos.

- Usar el presente de subjuntivo para:
  - Expresar preferencias y sentimientos.
  - Expresar peticiones, órdenes y recomendaciones o consejos.

- Invitar a alguien a algo usando nuevos recursos.

- Atenuar y justificar el rechazo.

- Aceptar con reservas.

- Acentuar correctamente.

- Leer un poema.

Los espectáculos

1. Pretexto

1 Relaciona las imágenes con las oraciones. Escucha y comprueba.

1. No soporto que la gente coma palomitas en el cine.
2. Papá, quiero que me lleves al circo.
3. ¡Espero que te diviertas en el concierto!
4. Les aconsejo que vayan al teatro al aire libre.

2 Lee y contesta.

a ¿Qué espectáculos te gustan más y por qué?
b ¿A cuál sueles ir más?
c ¿Comes palomitas y bebes refrescos cuando estás viendo una película en el cine?
d ¿Viajas hasta muy lejos para ver a tu cantante o a tu grupo favorito?

3 Y ahora reflexiona.

a ¿Qué forma verbal nueva aparece en estas oraciones?
b ¿A qué tiempo verbal se parece?
c Vuelve a leer las oraciones. Fíjate en lo que expresan y completa este cuadro:

> **FÍJATE**
>
> Con el verbo *querer* podemos expresar deseos o influencia.

Una persona expresa SENTIMIENTOS hacia otras.	Una persona expresa DESEOS hacia otras.	Una persona trata de INFLUIR en otras.

5 Los espectáculos

2. Contenidos gramaticales

1 Presente de subjuntivo.

a Seguro que estas oraciones no te causan ningún problema:

> *Quiero un café* con leche. *Queremos hacer* un viaje a Bolivia.
> *Me gusta la montaña* en primavera. *Nos encanta hacer* montañismo.
> Mis alumnos *esperan sacar* buenas notas.
>
> Pues bien, si detrás del verbo ponemos *que*, tendremos que usar otro verbo conjugado. Este *que* es necesario porque tenemos dos oraciones con sujetos diferentes.
> Ahora tienes que saber que el segundo verbo va en subjuntivo, algo nuevo que vamos a empezar a estudiar en esta unidad.
>
> *Quiero un café con leche* → *Quiero (yo) que vengas (tú) conmigo al teatro.*

b La conjugación.

Vamos a estudiar el presente de subjuntivo. Para ello, tienes que recordar el presente de indicativo.

1 Completa las personas que faltan.

Verbos regulares en -ar	Verbos regulares en -er	Verbos regulares en -ir
habl-	com-**o**	viv-
habl-	com-	viv-**es**
habl-**a**	com-**e**	viv-
habl-	com-**emos**	viv-
habl-**áis**	com-	viv-**ís**
habl-**an**	com-**en**	viv-

✔ El presente de subjuntivo tiene una vocal característica para todas las personas. Los verbos en *-er* y en *-ir* tienen las mismas terminaciones.

Verbos regulares en -ar	Verbos regulares en -er	Verbos regulares en -ir
vocal característica: *e*	vocal característica: *a*	vocal característica: *a*

2 Completa la conjugación del presente de subjuntivo.

habl-	com-**a**	viv-**a**
habl-	com-	viv-
habl-	com-**a**	viv-
habl-	com-**amos**	viv-
habl-	com-	viv-
habl-	com-	viv-**an**

Los espectáculos 5

3 Hay dos personas gramaticales iguales en presente de subjuntivo. ¿Cuáles son?

✔ Para formar el presente de subjuntivo de los verbos irregulares tienes que tener en cuenta la primera persona del singular (yo) del presente de indicativo.

Funcionan igual: hacer, oír, poner, salir, traer, venir...

Presente de indicativo	Presente de subjuntivo	
Yo **teng-o**	Yo	**teng-a**
Tú tienes	Tú	**teng-as**
	Él/Ella/Usted	**teng-a**
	Nosotros/as	**teng-amos**
	Vosotros/as	**teng-áis**
	Ellos/Ellas/Ustedes	**teng-an**

4 Ahora, conjuga tú estos verbos.

Hacer: _____ _____

_____ _____

_____ _____

Salir: _____ _____

_____ _____

_____ _____

Oír: _____ _____

_____ _____

_____ _____

Traer: _____ _____

_____ _____

_____ _____

Poner: _____ _____

_____ _____

_____ _____

Venir: _____ _____

_____ _____

_____ _____

✔ Verbos que cambian E > IE. Terminan en *-ar*: *cerrar* o en *-er*: *entender*.
(Los que terminan en *-ir* los verás en la Unidad 6.)

5 Conjúgalos en subjuntivo.

cierr-**e** _____ cerr-**emos** _____ _____

entiend-**a** _____ _____ entend-**amos** _____ _____

> **Otros verbos en *-ar*:** *comenzar, despertar(se), empezar, pensar, sentar(se)...*
> **Otros verbos en *-er*:** *encender, perder, querer...*

✔ Verbos que cambian O > UE. Terminan en *-ar*: *contar* o en *-er*: *poder*.

6 Conjúgalos en subjuntivo.

cuent-**e** _____ _____ cont-**emos** _____ _____

pued-**a** _____ _____ pod-**amos** _____ _____

ATENCIÓN

Las personas NOSOTROS/AS y VOSOTROS/AS son regulares.

> **Otros verbos en *-ar*:** *encontrar, probar, recordar, soñar, volar...*
> **Otros verbos en *-er*:** *doler, mover(se), oler, volver...*

Nuevo Avance Intermedio

Los espectáculos

7 Dos casos especiales. Completa la conjugación.

IR:	vay-a	vay-	vay-a	vay-	vay-áis	vay-
SER:	se-	se-as	se-	se-amos	se-	se-an

c Usamos el subjuntivo.

✔ Detrás de los *verbos de influencia*. Estos verbos expresan la influencia de un sujeto sobre otro. Tienen este significado: *aconsejar, dejar, desear, ordenar, pedir, permitir, querer, recomendar, sugerir...*

Con el mismo sujeto	Con distinto sujeto
Verbo de influencia + infinitivo	Verbo de influencia + *que* + subjuntivo
● ¿**Quieres** (tú) **venir** (tú) al concierto con nosotros? ▼ ¡Me encantaría!	● ¿**Quieres** (tú) que **compremos** nosotros las entradas? ▼ ¡Estupendo!

✔ Detrás de los *verbos que expresan sentimiento*. El subjuntivo aparece cuando el sentimiento sale hacia otra(s) persona(s).

Son verbos de este grupo: *alegrarse de, apetecer, encantar, gustar, importar, molestar, odiar, preferir, sentir, no soportar, sorprender...*

> **ATENCIÓN**
> Los verbos subrayados se utilizan en **tercera persona del singular y del plural** y se construyen como *gustar*.

Cuando el sentimiento no sale hacia otra(s) persona(s)	Cuando el sentimiento sale hacia otra(s) persona(s)
Verbo de sentimiento + infinitivo	Verbo de sentimiento + *que* + subjuntivo
● ¿Por qué no vamos a la bolera? ▼ A mí **no me gusta jugar** a los bolos. Prefiero (yo) **ir** (yo) a bailar.	● ¿Estás enfadado con Jaime? ▼ Sí. Es que **no me gusta que me hable** (él) así delante de la gente.

2 La acentuación.

a Reglas generales.

Llevan tilde (´) o acento ortográfico:

1. Las palabras **agudas** (acentuadas en la última sílaba) que acaban en *vocal, -n y -s*: *sofá, jamón, compás*.

2. Las palabras **graves** o **llanas** (acentuadas en la penúltima sílaba) que no acaban en *vocal, -n o -s*: *Pérez, césped, inútil, árbol*.

3. Todas las palabras **esdrújulas** (acentuadas en la antepenúltima sílaba): *léxico, político, quirófano, sábana*.

4. Todas las palabras **sobreesdrújulas** (acentuadas en la sílaba anterior a la antepenúltima): *arréglasela, comunícaselo*.

Los espectáculos

b Acentuación especial:

1 Cuando el acento recae en una sílaba con **diptongo**, y según las reglas anteriores, la tilde debe ir sobre la A (*andáis*), la E (*coméis*), la O (*adiós*). Cuando el diptongo lo forman la I y la U, se acentúa la que aparece en la última posición (*construí*, *veintiún*). Lo mismo ocurre cuando el acento recae en una sílaba con **triptongo**: *averiguáis*.

2 Cuando una palabra simple pasa a formar parte de una compuesta en primer lugar, pierde el acento ortográfico: *baloncesto*, *decimonono*, *decimoséptimo*.

3 Cuando el compuesto está formado por dos o más palabras que no llevan tilde, esta se coloca si el compuesto resulta **esdrújulo** o **sobreesdrújulo**: *diciéndole*, *búscala*.

4 Los **monosílabos** (palabras que solo tienen una sílaba) no llevan tilde, salvo cuando existen dos con la misma forma, pero con distinta función gramatical: *tu/tú*.

5 Los relativos *que*, *cual*, *quien*, y los adverbios *cuando*, *cuan*, *cuanto*, *como* y *donde*, llevan tilde en las oraciones interrogativas y exclamativas: ¿*Cómo lo has hecho?* ¡*Cuánto lo quiere!*

6 Los demostrativos *este*, *ese* y *aquel*, con sus femeninos y plurales se escriben sin tilde según las reglas de acentuación. Solo se pondrá la tilde en el pronombre cuando existe riesgo de ambigüedad.

7 La partícula *aún* lleva tilde cuando puede sustituirse por *todavía*.

8 El adverbio *solo* únicamente se escribirá con tilde para evitar la confusión.

9 Los adverbios en –*mente* mantienen la tilde, si les corresponde, en el primer elemento: *lícitamente*, *dócilmente*.

10 Las mayúsculas deben ir acentuadas de acuerdo con las reglas generales: *África*.

3. Practicamos los contenidos gramaticales

1 Conjuga los verbos que te damos a continuación en presente de indicativo y en presente de subjuntivo.

	Oler		Pensar		Probar		Divertirse		Hacer	
	P. indic.	P. subj.	P. indic.	P. subj.	P. indic.	P. subj.	P. indic.	P. subj.	P. indic.	P. subj.
Yo	*huelo*	*huela*								
Tú										
Él / Ella										
Usted										
Nosotros/as	*olemos*									
Vosotros/as		*oláis*								
Ellos / Ellas										
Ustedes										

2 Completa el siguiente texto con la forma correcta del presente de subjuntivo.

Me gusta el cine, pero no soporto que la gente **(1)** (hacer) *haga* ruido. Me encanta que las butacas **(2)** (ser) _____ cómodas y que **(3)** (haber) _____ espacio entre una fila y otra. Pero odio que la gente **(4)** (hablar) _____ continuamente y **(5)** (comentar) _____ la película todo el tiempo. Y me molesta que **(6)** (reírse) _____ por cosas que en realidad no tienen gracia. Por eso, ya no voy al cine. Ahora prefiero ir al teatro. No me importa que **(7)** (ser) _____ más caro, siempre me sorprende que los actores **(8)** (poder) _____ hacer dos funciones seguidas. Les recomiendo que **(9)** (ir, ustedes) _____ a verlos. Y, de todos los espectáculos, mi preferido es el circo, aunque me da miedo a veces que los trapecistas **(10)** (poder) _____ caerse. Lo que no entiendo es cómo permiten que **(11)** (actuar) _____ niños o que **(12)** (maltratar, ellos) _____ animales. De todos modos, ha sido, es y será El gran espéctaculo del mundo.

Nuevo Avance Intermedio

5 Los espectáculos

3 Completa los diálogos. Usa el presente de subjuntivo con los verbos estudiados y el indicativo en los demás casos.

1. ● ¿Por qué no te cortas el pelo?
   ▼ Porque a mi novia **le gusta** más que lo (llevar, yo) _lleve_ largo.
2. ● Creo que hoy no (ir, yo) _____ a poder ir a clase.
   ▼ ¿**Quieres** que (llamar, yo) _____ para decir que no (ir, tú) _____?
   ● Pues sí. Y diles que, si mañana no me (encontrar, yo) _____ mejor, (llamar, yo) _____ al médico.
3. ● **Sentimos** mucho que no (aceptar, usted) _____ nuestra oferta para seguir trabajando con nosotros.
   ▼ Y yo **les agradezco** mucho que se (interesar, ustedes) _____ por mí, pero prefiero irme a vivir fuera de la ciudad y trabajar por mi cuenta*.

* **TRABAJAR POR MI CUENTA:** *sin jefes, ser autónomo.*

4. ● Mira, antes de tomar una decisión te **pido** que me (escuchar, tú) _____ un momento.
   ▼ Es que no **quiero** escucharte. Sé que no me (ir, tú) _____ a convencer.
   ● Que no. Solo **quiero** que (pensar, tú) _____ dos veces lo que vas a hacer.
5. ● Mira cómo está el apartamento. Voy a hablar seriamente con ellos.
   ▼ No, **deja** que (hablar) _____ yo.
6. ● ¿Por qué **te sorprende** que (vivir, yo) _____ sola?
   ▼ Chica, porque yo no **soporto** la soledad. Me encanta tener gente cerca.
   ● Pues te **recomiendo** que lo (probar tú) _____ alguna vez.
7. ● Me parece que (ser, nosotros) _____ los primeros.
   ▼ Bueno, no importa. **Prefiero** que (llegar, nosotros) _____ pronto a que nos (esperar, ellos) _____.

4 Reacciona ante las siguientes situaciones.

1. Has ido a un concierto de rock al aire libre.
   a. No me gusta que _____
   b. Me molesta mucho que _____
   c. No me importa que _____
   d. Me encanta que _____

2. Has ido a un circo con niños pequeños y había animales.
   a. A mí me encanta que _____
   b. Quiero que me _____
   c. Prefiero que _____
   d. A los niños les molesta que _____

3. Has ido al teatro y había muy poca gente.
   a. Me alegro de que _____
   b. No soporto que _____
   c. Recomiendo a todo el mundo que _____
   d. Me da pena que _____

Los espectáculos

5 a Fíjate en las fotografías y en los animales. ¿Los reconoces? Presta atención porque aparecen en el texto.
Anota el significado de estas expresiones:
1 *Sin tapujos* = claramente
2 *A corazón abierto* = con sinceridad

b Y ahora escucha y acentúa el siguiente texto.

Me gustaria ser

Una tarde, hace muchisimo tiempo, Dios convoco una reunion.
Estaba invitado un ejemplar de cada especie.
Una vez reunidos y despues de escuchar muchas quejas,
Dios solto una sencilla pregunta, «¿entonces que te gustaria ser?».
A lo que cada uno respondio sin tapujos y a corazon abierto:
La jirafa dijo que le gustaria ser un oso panda.
El elefante pidio ser mosquito.
El aguila, serpiente.
La liebre quiso ser tortuga y la tortuga golondrina.
El leon rogo ser gato.
El caballo, orquidea.
Y la ballena solicito permiso para ser zorzal…
Le llego el turno al hombre, quien, casualmente, venia de recorrer el camino de la verdad.
El hizo una pausa y exclamo:
Señor, yo quisiera ser… feliz.

(De Vivi García, en *Las tres preguntas de la vida*, de Jorge Bucay)

6 Concurso. Aquí tienes 25 palabras para que les pongas las tildes si son necesarias.
Gana quien tenga más palabras correctas. Luego escucha y comprueba.

1 calle	6 Garcia Marquez	11 correis	16 tienda	21 perro
2 Juan	7 bien	12 mecanico	17 alli	22 guantes
3 corazon	8 Gonzalez	13 redaccion	18 justicia	23 ultimo
4 platano	9 portatil	14 solicitud	19 daselo	24 historico
5 futbol	10 reloj	15 lapiz	20 vacaciones	25 aqui

Nuevo Avance Intermedio

5

Los espectáculos

4. Contenidos léxicos

1 Vamos a ver cuántas palabras conoces relacionadas con los espectáculos. Sigue completando el mapa.

2 ¿Cuántas de estas palabras han salido? ¿Las conoces todas? Si no, busca en el diccionario...

> entrada • taquilla • escenario (2)
> versión original • cartelera • pantalla • versión subtitulada
> butaca • trapecistas • cola

5. Practicamos los contenidos léxicos

1 Completa este ejercicio, usando el vocabulario anterior.

1. Desde que han reformado el teatro Avenida las _____ son mucho más cómodas.
2. Pregunta en la _____ si el cine está lleno.
3. Tengo dos _____ para el concierto de Nena Daconte, ¿te apuntas?*
4. ¿Tienes el periódico de hoy? Déjamelo, quiero ver la _____. Me apetece ir al teatro.
5. Aunque el vídeo es muy cómodo, no puedes comparar la televisión con la gran _____ de un cine.
6. Cuando voy al circo me da miedo que los _____ se caigan. A veces, me tapo los ojos.
7. Cuando voy a los conciertos, no paro de bailar. Sobre todo si el cantante hace lo mismo subido en el _____.
8. Vamos a sacar las entradas con tiempo, porque este fin de semana es el último del Circo del Sol y creo que hay una _____ tremenda para conseguir un buen sitio.
9. En los multicines hay una sala donde solo ponen películas en _____, la mayoría de las películas son en _____ o en español.
10. Me encantan esos teatros en los que los palcos están casi dentro del _____.

*¿**TE APUNTAS**?: ¿vienes con nosotros?
Si quieres saber quién es Nena Daconte, entra en: http://www.nenadaconte.com/

6. De todo un poco

1 Interactúa.

A En grupos. Mirad atentamente este fotograma de la película *Pájaros de papel* y contestad a estas preguntas.

  a Describid lo que veis.
  b Imaginad en qué época pasa la acción, quiénes son, adónde van, qué relación existe entre ellos.
  c ¿Por qué pensáis que levantan los sombreros?
  d El niño tiene la cara pintada, ¿por qué?

Si quereis saber más de esta película:
http://pajarosdepapel.com

B Di qué piensas de estas afirmaciones. A continuación compara tus respuestas con las de tu compañero/a. Después, haced una puesta en común y debatid sobre los puntos en los que no estéis de acuerdo.

	TÚ	TU COMPAÑERO/A
a Es mejor alquilar un DVD que ir al cine.		
b Las obras de teatro suelen ser aburridas.		
c Es mejor bajarse de internet la música que ir a un concierto.		
d Los payasos suelen ser tristes.		
e La ópera es cosa de personas mayores.		
f Las butacas del circo son muy incómodas.		
g Los minicines no tienen calidad de sonido.		
h El teatro es demasiado caro.		
i En los espectáculos en directo te pierdes muchas cosas. Mejor verlos por la tele.		
j En los circos se maltrata a los animales.		

C Aquí tienes un cuadro con tus preferencias. Responde a las preguntas y, después, busca en la clase al compañero/a que más coincide con tus gustos.

	Película favorita	Personaje de circo favorito	Cantante o grupo preferido	Tipo de obras de teatro que más te gustan	Personaje de ficción favorito
Tú					
Compañero/a					
Compañero/a					
Compañero/a					

5 Los espectáculos

2 Habla.

Cuenta a tus compañeros/as cómo fue el último concierto al que asististe. No olvides incluir:

- Quién o quiénes actuaban.
- Cuánto te costó la entrada.
- Si fuiste solo/a o con amigos.
- Cuánta gente había.
- A qué hora acabó.

3 Escucha, lee e interactúa.

A Te invito a cenar.

1 Antes de escuchar.

  a ¿Qué te sugiere el título?
  b ¿Sabrías decir lo mismo de otra manera?

2 Escucha.

  a En estos diálogos se hacen invitaciones. Apunta los recursos que se usan para hacerlas.
  b Vuelve a escuchar y anota cuántas invitaciones se aceptan y cuántas se rechazan.
  c ¿Puedes decir qué relación hay entre las personas de cada diálogo?

RECURSOS			
Invitar	**Aceptar**		**Rechazar**
	Sin reservas.	Con reservas.	
¿Quieres...? ¿Te apetece...? Te invito a... ¡Vamos a...! ¿Por qué no...?	Pues sí. Estupendo / perfecto / fenomenal. Buena idea. Con mucho gusto.	Bueno, si insistes... La verdad, preferiría... No me apetece mucho, pero...	Muchas gracias, pero no puedo. No puedo y lo siento de verdad. Imposible, es que... Otro día, es que... Ahora no, gracias.

FÍJATE

Cuando rechazamos una invitación, solemos dar una explicación que introducimos con *es que*.

B Te toca.

- Propón una excursión a la clase para el fin de semana.
- Un compañero te ha invitado a cenar. No te apetece. Díselo de la manera más elegante.
- Ponen una obra de teatro muy divertida. Invita al compañero/a de la clase que mejor te cae.

Los espectáculos

4 Escucha. 🎧²²

«Teatralia», más teatro que nunca.

1 Antes de escuchar.
a En pequeños grupos, imaginad tres tipos de espectáculos que pueden aparecer en la audición.
b ¿De qué tipo de teatro creéis que se va a hablar?

2 Ahora, escucha y toma nota de lo siguiente.
a ¿En cuántos escenarios se celebra «Teatralia»?
b ¿Cuántas funciones hay?
c ¿Cuántos grupos actúan?

3 Vuelve a escuchar y contesta a estas preguntas.
a ¿A qué tipo de público van dirigidos los espectáculos?
b ¿De qué lugares son los grupos que actúan?
c ¿Hay algún musical? ¿Cuál?

4 Después de escuchar.
a Comprobad vuestras hipótesis iniciales.
b ¿Existe en tu país este tipo de iniciativa?

5 Lee.

1 Antes de leer.
a ¿Qué opinas de los payasos en el circo?
b ¿Qué te sugiere el título de esta lectura?

2 Durante la lectura.
Subraya las ideas que te parecen más importantes para comentarlas después.

3 Después de leer.
a ¿En qué ámbitos trabaja esta ONG?
b ¿De qué formas se puede colaborar con ellos?
c ¿Cuánto cuesta una expedición y en qué consiste?

4 Y si quieres.
a Haz un resumen con los datos más importantes.
b Busca información de otra ONG y preséntala en clase.
c Apunta en tu cuaderno las palabras que te han parecido útiles.

NINGÚN NIÑO SIN UNA SONRISA

Payasos Sin Fronteras es una ONG de ámbito internacional y de carácter humanitario, con un doble objetivo. Uno: mejorar la situación psicológica de las poblaciones de campos de refugiados y zonas en conflicto, actuando o realizando talleres socio-educativos. Dos: sensibilizar a nuestra sociedad sobre la situación de las poblaciones afectadas y promover actitudes solidarias.

PAYASOS SIN FRONTERAS

El hecho de reír es un lujo para los pueblos en conflicto, donde los niños no han podido jugar. El hambre, las enfermedades y la guerra han hecho desaparecer su ilusión.
Con la risa como instrumento para aligerar la presión psicológica, especialmente de los niños y niñas de estas poblaciones, Payasos Sin Fronteras organiza expediciones de artistas a los territorios afectados. Al mismo tiempo, en los países donde está establecida, organiza actos para promover las actitudes solidarias. Una expedición de Payasos Sin Fronteras tiene un coste medio de 6 000 euros. Con eso, entre 5 y 10 artistas pueden hacer reír a una media de 5 000 personas. Con 1 euro puedes hacer reír a un niño, a una niña.

Nuevo Avance Intermedio

¿CÓMO PUEDES COLABORAR?

Como miembro solidario: tu ayuda económica, que no tiene por qué ser muy grande, puede devolver la ilusión a muchos niños y adultos que viven situaciones de gran presión psicológica.

Como artista: si sois un grupo de artistas con un espectáculo con lenguaje internacional, podéis ser voluntarios para ir de expedición con nosotros.

Puedes ampliar información en: *www.clowns.org*. Fuente: *mujeractual.com*

6 Escribe.

A **La semana pasada fuiste al circo y el mago te sacó al escenario. Escribe en tu muro de Facebook, pero en español, lo que pasó, cómo te sentiste, si te gustó la experiencia.**

Al principio...
Cuando estaba en el escenario...
Al pensar que todo el mundo me miraba...
Pero al final...

B **En parejas. Os han encargado preparar una cartelera para la clase con los espectáculos que se pueden ver durante el fin de semana. Consultad periódicos o internet y elaborad una propuesta semejante a esta:**

El niño pez
Cine Cité Valencia Sala: 10
Película ganadora del Premio Especial del Jurado en Málaga. Lucía Puenzo habla del amor prohibido.
Pases: Vie 22: 12:00, 14:00, 16:00, 18:15, 20:30; Sáb 23: 12:00, 14:00, 16:00, 18:15, 20:30; Dom 24: 12:00, 14:00, 16:00, 18:15, 20:30; Lun 25: 12:00, 14:00, 16:00, 18:15, 20:30; Mar 26: 12:00, 14:00, 16:00, 18:15, 20:30; Mié 27: 12:00, 14:00, 16:00, 18:15, 20:30; Jue 28: 12:00, 14:00, 16:00, 18:15, 20:30.
guiadelocio.com

Los espectáculos

Liceo de Barcelona

BALLET DE ÁNGEL CORELLA

Danza

Fecha de estreno: 12/09/2009
Hasta el: 12/10/2009

Compañía: Ballet de Ángel Corella

Teatro: Auditorium
Venta anticipada: Servicaixa (*www.servicaixa.com*, 902 33 22 11, terminales La Caixa)

Darwin y el humor gráfico se dan cita en el Teatre del Mar, de Mallorca

Más de 200 humoristas gráficos de 44 países participan en la III Mostra d'Humor Gráfic dedicada al año de Darwin. La muestra está organizada por diferentes instituciones y se inaugura el 23 de abril.

Museo Nacional de Bogotá

Conciertos 2009
Museo Nacional

CONCIERTOS «LAS 4 M»
Miércoles Musical al Mediodía en el Museo

Todos los miércoles
Hora: 12:30 del día
Auditorio Teresa Cuervo Borda
ENTRADA LIBRE

CONCIERTOS MAYO 2009

Fecha Concierto

Miércoles 6 de mayo: ***Grupos de Cámara Javerianos.***
Obras de J. S. Bach, L. V. Beethoven, W. A. Mozart, F. Liszt.

Miércoles 13 de mayo: ***Concierto de guitarras y piano.***
Soren Andrade & Gian Paolo Marcenaro, dúo de guitarras
Juan Sebastian Ávila, piano (Escuela de Música Juan N. Corpas). *Obras de F. Sor, D. Scarlatti, W. A. Mozart.*

Miércoles 20 de mayo: ***Recital de canto y piano.***
(Universidad Central) Camilo Colmenares, voz
Maestro Alejandro Roca, piano Maestra Sarah Cullins, profesora de canto. *Obras de J. Haydn, G. F. Haendel, W. A. Mozart, G. Rossini, F. P. Tosti.*

La diversidad es nuestra realidad

Al terminar esta unidad serás capaz de...

- Opinar y debatir sobre la emigración / la inmigración.
- Usar el presente de subjuntivo para:
    - atenuar las creencias.
    - emitir juicios de valor.
- Expresar certeza y seguridad usando nuevos recursos.
- Localizar en el tiempo y en el espacio ampliando las preposiciones.
- Dar o no dar la razón a alguien.
- Hablar de la cocina de diferentes países.
- Comprender y dar recetas.
- Exponer y argumentar las semejanzas y diferencias entre tu país y otros que conozcas.

6. La diversidad es nuestra realidad

1. Pretexto

Es lógico que haya diversidad.

Pienso que todos debemos hacer un esfuerzo por la integración.

Es evidente que la sociedad española está cambiando.

Creo que las diferencias significan riqueza; no creo que sean un problema.

1 Escucha, lee y contesta.

En el primer documento:
a ¿Por qué crees que todas estas personas necesitan ayuda?
b Comenta la oración siguiente con tus compañeros/as: *Con la integración de los emigrantes todos ganamos.*
c ¿Para qué crees que se usa *mira por dónde*?:
  a Para decir que sí con mucha seguridad.
  b Para llamar la atención y enfatizar.
d ¿Qué te sugieren las dos últimas fotos y los textos que las acompañan?

2 Y ahora, reflexiona.

En el primer documento hay muchos verbos en presente de subjuntivo. ¿Recuerdas lo que estudiaste en la unidad anterior?

a ¿Qué tipo de verbo introduce las oraciones que has leído? ¿Es un verbo de sentimiento o de influencia?
b ¿En qué forma están los verbos que aparecen bajo la segunda y la quinta imagen? ¿Están en forma afirmativa, en interrogativa o en negativa?
c ¿Qué llevan detrás, indicativo o subjuntivo?
d ¿Podrías extraer una regla?
e ¿Qué aparece detrás de *Es* en la tercera y en la cuarta imagen? ¿Un sustantivo? ¿Un adjetivo? ¿Un adverbio? ¿Una preposición? El verbo que va detrás, ¿está en indicativo o en subjuntivo?

6 La diversidad es nuestra realidad

2. Contenidos gramaticales

1 El presente de subjuntivo (continuación).

a Formación del presente de subjuntivo de los verbos irregulares.

Para formarlo, tienes que tener en cuenta la persona YO del presente de indicativo porque la irregularidad se mantiene en todo el presente de subjuntivo.

Verbos como CONOCER		Verbos como CONSTRUIR	
Presente de indicativo	**Presente de subjuntivo**	**Presente de indicativo**	**Presente de subjuntivo**
cono**zc**-o	cono**zc**-a	constr**uy**-o	constr**uy**-a
cono**c**-emos	cono**zc**-as	constr**u**-imos	constr**uy**-as
	cono**zc**-a		constr**uy**-a
	cono**zc**-amos		constr**uy**-amos
	cono**zc**-áis		constr**uy**-áis
	cono**zc**-an		constr**uy**-an

Otros verbos que se conjugan igual: *conducir, producir, reducir, traducir.*

Otros verbos que se conjugan igual: *contribuir, destruir, disminuir, sustituir.*

Conjuga tú dos de estos verbos en presente de indicativo y presente de subjuntivo.

Conjuga dos de estos verbos en presente de indicativo, y en presente de subjuntivo.

Verbos como SENTIR		Verbos como REPETIR	
Presente de indicativo	**Presente de subjuntivo**	**Presente de indicativo**	**Presente de subjuntivo**
sient-o	sient-a	repit-o	repit-a
sent-imos	sient-as	repet-imos	repit-as
	sient-a		repit-a
	sint-**amos**		repit-amos
	sint-**áis**		repit-áis
	sient-an		repit-an

ATENCIÓN
Estos verbos cambian **E > I** en las personas *nosotros/as* y *vosotros/as*.

Otros verbos que se conjugan igual: *divertir(se), convertir(se), preferir, sugerir.*

Otros verbos que se conjugan igual: *pedir, seguir, conseguir, elegir, medir, servir, vestir(se), reír(se), sonreír, freír.*

Conjuga tú dos de estos verbos en presente de indicativo, y en presente de subjuntivo.

Conjuga dos de estos verbos en presente de indicativo, y en presente de subjuntivo.

Casos especiales:

CABER	SABER
quep-a	sep-a
quep-as	sep-as
quep-a	sep-a
quep-amos	sep-amos
quep-áis	sep-áis
quep-an	sep-an

> Los verbos **dar** y **estar**, que en presente de indicativo son irregulares, en presente de subjuntivo son regulares. (Doy → **Dé**), (Estoy → **Esté**).
>
> **Conjúgalos completos.**

b Aparición del indicativo y el subjuntivo.

✔ Con verbos que expresan entendimiento, percepción y lengua (verbos «de la cabeza»): *creer, pensar, parecer, oír, decir...*

Con indicativo	Con subjuntivo
En forma afirmativa e interrogativa.	En forma negativa.
*Marta **cree que** Alejandro no ganará el campeonato de ajedrez.* *¿**Has pensado que** faltan dos días para el cumpleaños de Elisa y todavía no le hemos comprado nada?* *¿**No te parece que** Julio está muy extraño últimamente?* *La directora **ha dicho que** mandará un informe sobre los nuevos contratos.*	*Marta **no cree que** pueda viajar a Barcelona este fin de semana.* *No he oído que Juan vaya a divorciarse.* *Yo **no he dicho que** Alfredo sea vago.*

✔ Con construcciones de *ser* o *estar* con adjetivos o sustantivos.

Con indicativo	Con subjuntivo
• **Es** + *verdad, evidente, seguro* + *que* ***Es cierto** que el español es la segunda lengua de uso internacional.* *¿**Es verdad** que Antonio y Ana van a cerrar su empresa?* **Otros**: *obvio; cierto; indudable.* ***Es indudable** que el Sol sale por el Este y se pone por el Oeste.* • **Está** + *claro, demostrado, comprobado, visto* + *que* ***Está demostrado** que la Tierra es casi redonda.* ***Está claro** que, con la integración, todos ganamos.*	• **No es** *verdad, evidente, cierto, seguro, obvio, indudable* + *que* ***No es verdad** que Alberto tenga problemas con el jefe.* • **No está** *claro, comprobado, demostrado, visto* + *que* ***No está demostrado** que haya vida inteligente en otros planetas.* • **Es** + *adjetivo/sustantivo* que no significa *verdad, evidente, seguro* + *que* ***Es un problema** que no encuentre trabajo.* ***Es bueno** que todos hagamos un esfuerzo por la integración.*

ATENCIÓN

Lógico, natural y normal + *que* se construyen con subjuntivo.
***Es normal** que Angélica quiera volver a su país; lleva mucho tiempo sin ver a su familia.*

6 La diversidad es nuestra realidad

2 Preposiciones que indican tiempo.
Ya conoces muchas porque las has estudiado en *Nuevo Avance A1 y A2*.
Subraya todo lo que ya sabes.

- **A** + horas.
  *Te espero **a** la una en la puerta de la oficina.*
  Frases fijas: *al amanecer, al atardecer, al anochecer, al día siguiente, a la semana siguiente.*
  *Mi suegra se levantaba siempre **al amanecer**.*
  *Lo operaron de la vista y **al día siguiente** ya pudo volver a casa.*

  Estamos a + fecha.
  Estamos a 26 de junio.

- **EN** + años, periodos, estaciones, temporadas.
  En primavera se llenan los gimnasios.
  Estamos en + mes, estación, año, siglo.

- **ENTRE:** se utiliza para expresar un momento no determinado entre dos límites.
  *Te llamaré **entre** las 8:00 h y las 10:00 h.* → en cualquier momento situado entre las 8:00 h y las 10:00 h.

- **HASTA:** tiempo límite.
  *No tendré su coche arreglado **hasta** el miércoles.*

- **POR:** expresa tiempo aproximado.
  ATENCIÓN nunca se usa con las horas.
  *Siempre nos visita **por** Navidad.*
  Frases fijas: *por la mañana, por la tarde, por la noche.*

- **SOBRE:** sirve para expresar tiempo aproximado. Significa lo mismo que *hacia*.
  *Llegó **sobre** las 11:00 h.*

- **HACIA:** expresa tiempo aproximado.
  *Saldré de casa **hacia** las 21:00 h.*

- **PARA:** señala el límite antes del cual debe ocurrir algo.
  *Estos deberes son **para** el lunes.*

- **DESDE:** expresa el principio de un hecho de una acción.
  + **Día, mes, año.**
  *No he visto a Juan **desde** el sábado pasado.*
  + **Fecha exacta.**
  *Vivo aquí **desde** el 15 de septiembre de 1983.*
- **DESDE** + sustantivo (no temporal):
  Desde la muerte de su marido está muy triste.
  + **que** + **verbo:**
  Desde que lo vio, supo que era el amor de su vida.

  Desde + artículo... **hasta** + artículo.
  Se usan para expresar el principio y el fin.
  *Trabajo **desde** las 9:00 h **hasta** las 14:00 h.*
  *Tengo clase **desde** el lunes **hasta** el viernes.*
  El artículo aparece delante de las horas y de los días de la semana.

- **TRAS:** después de.
  Tras mucho esfuerzo consiguió abrir la puerta.

- **DE:** sirve para referirse a una etapa de la vida:
  de niño, de adolescente, de joven, de mayor.
  De adolescente discutía mucho con mis padres.
  Momentos del día: *de día, de noche, de madrugada.*
  *El padre de Emi trabaja **de noche**.*

  De ... a: se utilizan para expresar el principio y el fin.

  ### ATENCIÓN
  Ni las horas ni los días de la semana llevan artículo.
  *Trabaja **de** 9:00 h **a** 14:00 h, **de** lunes a viernes.*

Nuevo Avance Intermedio

La diversidad es nuestra realidad

6

3. Practicamos los contenidos gramaticales

1 Completa los diálogos siguientes con el adjetivo o el sustantivo adecuado de forma que tengan sentido. Fíjate si el verbo está en indicativo o en subjuntivo y escribe al lado el infinitivo correspondiente.

> lógico • natural • posible • una pena • conveniente • problema
> cierto • evidente • verdad • demostrado • estupendo

1. ● Es *conveniente* que pagues el alquiler pronto porque, si no lo haces, la dueña se pone nerviosa.
   ▼ Vale.
2. ● Como Ana trabaja tanto, es _____ que gane mucho dinero.
   ▼ Yo prefiero trabajar menos, pero tener más tiempo libre.
3. ● Está _____ que beber con medida alarga la vida.
   ▼ Sí, los médicos dicen que una copa de vino tinto al día, mejora la circulación sanguínea.
4. ● Es _____ que las corridas de toros desaparezcan algún día.
   ▼ Yo no lo creo, porque es una costumbre muy antigua que ha sobrevivido.
5. ● Es _____ que no podáis venir con nosotros a los sanfermines.
   ▼ A ver si el año que viene podemos ir los cuatro juntos.
6. ● Es _____ que las clases sean por la mañana temprano, así puedo trabajar por la tarde en el restaurante de los padres de mi novio.
7. ● Pues a mí no me gustaría trabajar con la familia de mi novio.
   ▼ ¿Es _____ que Juan y Marta se van a vivir a Costa Rica?
   ● Sí, eso he oído yo también.
8. ● Es _____ que Alonso está un poco extraño últimamente.
   ▼ Es _____ que no se encuentre muy bien, porque tiene muchos problemas.
9. ● Es un _____ que no encuentre trabajo porque, además, tiene cuatro hijos.
   ▼ A ver si por fin lo encuentra.
10. ● Es _____ que Luisa y Álvaro están enamorados.
    ▼ Sí, se les nota mucho.

2 Completa los diálogos con el verbo en indicativo o subjuntivo.

1. ▼ ¿Cuándo son los exámenes finales?
   ● Me parece que (ser) *son* la última semana de junio.

2. ▼ Creo que va a llover mañana.
   ● Pues yo no creo que (llover) _____.

3. ▼ ¿Por qué no te gusta el campo?
   ● Yo no he dicho que no (gustar, a mí) _____.

4. ▼ ¿Qué ha dicho Esperanza?
   ● Esperanza ha dicho que te (llamar) _____ esta tarde.

5. ▼ ¿Crees que Yvonne podrá volver a Ecuador en junio?
   ● No, no creo que (poder, ella) _____ porque todavía no (ahorrar, ella) _____ suficiente dinero.

6. ▼ ¿Piensas que la integración es un asunto difícil y complicado?
   ● No, no pienso que la integración (ser) _____ un asunto tan complicado.

7. ▼ ¿Sabes qué ha dicho Antonio de las vacaciones?
   ● Sí, ha dicho que este año (quedarse, él) _____ en Málaga porque no tiene dinero para viajar.

Nuevo Avance Intermedio

6 La diversidad es nuestra realidad

3 **En parejas.**

Os presentamos una serie de situaciones.

Situación: Últimamente vuestro amigo Eduardo se comporta de una forma muy extraña.

Y ahora tenéis que añadir un comentario.

Comentario: *Sí, es verdad que Eduardo ha cambiado mucho.*

1 María y José Luis están siempre discutiendo.
   Está claro que (ellos) _____.
2 Isabel ha estudiado muchísimo para aprobar el examen del DELE.
   Sí, es evidente que (ella) _____.
3 Arturo se siente mal sin trabajo.
   Es natural que (él) _____.
4 Marcela y Julián viven como millonarios.
   Pues no es verdad que (ellos) _____.
5 Últimamente no haces nada de ejercicio.
   Ya lo sé, es necesario _____.
6 *(Por teléfono)* Son las 18:50 h, la conferencia empieza a las 19:00 h y estoy a 5 kilómetros del lugar donde se celebra.
   Es imposible que (tú) _____.
7 Isabel y Andrés casi nunca me hablan ni me invitan.
   Es evidente que (tú) _____.

4 **Completa con las preposiciones que indican tiempo.**

1 *De* niño vivía con su tío, pero a los doce años se fue a vivir con sus padres.
2 Tengo clase _____ lunes _____ viernes, _____ las 9:00 h _____ las 14:00 h.
3 La fiesta terminó _____ las 5:00 h _____ la madrugada.
4 Me gusta ir al gimnasio _____ la tarde.
5 Los británicos comen muy poco _____ mediodía.
6 _____ que se casó, vive en Tijuana.
7 No puedo salir _____ las 20:00 h porque tengo mucho trabajo.
8 Normalmente visito a mi abuela _____ verano.
9 Necesito los apuntes _____ mañana.
10 _____ las 16:00 h y las 18:00 h siempre salgo a pasear.

5 **a Un día normal de tu vida.**

Escribe un texto usando todas las preposiciones de tiempo necesarias, después, léelo a tus compañeros/as.

Puedes empezar así: *Me despierto **a** las 7:00 h, pero no me levanto **hasta** las 7:15 h.*

b Tú decides cuándo.

- En grupos de tres, elaborad una lista de actividades.
- Sale un/a voluntario/a.
- Una persona del grupo le propone una actividad y quien ha salido voluntario/a tiene que decir cuándo realiza esa actividad sin repetir preposición.

Ir a la ópera → ***Por*** *la noche.*

Limpiar la casa → ***Entre*** *las 10:00 h y las 12:00 h de la mañana.*

4. Contenidos léxicos

1 La gastronomía forma parte de la cultura de un país. Ahora te vamos a hablar de la del nuestro.

a **La cocina regional española:**

- **Costa cantábrica.** Excelentes mariscos, pescados, carne de vacuno, quesos. Destaca el pulpo a la gallega.

- **Andalucía.** Destacan el gazpacho, el ajo blanco y el pescado frito.

- **La Rioja, Navarra y Aragón.** Excelentes verduras y cordero. Destacan los pimientos del piquillo, las truchas y el cordero asado.

- **La Meseta.** Tierra de asados y cocidos. Destacan: el cocido madrileño, el cordero y el cochinillo asado.

- **Cataluña.** Destaca un delicioso postre: la crema catalana.

- **Las islas Baleares.** Destaca un delicioso dulce: la ensaimada.

- **El Levante.** Destaca por sus arroces. La paella, el arroz negro, el arroz a banda.

- **Las islas Canarias.** Destacan las papas arrugadas y el mojo picón.

b **Recipientes y utensilios de cocina.**

1 olla a presión

2 cazuela

3 cazo

4 sartén

5 cacillo para servir sopa

6 fuente de horno

7 molde de bizcochos

8 escurridor

6 La diversidad es nuestra realidad

5. Practicamos los contenidos léxicos

1 Contesta a estas preguntas.

1 ¿Qué recipiente es necesario para preparar el cocido madrileño?
   a una fuente de horno   **b** un molde   **c** una cazuela

2 ¿Cómo suele cocinarse el cordero?
   a frito   **b** al horno   **c** cocido

3 ¿Dónde cocinarías el pescado frito?
   a en una sartén   **b** en un escurridor   **c** en un cacillo

4 ¿Qué utensilio necesitas para cocinar la verdura en poco tiempo?
   a el cazo   **b** la olla a presión   **c** la cazuela

5 ¿Dónde harías una ensaimada?
   a en una cazuela   **b** en una fuente de horno   **c** en una sartén

2 Los inmigrantes traen a los países de acogida sus platos favoritos. Es fácil pasear por las ciudades españolas y encontrar una gran variedad gastronómica de diferentes lugares.

Vamos a hacer un concurso en parejas:
Si se pregunta por un plato típico de Marruecos, todo el mundo dirá: el cuscús.
¿De India? El pollo al curry, ¿verdad?
Pues ahora, te presentamos dos listas: una con los nombres de los países y otra con platos típicos. ¿Puedes poner un poco de orden? Si lo necesitas, busca información en internet, ahí seguro que encuentras las respuestas.

1 Ecuador   a el guacamole
2 Colombia   b fideos
3 Uruguay   c ajiaco
4 Argentina   d borsch
5 México   e el asado
6 Brasil   f gulasz
7 China   g fritada
8 Polonia   h sarmale
9 Rusia   i feijoada
10 Rumanía   j el dulce de leche

¡Suerte con el concurso!
Gana la pareja que conteste correctamente a más preguntas en menos tiempo.

Nuevo Avance Intermedio

6. De todo un poco

1 Interactúa.

A Imitad el primer texto del Pretexto y haced algo similar con:

- los compañeros/as y el/la profesor/a (la clase).
- los amigos/as.
- vuestra familia.
- los compañeros/as y jefes de vuestro trabajo.

B Prueba para los buenos observadores.

Tomad lápiz y papel y realizad esta actividad en parejas. Después de responder a todas las preguntas, comparad los resultados en la clase.

Has pasado bastante tiempo fuera, al volver a tu país, ¿qué te ha parecido diferente? ¿Sabrías decir por qué?

- la ciudad, el barrio, las calles
- el ruido / el silencio (coches, vecinos, niños, televisión...)
- lugares de diversión
- la gente en la calle / en lugares públicos
- tus amigos
- tu familia
- las aficiones y el tiempo libre
- el trabajo
- la comida
- las normas sociales
- la casa

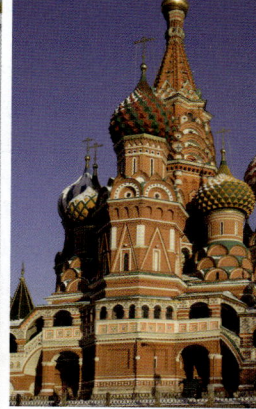

¿Te traerías a tu tierra alguna de las costumbres del país donde has vivido? ¿Por qué?
¿Exportarías algo de tu país a otros países tras haber vivido en ellos? ¿Por qué?

2 Habla.

En los Contenidos léxicos de esta unidad has visto algunos de los platos más típicos de nuestra cocina.
Ahora, explica a tus compañeros/as cuáles son los platos más típicos de tu país y señala las regiones donde se comen principalmente.

Uno de los platos más típicos de Bélgica son los mejillones con patatas fritas...

3 Escucha, lee e interactúa.

A ¿Tienes razón?
1 Escucha sin leer y contesta.

a ¿Qué están haciendo las personas que hablan?
  a Expresar sentimientos.
  b Dar o no dar la razón a alguien.
  c Solicitar permiso.
b ¿De qué tema general hablan?

La diversidad es nuestra realidad

2 En parejas leed las preguntas. Procurad poner la entonación adecuada.

1 ● Hay muchos jubilados extranjeros que pasan muchos meses anualmente en la costa mediterránea española.
▼ Sí, así es.
2 ● No es cierto que con la integración de los inmigrantes todos ganemos.
▼ No tienes razón, eso no es así.
3 ● Creo que las diferencias significan riqueza.
▼ Sí, eso es cierto.
4 ● La inmigración produce inseguridad ciudadana y marginalidad.
▼ Eso es falso.
5 ● Muchos españoles emigraron a Hispanoamérica a finales del siglo XIX y a principios del XX.
▼ Eso es verdad.
6 ● Es lógico que en nuestra sociedad haya diversidad.
▼ Sí, claro que sí.
7 ● No creo que la integración traiga problemas.
▼ No, estás equivocado.
8 ● Todas las personas tienen derecho a salir de cualquier país y a elegir su residencia en el territorio de un estado.
▼ Desde luego.

RECURSOS

Decir a alguien que tiene razón	Decir a alguien que no tiene razón
Claro que sí.	(Eso) no es verdad.
Tienes razón.	No, estás equivocado.
Sí, es así.	No tienes razón.
(Eso) es cierto.	Eso no es así.
(Eso) es verdad.	(Eso) es falso.
Por supuesto.	(Eso) es mentira.
Desde luego.	(Eso) es absurdo.
¡Qué razón tienes!	Pues yo no me lo creo.

B Te toca.

1 Da o no la razón a tu compañero/a que dice estas cosas.

● Los científicos saben que hay vida inteligente en otros planetas.

● El hombre todavía no ha llegado a la Luna.

● Las mujeres españolas no cambian de apellidos cuando se casan.

● La piña es la más sana y rica de todas las frutas.

● No es lo mismo ser un viajero que un turista.

2 Ahora, expresad más opiniones y dad o no la razón.

La diversidad es nuestra realidad **6**

C Debate sobre la inmigración.

**Dividid la clase en dos grupos. Uno de los grupos:
a favor de la inmigración, el otro ve muchos problemas.**

A favor de la inmigración:
- Enriquecen la cultura de los países de acogida.
- Ayudan con sus impuestos a mejorar la economía de los países de acogida.
- No se puede impedir que la gente busque mejores condiciones de vida.

Ve muchos problemas:
- Muchos emigrantes no se adaptan a la cultura del país.
- Los hospitales y colegios se han masificado.
- En algunos lugares viven emigrantes de una nacionalidad en el mismo barrio y solo se relacionan entre ellos...

**Cada grupo debe defender su postura y aportar argumentos.
Recordad todos los recursos que acabáis de aprender para dar
o no dar la razón a alguien.
Al final a ver si llegáis a un acuerdo. ¡Suerte!**

4 Escucha.

Declaraciones de dos inmigrantes.

Nuestra reportera de Onda Meridional ha entrevistado a dos personas
que llegaron hace ya algunos años a nuestro país. Escucha lo que cuentan.
Di si son verdaderas o falsas las siguientes oraciones:

		V	F
a	Farda es argelina.		
b	Farda estudia Bachillerato.		
c	A Farda no le importaba hablar incorrectamente el español al principio.		
d	Farda aprendía español solo en la clase.		
e	Ahora Farda ayuda a otros jóvenes que llegan al colegio.		
f	Farda habla de la ESO. Significa Enseñanza Secundaria Obligatoria.		
g	Boni es de un pueblo bastante grande que está muy cerca de la capital.		
h	Vino a estudiar a España con una beca.		
i	Cuando Boni llegó a Madrid había pocos africanos.		
j	Boni es un cuentacuentos.		
k	Desde el principio se sintió bien en España.		
l	Los españoles saben mucho de África.		

5 Lee.

1 Antes de leer.

a Comprueba que conoces estas palabras y expresiones, si no, mira en el diccionario o pregunta a tu profesor/a.

- Hacer las Américas
- Los indianos
- Una casona
- Negocio a gran escala

b ¿Qué crees que vas a encontrar en el texto?

Nuevo Avance Intermedio

6 La diversidad es nuestra realidad

La emigración española a Latinoamérica a finales del XIX y a principios del XX.

A lo largo del siglo XIX, en España se produjeron emigraciones económicas. Estas emigraciones siguieron hasta el siglo XX. Hasta 1860 se calcula que se embarcaron para Latinoamérica unos 200 000 españoles (fundamentalmente canarios, catalanes, gallegos, asturianos y cántabros).

Por razones laborales, esa emigración a América tuvo su momento de mayor importancia durante los primeros años del siglo XX. Más de un millón de personas se marcharon a 'hacer las Américas'. Estos emigrantes se quedaron a vivir principalmente en Cuba, Argentina, Venezuela, Uruguay y Brasil. Unos llegaron y consiguieron su sueño, otros llegaron, pero no lo consiguieron y los menos afortunados no llegaron. Se calcula que más de la mitad de los que salieron volvieron a España años más tarde.

A los que llegaron, consiguieron su sueño y volvieron ricos se los llamó «indianos».

Construyeron casas demasiado lujosas al volver a su pueblo, muchas veces en medio del campo, para demostrar su riqueza, pero, afortunadamente, también ayudaron con su dinero a construir carreteras y escuelas. La fundación Archivo de Indianos-Museo de la Emigración tiene su sede en una casa construida en 1906 en Colombres (Asturias) y es una buena muestra de la arquitectura de ese fenómeno.

La mandó construir uno de los indianos más famosos: Íñigo Noriega Laso que nació en Colombres, en 1853. A los catorce años emigró a América, concretamente a México, y allí abrió junto a su tío un comercio en Ciudad de México. A lo largo de su vida tuvo diversos negocios, al principio fueron tiendas, bares y pequeños comercios; después una fábrica de cigarrillos y un taller textil; al final compró diversas industrias agrícolas. Nunca llegó a vivir en esa casona asturiana, ya que murió en México en 1920.

Quienes nunca llegaron a América fueron los pasajeros del Valbanera, el barco que se hundió en aguas del Caribe una noche de septiembre de 1919.

Fundación Archivo de Indianos. Museo de la Emigración.

El Valbanera.

Naufragio del Valbanera.

2 Después de leer.

a ¿Por qué emigraron a América muchos españoles a principios del siglo XX?
¿Puedes explicar ahora la expresión 'hacer las Américas'?

b ¿Dónde está la Fundación Archivo de Indianos - Museo de la Emigración?

c ¿Quién fue Íñigo Noriega Laso?

d ¿Qué le ocurrió al vapor *Valbanera*?

La diversidad es nuestra realidad

6

3 ¿Coinciden tus hipótesis iniciales con lo que has leído?

Si quieres saber más sobre
esta emigración española entra en:
http://www.muslera.com/indianos/

Y si quieres saber más sobre
el naufragio del *Valbanera* entra en:
http://mgar.net/cuba/valbanera.htm

6 Escribe.

A El otro día hicisteis una comida internacional en clase. Tú preparaste un plato que gustó mucho. Tus compañeros/as te han pedido la receta. Escríbela y mándasela por correo electrónico.

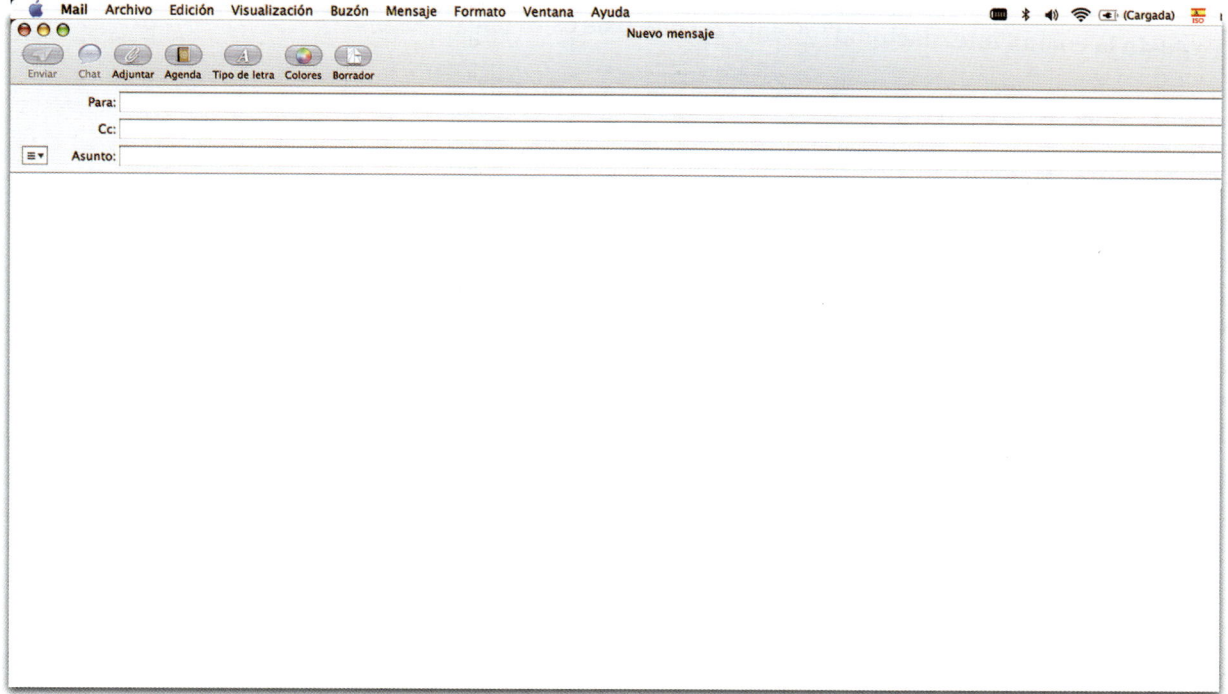

B Imagina por un momento que tienes que emigrar para buscarte la vida. Escribe los pensamientos y sentimientos que tienes antes de abandonar tu país.

Nuevo Avance Intermedio **93**

Repaso

Unidades 4, 5 y 6

1 Interactúa.

En parejas. Primero uno/a de vosotros/as lee las preguntas y el otro o la otra las contesta. Después cambiáis: quien ha preguntado contesta y quien ha contestado pregunta.

1. ¿Cuáles son tus alimentos favoritos?
2. ¿Y tu plato? ¿Sabes cómo se hace?
3. ¿Te gusta la cocina internacional? ¿Cuál y de qué país es tu plato extranjero favorito?
4. Cuando viajas a un país, ¿comes lo mismo que la gente de allí?
5. ¿Cocinas tú normalmente?
6. ¿Crees que tu dieta es saludable?
7. ¿Cuál es en tu opinión la comida más importante del día?

1. ¿Cuál es o cuáles son tus películas favoritas y por qué?
2. ¿Qué tipo de música oyes normalmente? Explícanos qué te aporta esa música.
3. ¿Cuáles son tus grupos o tus cantantes preferidos?
4. Cuando vas a hacer deporte, ¿llevas tu *iPod/iPhone*?
5. ¿Qué opinas del circo?
6. Yo prefiero los conciertos en lugares pequeños a los macroconciertos, ¿y tú? ¿Por qué?
7. En mi país la ópera no es un espectáculo para jóvenes. ¿Y en el tuyo? ¿Se podría hacer algo para interesar más a la gente en la ópera?

2 Habla.

Habla sobre uno de estos dos temas.

- **Una estancia en otro país.**
  ¿Para qué fuiste a ese país? ¿Con quién fuiste? ¿Cuánto tiempo pasaste allí?
  ¿Te relacionaste con la gente del país? ¿Te resultó una experiencia importante?

- **Exposición / argumentación.**
  Defiende o rechaza esta afirmación dando razones para justificar tu postura: «Como en mi país, no se vive en ningún otro». ¿Cómo es su calidad de vida? ¿Y las relaciones humanas? ¿Y el clima?

Recuerda que tienes unos minutos para prepararlo, que puedes escribir una serie de palabras para no perderte y recuerda, también, todo lo que has aprendido en estas unidades sobre estos dos temas y la forma de exponerlos.

3 Escucha y contesta.

a Escucha la receta del dulce de leche y señala qué imágenes necesitas para su elaboración.

1　2　3　4　5　6

b Te presentamos seis diálogos con dos funciones comunicativas. Relaciona las funciones comunicativas de la lista con los diálogos. Hay dos funciones que se repiten.

Funciones	Diálogos
Posponer una cita.	Diálogo 1
Dar o no dar la razón a alguien.	Diálogo 2
Preguntar e informar sobre alguien.	Diálogo 3
Invitar a alguien.	Diálogo 4
	Diálogo 5
	Diálogo 6

4 Lee y contesta.
Anuncios y sinopsis.

a

Título: El Delfín
Género: Animación
País: Perú
Director: Eduardo Schuldt

La historia de un soñador nos muestra el mágico viaje de un joven delfín llamado Daniel, el cual abandona la seguridad de su manada y su isla y se aventura hacia lo desconocido en busca de un sueño: descubrir el verdadero propósito de su vida. El viaje no será fácil; habrá peligros y retos, amigos y enemigos, pero Daniel deberá confiar en la voz de su corazón para lograr su cometido. ¡Acompaña a Daniel Alejandro Delfín en esta espectacular y mágica aventura a través de las profundidades del océano!

Lee las afirmaciones y di si son verdaderas o falsas.

		V	F
a	La película es de dibujos animados.	V	F
b	El protagonista es un niño que se llama Daniel.	V	F
c	La película trata de un viaje por el mar.	V	F
d	Daniel viaja solo.	V	F
e	La película cuenta muchas aventuras.	V	F

Repaso Unidades 4, 5 y 6

b

TÍTULO ORIGINAL:	Biutiful
AÑO:	2010
PAÍS:	México
DIRECTOR:	Alejandro González Iñárritu
GUIÓN:	Alejandro González Iñárritu, Armando Bo, Nicolás Giacobone (Historia: Alejandro González Iñárritu)
MÚSICA:	Gustavo Santaolalla

Contesta a estas preguntas.

a ¿Qué países intervienen en la película?
b ¿De qué género es la película?
d ¿Cuándo se estrenó la película?
e ¿Se habla de amor en esta película? ¿Cómo lo sabes?

5 Escribe.
Escribe una sinopsis de tu película favorita. Te ofrecemos la de *El hijo de la novia* como modelo.

SINOPSIS

Rafael Belvedere (Ricardo Darín) no está contento con la vida que lleva. No puede conectarse con sus cosas, con su gente, nunca tiene tiempo. No tiene ideales, pasa muchísimas horas trabajando en el restaurante fundado por su padre (Héctor Alterio); se ha divorciado, no se ha tomado el tiempo suficiente para ver crecer a su hija Vicky (Gimena Nóbile), no tiene amigos y no quiere comprometerse excesivamente con su novia (Natalia Verbeke). Además, hace más de un año que no visita a su madre (Norma Aleandro) que padece Alzehimer y está internada en un geriátrico. Rafael sólo quiere que lo dejen en paz. Pero una serie de acontecimientos inesperados le obligarán a replantearse su situación. Y en el camino, le ofrecerá apoyo a su padre para cumplir el viejo sueño de su madre: casarse por la iglesia.

(Texto adaptado)
http://www.labutaca.net/films/5/elhijodelanovia.htm

Unidades 4, 5 y 6 **Repaso**

6 Marca la opción correcta.

1. ● Si siempre hablas y nunca escuchas, nunca _____ reída.
   ▼ Perdona, pero _____ necesito tus consejos.
   a. sepas   b. _____

2. Hace _____ _____ que está convocada esta _____ _____ llegar a tiempo, _____ tengo muchísimas cosas que hacer.
   a. muchísimo   b. puedo
   b. muchísimo

3. ● Elisa me ha dicho que _____ _____ madrugada. _____ habitación _____ _____ _____ _____ si le cabe bien el _____ que (te) visto.
   ▼ Deja que lo _____ _____ _____ _____ que a ti te duele la espalda.
   a. medimos
   b. midamos

4. ● Es _____ que esté molesto. Ha trabajado mucho y bien y el director no le ha dicho nada.
   ▼ Sí, es increíble cuánto y qué bien trabaja Mariana.
   a. natural   b. evidente

5. ● Bueno, entonces ¿nos _____ mañana?
   ▼ Sí, estupendo. Me apetece mucho.
   a. vemos   b. encontremos

6. ● Te llamo para pedirte _____ a mi casa esta noche.
   ▼ Lo siento mucho, pero esta noche no puedo.
   a. de venir   b. que vengas

7. ● ¿Cómo se llama el lugar del teatro donde actúan los _____?
   ▼ Se llama _____.
   a. personajes / escena
   b. actores / escenario

8. ● ¿_____ dónde has venido?
   ▼ _____ la autovía, que es más rápido.
   a. En / En   b. Por / Por

9. ● Vamos a cenar juntos para celebrar las buenas notas. ¿_____?
   ▼ Claro que sí.
   a. Te apuntas   b. Te marchas

10. ● Cuando una persona responde 'desde luego' a lo que otra ha afirmado, _____
    a. le da la razón
    b. le dice desde cuándo ocurre algo

11. _____ _____ _____ _____ llegar a tiempo, _____ tengo muchísimas cosas que hacer.
    b. puedo

12. _____ _____ _____ _____ _____ hace bastante _____ _____ _____ _____ parece que no, pero bueno...
    b. de

13. _____ _____ _____ _____ pasear por el _____ _____ _____ en otoño está precioso.
    _____ _____ _____, pero a mí el campo _____ _____ _____, soy más de ciudad.
    a. si te gusta...   b. si insistes...

14. ● ¿No crees que Eduardo _____ muy nervioso últimamente?
    ▼ Es que no le _____ bien las cosas.
    a. está / van   b. esté / vayan

15. ● Dile a Marta que, por favor, no me despierte _____ las once y media _____ la mañana, que voy a acostarme tarde.
    ▼ Vale, de acuerdo.
    a. hasta / de   b. a / por

16. ● Eso de decir siempre 'por favor' es una falta de naturalidad.
    ▼ No _____ usted, lo siento.
    a. estoy de acuerdo con
    b. soy de acuerdo para

17. ● ¿Has oído algo sobre la separación de Ana y Manolo?
    ▼ No, nadie me ha dicho que _____ a separarse.
    a. vayan   b. van

18. ● Es _____ que no _____ ir al colegio. A todos los niños les pasa al principio.
    ▼ Bueno, es posible que _____ razón, pero me da pena ver a Fernando tan triste.
    a. normal / quiera / tengas
    b. verdad / quiera / tienes

19. _____ es un postre argentino o uruguayo, no estoy segura.
    a. La ensaimada
    b. El dulce de leche

20. ● En mi país las películas se ven en _____, pero con _____.
    ▼ Aquí no. Las películas siempre están dobladas.
    a. versión subtitulada / anuncios
    b. versión original / subtítulos

21. _____ por todas las _____ del barrio _____ maduros, pero no los _____. Los _____ para mi nieto.
    a. Busqué / fruterías / plátanos / encontré / quería
    b. Busque / fruterias / plátanos / encontre / quería

22. ● ¿Por qué no nos preparas una _____ de tu país?
    ▼ Puedo intentarlo, pero necesito una _____ muy grande.
    a. sartén / receta   b. receta / sartén

23. ● ¿_____ que vayamos el próximo fin de semana a Barcelona?
    ▼ Muchísimas gracias, pero no puedo. _____ tengo que dar un curso.
    a. Te gusta / Por eso
    b. Te apetece / Es que

24. ● Cuando estuve en México, descubrí _____. Me encantó.
    ▼ Yo lo comí por primera vez en casa de unos amigos mexicanos, pero en Madrid.
    a. el guacamole   b. la feijoada

25. ● Ayer, cuando _____ a casa, el cartero _____ no había venido.
    ▼ Es que cada día _____ más tarde.
    a. llegamos / aún / viene
    b. venimos / todavía / venía

26. ● Esta mañana no _____ a trabajar _____ no me sentía bien, _____ fiebre, _____ todo el cuerpo.
    ▼ ¿Y ahora cómo estás?
    a. fui / pero / había / dolía
    b. he ido / porque / tenía / me dolía

Nuevo Avance Intermedio 97

7

Nuestra lengua

Al terminar esta unidad, serás capaz de...

- Leer, comprender y hablar sobre el español y sus orígenes.
- Comprender y opinar sobre costumbres españolas y compararlas con las de otros países.
- Reflexionar sobre tu proceso de aprendizaje.
- Escribir cartas personales.
- Pedir cosas que se devuelven y cosas que no se devuelven.
- Expresar deseos con presente de subjuntivo.
- Expresar dudas con indicativo y subjuntivo.
- Usar las preposiciones con mayor precisión.

7

Nuestra lengua

1. Pretexto

Ciudad de México, 18 de octubre

Querida abuelita:

Hace dos semanas que llegué a tu tierra natal y ahora sí que puedo contarte cosas de mi vida en Ciudad de México.

El día de mi llegada estaba esperándome en el aeropuerto el matrimonio con el que vivo. Como me habían enviado una foto, los reconocí inmediatamente y ellos a mí también.

Viven en una zona muy tranquila y cuidada. El único inconveniente es que está lejos de la escuela.

Tengo una habitación para mí sola y la comida es deliciosa y abundante. Si no tengo cuidado, engordaré porque como mucho más que en Nuevo México.

La señora de la casa, que se llama doña Margarita, me dijo que los fines de semana podemos jugar juntas al tenis y el domingo hacer excursiones con su marido, así que estoy encantada con ellos.

Me siento feliz en la Universidad. Las clases de español para extranjeros son realmente buenas y tengo unos compañeros estupendos. No puedo quejarme de nada.

El primer día hicimos una prueba de nivel y quedé clasificada en el nivel superior. Me he enterado de que hay un nivel más alto, que se llama maestría, y tal vez me quede otro semestre para obtener el certificado. Si me quedo, necesitaré trabajar. Ojalá pueda quedarme y encuentre un trabajo que me guste.

Como puedes ver, mi español mejora cada día que pasa. He leído la carta dos veces y creo que no hay errores.

¿Qué tal están todos y cómo les va la vida en Albuquerque?

¿Vendrás a visitarme algún día? Ojalá vengas, me haría mucha ilusión.

Mi hermanita me envía muchos e-mails y así estamos en contacto. Me parece que se acuerda mucho de mí. Yo también la añoro mucho.

Un beso muy fuerte para la abuelita más linda del mundo,

Ann Melody

1 Escucha, lee y contesta.

　a ¿De dónde es Ann Melody?
　b ¿Qué hace en la capital de México?
　c ¿Cree que su abuela irá a visitarla?

2 Y ahora reflexiona.

　a Busca los verbos en subjuntivo y subráyalos.
　b ¿Qué palabra/s va/n delante de ellos?
　c *Ojalá* + el verbo en subjuntivo expresa:
　　a duda　　b deseo　　c seguridad
　d *Tal vez* + el verbo en subjuntivo expresa:
　　a duda　　b deseo　　c seguridad

3 ¿Sabías que...

　a ... en español hay **diminutivos** como *-ito* /*-ita* que se añaden al final de la palabra. ¿Puedes encontrar alguno en la carta? ¿Qué crees que expresan?
　　a tristeza　　b cariño　　c sorpresa

　b ... en México no se usa *vosotros* sino *ustedes* para el plural de la segunda persona. ¿Puedes subrayar la oración donde aparece el tratamiento de *ustedes* en vez de *vosotros*?

Nuevo Avance Intermedio

7 Nuestra lengua

2. Contenidos gramaticales

1 La expresión del deseo.

¿Recuerdas cómo se expresan deseos con condicional? Lo estudiaste en la primera unidad de *Nuevo Avance 3*. Te damos un ejemplo. Expresa tú otros deseos.

Me encantaría encontrar un trabajo fijo.   Tus deseos: _____

Ahora vas a aprender a expresar deseos con presente de subjuntivo:

- *Que* + presente de subjuntivo
  – Se sobrentiende el verbo *desear* delante de *que*:
  (*Deseo*) *que tengan buen viaje.*
  – Usamos esta estructura para expresar deseos.
  - *Nos vamos de vacaciones la semana que viene.*
  - ▼*¡Que lo paséis bien!*

  - *No me encuentro muy bien.*
  - ▼*Pues vete a casa y..., ¡que te mejores!*

- *Ojalá (que)* + presente de subjuntivo
  – Con esta fórmula también expresamos deseos para los demás y para nosotros mismos.
  – *Ojalá* procede del árabe y ha pasado al español con el significado de «Dios quiera que». Los deseos expresados con *ojalá* presuponen alguna dificultad para su realización.
  ¡Que duermas bien! / ¡Ojalá duermas bien!
  - *Hace mucho tiempo que no llueve.*
  - ▼*¡Ojalá llueva pronto!*
  - *Hemos preparado todo perfectamente para la fiesta.*
  - ▼*¡Ojalá salga todo bien!*

Contraste:
1 *¡Que duermas bien!*
2 *¡Ojalá duermas bien!*

En el ejemplo (1) expresamos un deseo cotidiano, de cortesía. Es lo que decimos cuando alguien se va a la cama.
En el ejemplo (2) parece que la persona a quien se lo decimos tiene problemas para dormir; por eso nuestro deseo implica una dificultad.

2 La expresión de la inseguridad y la duda.

¿Recuerdas que para expresar inseguridad podemos usar *Creo que.../ Me parece que...*?
¿Recuerdas que también podemos usar el futuro y el condicional?

- *¿Sabes dónde está Marta?*
- ▼*Creo que está en el despacho de la señora Vidal.*

- *¿Por qué no fue ayer Andrea a la reunión?*
- ▼*Estaría de viaje.*

Ahora vas a aprender otra forma de expresar la duda por medio de adverbios y otras expresiones.

- *A lo mejor*
  – Se construye siempre con indicativo.
  A lo mejor voy a visitarte en junio.

  - *¿Por qué no fue al concierto?*
  - ▼*Porque a lo mejor se puso enfermo.*

- *Puede (ser) que*
  – Se construye siempre con subjuntivo.
  Puede (ser) que Luis no venga a Santiago con nosotros.
  – Se puede usar como respuesta.
  - *¿Crees que sobrará comida?*
  - ▼*Puede (ser). Hemos hecho mucha.*

100 Nuevo Avance Intermedio

Nuestra lengua 7

- **Quizá(s); Tal vez**

  Delante del verbo

  – Se construyen con indicativo o subjuntivo dependiendo del grado de seguridad que queramos expresar.

  - ¿Sabes que hay un concierto gratis en la plaza de la Constitución?
  - ▼ Sí, ya lo sabía. **Quizá(s)** iré / vaya con Pedro porque le apetece mucho.
  - ¡Qué raro! Pedro no ha venido al concierto.
  - ▼ **Quizá(s)** / **Tal vez** esté / estará enfermo.

  Detrás del verbo

  – En este caso el verbo va en indicativo.
  Vendrán, **quizá**, para la boda de Verónica y Fernando.
  Se lo compró, **tal vez**, pero no se lo contó a nadie.

3 Preposiciones.

Algunas de estas preposiciones ya las conoces, subráyalas. Fíjate en la información nueva.

EDAD	
a	Edad a la que se hace algo. *Emigró a Argentina **a** los 15 años.* (Con la edad siempre lleva artículo.)
con	Edad a la que se hace algo. *Emigró **con** 15 años.* (Nunca lleva artículo.)
de	(= QUE TIENE) *Tengo un hijo **de** 35 años.*

PRECIO	
a	Precio variable. *¿**A** cuánto está hoy el dólar?*
de	(= QUE VALE) *Tiene una finca **de** más de un millón de euros.*
por	(= A CAMBIO DE) *He pagado poquísimo **por** este coche de segunda mano.*

para	Finalidad, destino. *Estoy ahorrando **para** comprarme una moto. Este regalo es **para** Joaquín.* En opinión de. ***Para** Luis sus hijos son los mejores en todo.* Comparación. *Tu sobrino está muy alto **para** su edad.*
por	Causa. *Lo echaron del examen **por** copiar.* En lo que a una persona se refiere. • ¿Quitamos la refrigeración? ▼ **Por** mí, sí. Agente de los verbos en pasiva. *La Alhambra fue construida **por** los árabes.*

LOCALIZACIÓN: dirección, lugar.	
a	Dirección. *Vamos **a** la estación de tren.*
ante	Delante de. *Se reunieron **ante** el Ayuntamiento.*
bajo	Debajo de. *Han encontrado unas ruinas romanas **bajo** el edificio de Correos.*
de	Origen. *Evanthía es **de** Grecia. Vengo **de** la biblioteca.*
desde	Expresa el origen de un recorrido espacial. *Todas las mañanas viene **desde** su casa andando al trabajo.*
en	Sobre, encima de. *El diccionario está **en** la mesa de tu cuarto.* Dentro de. *He metido tus calcetines **en** el tercer cajón.*
entre	Lugar en medio. *En clase siempre me siento **entre** Fernando e Íñigo.*
hacia	Dirección. *Vamos **hacia** el centro, ¿vienes?*
hasta	Fin en el espacio. *Se fue **hasta** Marbella en moto.*
para	Dirección. *Es tarde. Me voy **para** casa.*
por	Lugar aproximado (alrededor de). *Sabina vive **por** el centro.* A lo largo de. *Me encanta pasear **por** la playa.* A través de. *El ladrón entró **por** la ventana.*
sobre	Encima de. *He puesto la bandeja **sobre** la mesa del comedor.*
tras	Detrás de. *El niño escuchó la conversación escondido **tras** la cortina.*

Nuevo Avance Intermedio

7 Nuestra lengua

3. Practicamos los contenidos gramaticales

1 ¿Qué les deseas a las siguientes personas en estas situaciones?

- *Hoy no me siento muy bien, me voy a casa.*
- ▼ *Cuídate y..., ¡que te mejores!*

1 ● Esta noche voy a una fiesta en casa de unos compañeros.
  ▼ ¡Que lo (pasar) _____ bien!

2 ● Me voy a la cama, estoy muerto de sueño.
  ▼ ¡Que (dormir) _____ bien!

3 ● Necesito unas vacaciones. Me marcho unos días al pueblo de mis abuelos.
  ▼ ¡Que (descansar) _____!

4 ● ¡Estoy más nervioso...! Mañana es mi primer día de trabajo.
  ▼ ¡Tranquilo, hombre! Y, ¡que (empezar) _____ con buen pie!*

5 ● Esta semana he jugado a la lotería.
  ▼ Pues te digo lo que dicen por la tele: ¡que la suerte te (acompañar) _____!

6 ● ¡Hola! Llegáis a tiempo, ¿queréis comer con nosotros?
  ▼ No, gracias, ya hemos comido. ¡Que (aprovechar) _____!

7 ● Mañana tengo que ir al dentista.
  ▼ ¡Qué horror! ¡Que no te (doler) _____ mucho!
  ● Oye, que el dentista usa anestesia.

__EMPEZAR CON BUEN PIE__: empezar bien.

2 Completa la carta de la abuela de Ann Melody con las palabras del recuadro. Presta atención, porque hay una más de las que son necesarias.

> me encantaría • ojalá • a lo mejor • quizá
> pero • tal vez • por eso • que • porque
> puede ser que

> Mi querida nieta:
>
> Me ha hecho mucha ilusión tu carta. Veo que estás muy bien y me dices que a lo mejor te quedas más tiempo aprendiendo español. Si sigues así, (1) _____ lo hables mejor que yo.
>
> (2) _____ ir a visitarte, (3) _____ no sé si podré (4) _____ últimamente me duele bastante la pierna derecha. Tengo cita en el médico el jueves próximo. ¡(5) _____ no sea nada grave!
>
> Por aquí todo va bastante bien. Ayer nos contó tu prima Abigail que piensa hacer un viaje por Europa: Italia, Francia, Reino Unido, España y Portugal. Espero (6) _____ disfrute.
>
> A tu hermanita la noto un poco extraña, (7) _____ esté enamorada y, ya sabes, cuando uno se enamora...
>
> Veo que has tenido suerte con la familia, la casa, la comida y la Universidad.
>
> Ann, si finalmente voy a verte, (8) _____ pueda quedarme en tu casa, ¿verdad? Por supuesto que pagaría mi estancia a doña Margarita.
>
> No dejes de visitar todos los lugares que te recomendé. Un beso bien gordote de tu abuelita,
>
> Leonor.

7 Nuestra lengua

3 En parejas, mirad las fotos y expresad duda o deseo con las expresiones del recuadro.

> me parece que • ¡ojalá...! • ¡Que…! • Quizá(s) • Puede (ser) que • tal vez

1 *Me parece que va a llover.*   2 _____.   3 _____.   4 _____.

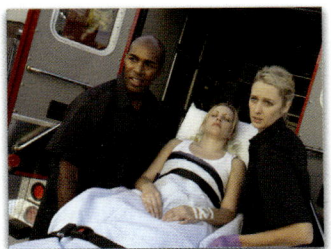

5 *Buenas noches, _____.*   6 _____.   7 _____.   8 *¡Ojalá no sea nada grave!*

4 A Completa con las preposiciones que indican lugar o dirección.

1 ● *Desde* el balcón de Victoria podemos ver las procesiones de Semana Santa.
   ▼ ¡Qué suerte! Yo las veo siempre de pie, _____ la calle.

2 ● Mi tío Aurelio, siempre que venía a visitarnos, nos traía huevos, verdura, fruta y flores _____ su pueblo. Se murió a los 96 años.
   ▼ Ahora las personas a esa edad, o mucho antes, están _____ residencias para la tercera edad.

3 ● _____ el autocar, Macarena se sentó en la última fila _____ Andrea y Álvaro.
   ▼ Claro, son sus íntimos amigos.

4 ● _____ España hay cuatro lenguas oficiales: el gallego, el vasco, el catalán y el castellano o español.
   ▼ En el mío solo hay una: el francés.

5 ● _____ su casa _____ su oficina hay 55 km.
   ▼ Ya lo sabía porque Joaquín vive _____ el mismo pueblo que mi hermano y tienen sus oficinas al lado.

6 ● La patata, el tomate y el maíz son productos _____ América que los españoles trajeron _____ Europa.
   ▼ Pues no sé qué haríamos hoy en día sin estos productos.

7 ● Se marchó rápidamente _____ su casa porque quería ver un documental sobre La Pampa argentina.
   ▼ Sí, es que desde que vive _____ España, echa de menos su país.

8 ● Como el sofá es tan grande he tenido que meterlo _____ la terraza.
   ▼ ¿Y por qué has comprado un sofá tan grande?

9 ● Voy a salir a correr un poco _____ el parque.
   ▼ Si me esperas, voy contigo.

10 ● A algunos españoles no les gusta dejar el paraguas abierto _____ el interior de la casa. Dicen que trae mala suerte.
   ▼ Esa superstición también existe _____ mi país.

7 Nuestra lengua

B Te presentamos las preposiciones *a, de, en, por* y una serie de verbos para que construyas oraciones completas. Podéis formar equipos. Gana el que haga más oraciones correctas.

VERBOS

Pasear	Ir	Estudiar
Vivir	Venir	Llegar
Comer	Subir	Volver
Dormir	Bajar	Trabajar
Viajar	Comprar	Visitar

PREPOSICIONES

a • de • en • por

● *¿Dónde está Juan?*
▼ *Juan ha bajado a la primera planta.*

5 Recuerda lo que has leído. Reflexiona y contesta.

1 *Hace dos semanas que llegué a tu tierra natal y ahora sí que puedo contarte cosas de mi vida en Ciudad de México.*
   A ¿Qué **podemos entender** por estas palabras de Ann Melody?
      a Que la abuelita le había pedido noticias.
      b Que la abuelita no sabía que su nieta estaba en México.
   B ¿Por qué crees que Ann Melody escribe: *y ahora sí que puedo contarte cosas?*
      a Porque antes no había querido.
      b Porque antes no había tenido experiencia personal.

2 ***Ojalá pueda quedarme*** *y encuentre un trabajo que me guste. ¿Vendrás a visitarme algún día?* ***Ojalá vengas****, me haría mucha ilusión.*
   Ann Melody expresa deseos usando *ojalá*. ¿Qué matices expresan esos deseos? Para contestar, consulta la sección «Contenidos gramaticales» de esta unidad.

3 ● **¡Hola! Llegáis a tiempo**, *¿queréis comer con nosotros?*
   ▼ *No gracias, ya hemos comido.*
   A ¿Qué situación se deduce del diálogo anterior?
      a Que llegan a casa de visita a la hora de comer.
      b Que, en el comedor de la empresa, unos compañeros se acercan a una mesa donde otros ya están comiendo.
      c Que unos invitados a comer llegan a la cita tras haber comido ya.
   B ¿Podría darse algo similar en tu país o entre las personas que tú conoces?

4 *Es posible que tu hermana esté enamorada y, ya sabes,* **cuando uno se enamora...**
   ¿Puedes terminar lo que ha dejado la abuela sin terminar?

5 **No dejes de visitar** *todos los lugares que te recomendé.*
   ¿Qué intención crees que tiene la abuela?
      a Da una orden a su nieta.
      b Le da una información.
      c Le da un consejo cariñoso.

6 ● *Como el sofá es tan grande he tenido que meterlo en la terraza.*
   ▼ *¿Y por qué has comprado un sofá tan grande?*
   La persona que pregunta, ¿**tiene curiosidad por** algo o su pregunta es una crítica indirecta?

7 *A algunos españoles no les gusta abrir el paraguas dentro de casa. Dicen que trae mala suerte.*
   ¿Existe una superstición igual o parecida en tu país?

4. Contenidos léxicos

1 **Nuestra lengua es de origen latino.**
De aquel latín que se hablaba entonces hemos recibido infinidad de palabras. Muchas las has aprendido ya.

> Sustantivos relacionados con:
> **La naturaleza:** cielo, sol, luna, estrella, aire, mundo, agua, mar, río, valle, tierra, campo, fuego…
> **El cuerpo:** cabeza, nariz, boca, ojo, hueso, brazo, mano, dedo…
> **La familia:** abuelo, padre, madre, hijo, nieto, hermano…
> **Los animales y los vegetales:** caballo, toro, gato, pájaro, pez, árbol, hoja, flor, fruta, hierba, trigo…
> **Los alimentos:** harina, pan, carne, sal, leche, queso, vino…
> **Los materiales:** piedra, madera, cuero, lana, tela…
> **La vivienda:** casa, techo, pared, puerta, mesa, silla…

2 **También heredamos muchísimas palabras árabes.**
Los árabes estuvieron en la Península Ibérica durante 800 años (del siglo VIII al XV).

> Ojalá, aceite, aceituna, azul, alubia, alcachofa, azúcar, alcohol, jarra, almohada, alfombra, aduana, alcalde, almacén, naranja, tambor, tarifa, zanahoria…

3 **En 1492 los españoles llegaron a América.**
Allí se encontraron con productos y artículos que no conocían y decidieron llamarlos por su nombre original.

> Tomate, tabaco, maíz, cacao, cacahuete, chocolate, patata, canoa, piragua, huracán, hamaca, tiza, tiburón…

5. Practicamos los contenidos léxicos

1 Concurso. Sin mirar al apartado de contenidos léxicos, colocad en parejas las siguientes palabras en su casilla. Gana la pareja que lo haga en menos tiempo y tenga más aciertos.

> cacao • aceite • hamaca • trigo • canoa • almohada • tomate • azúcar • hierba • tiza
> vino • pared • aceituna • puerta • alubia • hermano • alfombra

ÁRABES	AMERICANAS	LATINAS

2 Ahora, di cuáles se refieren a alimentos.

3 Explica a tus compañeros/as una de las palabras que aparece en la lista y ellos/as tienen que adivinar cuál es.

7 Nuestra lengua

6. De todo un poco

1 Interactúa.

A Dividid la clase en dos grupos. Haced las preguntas al otro grupo. Elegid un/a secretario/a en cada grupo que apunte las respuestas.

> **Grupo A**
> - ¿Creéis que sin estudiar gramática es posible hablar una lengua extranjera?
> - ¿Pensáis que con los compañeros se aprende mucho español?
> - ¿Os parece que para aprender bien una lengua debéis ir al país donde se habla?
> - ¿Creéis que pronunciar correctamente es muy importante?
> Y ahora, haced vosotros/as mismos/as una pregunta.

> **Grupo B**
> - ¿Pensáis que ir a clase es muy importante, pero que practicar después con la gente es fundamental?
> - ¿Creéis que hacer tareas en grupo en clase es bueno?
> - ¿Pensáis que hablar es más importante que leer o escribir?
> - ¿Os parece que hacer deberes es muy importante?
> Y ahora, haced vosotros/as mismos/as una pregunta.

B Aquí tenéis un mapa de España y el nombre de las comunidades y de las dos ciudades autónomas. En parejas, poned los nombres de todas ellas. Gana la pareja que termina antes y con más aciertos.

*Está **al** norte **de** Murcia.*

- Andalucía
- Aragón
- Baleares
- Canarias
- Cantabria
- Castilla-La Mancha
- Castilla y León
- Cataluña
- Ceuta
- Comunidad de Madrid
- Comunidad Valenciana
- Extremadura
- Galicia
- La Rioja
- Melilla
- Navarra
- Región de Murcia
- País Vasco
- Principado de Asturias

Nuevo Avance Intermedio

Nuestra lengua

2 Habla.

A Ya sabéis muchas cosas, aunque, claro, todavía hay que trabajar para alcanzar un nivel más alto.

Os presentamos dos posturas diferentes, debatid sobre ellas.

> **a** Es preferible hablar español de forma fluida a pesar de los errores.

> **b** Es preferible hablar menos español y de modo menos fluido pero correctamente.

Al terminar el debate, escribid los resultados obtenidos. ¡Suerte!

B En esta unidad estamos hablando de la lengua española. Ahora vamos a hablar de las costumbres de España.

1 En grupos de tres o cuatro personas, contestad a estas preguntas y, luego, comparad los resultados con los otros grupos y sacad conclusiones.

a ¿Sabes en qué consiste el desayuno español? ¿Y la merienda? ¿Cómo son los de tu país?

b Muchos extranjeros piensan que los españoles trabajan poco porque las tiendas cierran después de comer. ¿Crees que es verdad? Razona tu respuesta.

c En algunos países europeos, casi todos los chicos/as de 18 años se van de casa. ¿Es tu país uno de ellos? En España esto no es habitual: los jóvenes se quedan en sus casas hasta que encuentran trabajo. Analizad las ventajas e inconvenientes de esta situación.

d En algunos países de Europa –principalmente en los nórdicos– las chicas y los chicos reciben a sus novios/as en casa de sus padres y se quedan a dormir. Esto en España no ocurría hasta hace poco tiempo, pero la situación ya ha empezado a cambiar. ¿Te parece lógico?

2 Si vosotros queréis hablar de alguna otra costumbre, formulad preguntas a vuestros/as compañeros/as.

Nuestra lengua

3 Escucha, lee e interactúa.

A Pedir algo a alguien.

1 Escucha los siguientes diálogos y contesta.

1 ¿Qué están haciendo las personas que hablan?
   a Llamar la atención.
   b Pedir objetos.
   c Dar permiso.

2 ¿Cuántas respuestas son afirmativas y cuántas negativas? Enumera cuatro de los objetos que piden prestados.

3 ¿Todas las preguntas y respuestas están en presente de indicativo? ¿Aparece otro tiempo verbal?

2 Vuelve a escuchar y comprueba tus respuestas.

3 En parejas, leed las preguntas y respuestas. Procurad poner la entonación adecuada.

1 ● ¿Me dejas un bolígrafo? Es que el mío no escribe.
   ▼ Sí, toma, pero es rojo.

2 ● Necesito un diccionario, ¿alguien puede prestarme uno?
   ▼ Sí, yo, aquí lo tienes.

3 ● ¿Me prestas tus apuntes?
   ▼ Ahora no puedo, te los dejo más tarde.

4 ● (En un bar) ¿Tiene el periódico?
   ▼ Claro, ahora se lo traigo.

5 ● ¿Me prestas tu vestido largo rojo para ir a la ópera?
   ▼ Lo siento, es que mañana voy a una boda y pienso llevarlo.

6 ● ¿Me dejas la cámara de vídeo?
   ▼ De acuerdo, pero ten mucho cuidado.

7 ● ¿Me das un chicle?
   ▼ Sí, claro.

8 ● ¿Alguien tiene un folio?
   ▼ Sí, yo. Ten.

RECURSOS

Para pedir cosas que se devuelven	Respuestas
• ¿Me presta(s) / Me prestaría(s)...? • ¿Me deja(s) / Me dejaría(s)...? • ¿Puedo / Podría usar / coger / tomar...? • Necesitaría tu... • ¿Me lo / la prestas / dejas?	• Claro, ahí está, cógelo/la / cójalo/la. • De acuerdo, pero ten cuidado. • Lo siento, hoy / esta vez / no puede ser... • Lo siento, no lo tengo aquí. • Es que + *explicación de por qué no*.
Para pedir cosas que no se devuelven	**Respuestas**
• ¿Alguien tiene...? • ¿Tiene(s)...? • ¿Me da(s) / puede(s) darme • Necesito... ¿Alguien tiene uno/a?	• Sí, toma / tome. • Un momento, creo que sí. • Lo siento...

Nuestra lengua 7

B Te toca.

- Tu profesor/a ha dicho en clase que tiene una colección completa de libros de lectura en español para el nivel B1, te apetece leer uno.

- Tienes que rellenar un impreso en Correos y no tienes bolígrafo. La empleada sí lo tiene.

- Necesitas cambio para sacar un té de la máquina. Pide cambio en conserjería.

- Estás de excursión en los Picos de Europa. El autocar ha parado en un mirador. Ves a un señor que tiene prismáticos y te gustaría usarlos.

4 Escucha.

1 Escucha atentamente y contesta si las siguientes afirmaciones son verdaderas o falsas.

a	La chica no está satisfecha de su acento.	V	F
b	Su amigo piensa que no hay nadie capaz de tener un acento exacto al nativo si aprendes la lengua de mayor.	V	F
c	Para los españoles el principal problema de la pronunciación inglesa son las consonantes.	V	F
d	El chico piensa que el acento es muy importante.	V	F
e	Marta se va a Cambridge porque quiere perder su fuerte acento irlandés.	V	F

5 Lee.

1 Antes de leer.

a ¿Recuerdas lo que has aprendido sobre el español?

b ¿Sabes, más o menos, cuántos millones de personas hablan el español o castellano en el mundo?

c ¿Has oído hablar alguna vez de la Real Academia Española y del Instituto Cervantes?

2 Lee el texto.

El español o castellano

En un lugar de la Mancha, de cuyo nombre no quiero acordarme, no ha mucho que vivía un hidalgo…

Muchos años después, frente al pelotón de fusilamiento, el coronel Aureliano Buendía había de recordar aquella tarde remota en que su padre lo llevó a conocer el hielo…

Así empiezan *El Quijote* de Miguel de Cervantes y *Cien años de soledad* de Gabriel García Márquez, las dos obras más importantes de la lengua española y traducidas a más de 40 lenguas. Quizá te sorprenda la expresión «no ha mucho tiempo». Era la forma de decir «no hace mucho tiempo» que se empleaba en el siglo XVII.

Cuatrocientos treinta y ocho millones de personas hablan hoy la lengua de Cervantes y de García Márquez, de los cuales, trescientos noventa y nueve millones tienen el español como lengua nativa. El español es la tercera lengua más hablada del mundo, después del chino y el inglés.

Es, asimismo, uno de los seis idiomas oficiales de la ONU. Además, es el segundo idioma más estudiado en el mundo, tras el inglés. Y todo ello gracias a que es la **lengua oficial en 20 países**. Por eso, aunque es una lengua antigua que, como sabes, procede del latín, al mismo tiempo es joven porque está en constante renovación.

La mayoría de los hispanohablantes se encuentra en Hispanoamérica. México es el país con el mayor número de hablantes (casi una cuarta parte del total).

Si hablamos de España, además del castellano, en algunas Comunidades Autónomas españolas se hablan otras lenguas, que son también oficiales. Seguro que las recuerdas: el catalán, el gallego y el vasco.

Y en Hispanoamérica, junto al castellano o español, se hablan otras lenguas como el guaraní, el aimara, el quechua o el maya. En Puerto Rico, el inglés y el español son oficiales. En Paraguay, el guaraní es cooficial. En Perú, el quechua y el aimara son cooficiales también.

Una lengua tan extendida posee una riqueza y una variedad que a veces significa que no usamos los mismos términos para referirnos a las mismas cosas. Por ejemplo, si un español pide un tinto en Colombia, le servirán un café negro, mientras que en España le servirían un vino tinto. Si una chilena viene a España y habla de su pololo, los españoles entenderán que se refiere a una prenda de vestir para bebés. Ella, en cambio, está hablando de su novio o enamorado. Todo esto, sin embargo, no impide que nos entendamos. Para ayudarnos, están las Academias de la Lengua (la primera fue la española, fundada en 1713), pero ahora y desde 1951 existe la Asociación de Academias que, además de la fundadora, incluye todas las de Hispanoamérica, la de Filipinas y la de Norteamérica.

Fruto de su trabajo tenemos ya el *Diccionario panhispánico de dudas* y la *Nueva gramática de la lengua española*.

3 Después de leer.
Señala la respuesta correcta.

A La lengua española...
  a es la lengua más estudiada en la actualidad.
  b se habla en España y en 19 países hispanoamericanos.
  c es la lengua más hablada después del chino.

B La lengua española...
  a es la única lengua oficial de España.
  b es la única lengua oficial de Hispanoamérica.
  c es la lengua en que escribe Gabriel García Márquez.

C La Real Academia Española...
  a existe desde hace más de dos siglos.
  b se fundó en Filipinas.
  c ha publicado 25 ediciones de diferentes diccionarios.

4 Y ahora, habla con tus compañeros/as sobre lo que habéis aprendido con esta lectura.

6 Escribe.

> El Instituto Cervantes es una institución pública creada por España en 1991 para la promoción y la enseñanza de la lengua española y para la difusión de la cultura española e hispanoamericana. Entre sus funciones está la de proporcionar un foro –en su Centro Virtual– para resolver las dudas de cualquiera que hable español, sea nativo o no.

Vas a entrar en el «Foro del español» de esta institución (*http://cvc.cervantes.es/foros/default.asp*) **y vas a hacer una pregunta sobre el español, pero antes de hacerla, mira cómo la hacen las personas que participan en él.**

Foro del español IMPRIMIR

139462. «De rayas» o «a rayas»
La dirección de este mensaje es:
«http://cvc.cervantes.es/foros/leer1.asp?vId=139462».
Título: «De rayas» o «a rayas»
Autor: Conchita Young
Fecha y hora: miércoles, 01 de abril de 2009, 22:54 h

Hola a todos, El libro de John Boyne se titula El niño con el Pijama de rayas. ¿No es correcto decir, el pijama a rayas? Gracias

Centro Virtual Cervantes
© Instituto Cervantes (España), 1997-2010. Reservados todos los derechos.

Nuevo mensaje
Asunto:
Nombre:
Apellidos:
Dirección electrónica:
Texto del mensaje:

[Enviar formulario]

Ahora te toca rellenar todos los datos y formular la pregunta. ¡Suerte!

8

Los estudios, ¿una obligacion? No

Al terminar esta unidad serás capaz de...

- Leer, comprender y hablar sobre el sistema educativo español y compararlo con el de otros países.
- Expresar finalidad con subjuntivo.
- Expresar relaciones temporales futuras con presente de subjuntivo.
- Expresar causa, consecuencia y condición.
- Concretar el significado de una palabra con relativo y subjuntivo.
- Buscar soluciones a situaciones difíciles.
- Expresar angustia, miedo, nerviosismo, extrañeza, escepticismo.
- Escribir sugerencias y solicitudes.

8. Los estudios, ¿una obligación? No

1. Pretexto

El sistema educativo español.

1. Me llamo Juan. Cuando sea mayor quiero ser futbolista.

2. Cuando termine la secundaria (ESO), empezaré los ciclos formativos de grado medio.

3. Pues yo, cuando acabe la secundaria, haré el bachillerato.

4. Yo no quiero estudiar después de secundaria. ¿Para qué voy a estudiar?

5. Como he aprobado todo el curso con buenas notas, este verano voy a Irlanda con una beca.

6. Queremos un sistema educativo de calidad para que los estudiantes terminen sus estudios muy bien preparados.

1 Escucha, lee y contesta.
a ¿Qué se puede estudiar después de la Educación Secundaria Obligatoria (ESO)?
b ¿Se puede ir a la Universidad sin estudiar Bachillerato?
c ¿Cuántos grados hay en los ciclos formativos?

2 Y ahora reflexiona.
a En el texto que acompaña a las tres primeras fotografías aparece *cuando* seguido del presente de subjuntivo. ¿Qué tiempo verbal aparece en la siguiente oración?
b ¿Qué expresa *como* en el texto que acompaña a la quinta foto, una causa o una consecuencia?
c En la cuarta foto, después de *para qué*, el verbo está en indicativo. En la última declaración aparece *para que* seguido de presente de subjuntivo. ¿Sabes por qué existe esa diferencia?

8 Los estudios, ¿una obligación? No

2. Contenidos gramaticales

1 Oraciones finales.

Para y *para que* expresan finalidad y propósito.

Con el mismo sujeto *Para* + infinitivo	Con distinto sujeto *Para* + *que* + subjuntivo
● *Estoy ahorrando (yo) **para viajar** (yo) este verano a Costa Rica.* ▼ *¡Ojalá ahorres mucho!*	● *Estoy ahorrando (yo) **para que** mi hijo **vaya** este verano a Inglaterra.* ▼ *Yo estuve allí tres veranos cuando era joven.*

2 Oraciones temporales con *cuando*.

¿Recuerdas que ya estudiaste *cuando*? Fíjate en que con *cuando* no tienes que tener en cuenta si hay un sujeto o dos en las oraciones. Completa para comprobarlo.

1 Cuando (venir, yo) _____ a España en 2009, (empezar, yo) _____ a estudiar español en un curso intensivo.
2 Cuando Esperanza (llegar) _____ a casa, (encender, ella) _____ el ordenador.
3 Siempre (darme, yo) _____ una ducha fría cuando (ponerse, yo) _____ muy nervioso.

Lo que ya sabes	Lo que vas a aprender
Presente de indicativo + *cuando* + presente de indicativo Pasado de indicativo + *cuando* + pasado de indicativo	Futuro + *cuando* + presente de subjuntivo
1 ● *Miguel **se trasladó** a Barcelona **cuando se casó**, ¿verdad?* ▼ *Sí, es que encontró un buen trabajo allí.* 2 ● ***Cuando llego** a casa, **me quito** los zapatos de tacón.* ▼ *Yo, también.*	1 ● ***Me acostaré cuando lleguemos** al hotel. ¡Estoy muy cansado!* ▼ *Sí, es que hemos andado muchísimo.* 2 ● ***Cuando apruebe** el carné de conducir, **se va a comprar** un coche.* ▼ *Pues ahora hay buenas ofertas.*

FÍJATE

Fíjate en el orden en el que se construyen las oraciones. La oración con *cuando* puede ir detrás de la principal, como en 1, o delante, como en 2.

Nuevo Avance Intermedio

Los estudios, ¿una obligación? No

3 **Oraciones de relativo con *que*.**
¿Recuerdas *que* relativo?

Lo que ya sabes	Lo que vas a aprender
Oraciones de relativo con indicativo El relativo ***que*** se refiere a una palabra anterior que se llama antecedente (un sustantivo o un pronombre). *Juan está haciendo cestas. La gente usa las cestas para poner la fruta.* → *Juan está haciendo **cestas** **que** la gente usa para poner la fruta.* Cestas + *que* + *la gente usa...* Antecedente + *que* + oración. *Hay **alguien** (en la puerta) **que** pregunta por ti.* Alguien + *que* + *pregunta por ti.* Antecedente + *que* + oración. **FÍJATE** En las oraciones anteriores, los antecedentes **son conocidos**, por eso los verbos que van detrás del relativo van en **indicativo**. **Completa para comprobarlo.** 1 Tengo una amiga maquilladora. Trabaja en una cadena muy importante de televisión. → *Tengo una amiga maquilladora **que** trabaja en una cadena muy importante de televisión.* 2 Daniel, de joven, trabajaba en un taller. El taller era de su padre. → 3 Fuimos a comer a un restaurante estupendo. Poca gente conoce ese restaurante. →	**Oraciones de relativo con subjuntivo** Cuando el antecedente **es desconocido**, detrás del relativo ***que*** el verbo está en presente de **subjuntivo**. *Necesito un chico au pair **que hable** alemán y **que tenga** carné de conducir.* Un chico au pair + *que* + *la gente usa...* Antecedente + *que* + subjuntivo. ● *¿Qué preparo para la cena de mañana?* ▼ *Prepara algo **que no tenga** queso. Ya sabes que a Carlos no le gusta.* Algo + *que* + *no tenga...* Antecedente + *que* + oración. *Buscan para un proyecto una arquitecta **que tenga** cinco años de experiencia.* Una arquitecta + *que* + *tenga cinco años...* Antecedente + *que* + oración. 

4 Y aquí tienes otros conectores que estudiaste en A2. Los ponemos para que los recuerdes.

● ***Porque* y *es que***
Sirven para expresar la causa.

A Completa con *porque* o *es que*.

1 Hoy no puedo ir a la biblioteca a estudiar _____ tengo que ir al dentista.

2 ● ¿Quieres un helado de vainilla, almendra y chocolate?
 ▼ No gracias, no puedo, _____ estoy a dieta.

3 ● ¿Te suspendieron el examen _____ lo hiciste mal?
 ▼ No, me suspendieron _____ no lo hice y no avisé a la profesora.

● ***Como***
Va siempre en la primera oración. Expresa la causa.
Como *no se encontraba bien, no fue a trabajar.*
Como *no oye bien, hay que hablarle despacio.*
Como *tengo el carné de estudiante, tengo descuento en transportes, museos y espectáculos.*

FÍJATE
La misma oración puede expresarse con *como* o *porque*, pero el orden en que aparecen no es el mismo.
*No fue a trabajar **porque** no se encontraba bien.*
Como no se encontraba bien, no fue a clase.

Nuevo Avance Intermedio

8 Los estudios, ¿una obligación? No

> • **Por eso** y **así que**
> Sirven para expresar la consecuencia de un hecho anterior.
>
> *Me gusta mucho la fotografía. Voy a hacer un cuaderno de viaje.* → *Me gusta mucho la fotografía **así que** voy a hacer un cuaderno de viaje.*
>
> *Las Navidades son muy importantes para mis amigos y preparan una mesa muy elegante para la cena.* → *Las Navidades son muy importantes para mis amigos, **por eso** preparan una mesa muy elegante para la cena.*

B Completa con *porque* o *así que*.

1. El director no vino a la oficina, _____ tuve que quedarme yo hasta las 20:00 h.
2. Anoche no te llamé _____ llegué tardísimo a casa.
3. Tú eres joven, _____ deja tu asiento a alguien mayor.
4. Es el mejor del equipo _____ entrena mucho.

> • **Si** y **si no**
> *Si* / *Si no* + presente, + presente / futuro / imperativo.
> Expresan una condición real o posible.
>
> **Si no** entendéis alguna palabra, podéis usar el diccionario.
> **Si** el examen es muy difícil, no va a aprobar nadie / no aprobará nadie.
> **Si** queréis estar en forma, haced ejercicio todos los días.

C Completa con presente, futuro o imperativo.

1. Si no entregas los trabajos a tiempo, la profesora (enfadarse) _____.
2. Si os gusta el pescado fresco, (ir, vosotros) _____ al restaurante Siete Mares.
3. Si no comprendes algo de gramática, (poder, tú) _____ preguntarme.
4. Si no riegas las plantas más a menudo, (secarse) _____. Ya hace mucho calor.

3. Practicamos los contenidos gramaticales

1 Completa con la forma correcta de indicativo o subjuntivo.

1. ● Cuando *llegué* a la parada, el autobús ya (pasar) _____.
   ▼ Y tuviste que coger un taxi, ¿verdad?

2. ● Tengo que darle dinero a Juan para que me (comprar) _____ 500 folios.
   ▼ ¡Ah! Pues pídele, por favor, que me (comprar) _____ un paquete de 1000 a mí también.

3. ● Como (llegar, tú) _____ tan tarde, he pedido una ensalada.
   ▼ Has hecho bien, es que (haber) _____ muchísimo tráfico y por eso (retrasarme, yo) _____.

4. ● Son las ocho en punto, así que (apagar, yo) _____ el ordenador, ya está bien por hoy.
   ▼ Sí, y además es viernes... ¡Dos días sin trabajar!

5. ● Están construyendo una autovía para que el tráfico (ser) _____ más fluido.
   ▼ ¡Ya era hora!

6. ● Iremos al teatro cuando (poder, tú) _____.
   ▼ Pues creo que la semana próxima estrenan una obra muy buena y el viernes puedo ir.

7. ● ¿Tienen cremas solares de protección que (ser) _____ transparentes?
   ▼ Sí, precisamente acaba de llegar esta que (ser) _____ buenísima.

8. ● Como no (sacar, yo) _____ muy buenas notas, no me dieron la beca.
   ▼ Supongo que por eso (tener, tú) _____ que trabajar este verano para pagar la matrícula del curso.

Los estudios, ¿una obligación? No

2. Completa con las palabras del recuadro. Después, en parejas, buscad una respuesta adecuada.

> así que • para que • para • como • si • por eso • porque • es que • cuando • que

1. ● Ayer el móvil se quedó sin batería, *por eso* no pude llamarte.
   ▼ *Pues yo te llamé tres veces, pero al final no hicimos nada especial. Nos quedamos en casa.*
2. ● _____ termine la carrera voy a dar la fiesta más grande de mi vida y voy a invitar a todo el mundo.
   ▼ _____.
3. ● Marta me ha propuesto salir de tapas esta noche, pero no puedo, _____ ando mal de dinero*.
   ▼ _____.
4. ● Por fin le han recetado a Victoria unas pastillas _____ duerma por las noches.
   ▼ _____.
5. ● A Tomás le han regalado un ordenador _____ cabe en un bolsillo.
   ▼ _____.
6. ● Aquí nadie me escucha / hace caso, _____ me voy.
   ▼ _____.
7. ● _____ quieres leer buena poesía, toma este libro de Mario Benedetti.
   ▼ _____.
8. ● Hemos venido al centro _____ ver una exposición.
   ▼ _____.
9. ● _____ casi no había tráfico, llegamos en dos horas.
   ▼ _____.
10. ● Joaquín no quiere salir con Carmen _____ no le cae bien.
    ▼ _____.

* **ANDO MAL DE DINERO:** *tengo problemas de dinero.*

3. A Completa el texto con los conectores del recuadro.

> así que • para que (2) • como (2) • por eso • para (2) • que (2) • porque (3)

Todavía falta tiempo, pero *cuando* lleguen los exámenes, me pasaré las horas encerrado en casa. (1) _____ ahora estoy saliendo mucho. (2) _____ me conozco y sé que no voy a hacer otra cosa que estudiar, voy todos los días al gimnasio. Es que yo soy muy especial, lo reconozco. (3) _____ me pasaré muchas horas sentado y comeré chocolate, (4) _____ ayuda a la concentración, engordaré unos kilitos, (5) _____ después tendré que ponerme a dieta. Por la noche jugaré a la videoconsola (6) _____ poder relajarme antes de irme a dormir. También me haré un plan de estudios (7) _____ sea efectivo y (8) _____ ponga cuánto tengo que estudiar cada día. Me levantaré todos los días a la misma hora, (9) _____ necesito tener un horario y después de comer dormiré unos 45 minutos (10) _____ la tarde de estudio sea más productiva. Algún día iré a jugar al fútbol (11) _____ estar en forma (12) _____ durante el tiempo de estudio tengo que estar sentado ocho horas diarias. Espero que todo me vaya bien, así podré tener el verano libre para viajar.

B Vuelve a leer el texto y contesta a estas preguntas.
   a ¿Qué tipo de estudiante es Carlos? ¿Cómo lo sabes?
   b ¿Por qué quiere ir al gimnasio?
   c ¿Qué hará para concentrarse?
   d ¿Y para relajarse?

C Ahora haz una lista ordenada de sus planes.

8 Los estudios, ¿una obligación? No

4 Por eso estoy aquí.

Este juego consiste en elaborar, en parejas, un breve diálogo que contenga las palabras de la casilla correspondiente. Se necesita un dado y unas fichas.

Instrucciones:

1 Cada pareja coloca sus fichas en la salida.

2 Se tira el dado y se coloca la ficha en la casilla correspondiente.

3 Cada miembro de la pareja debe hacer una parte del diálogo. En una de las dos intervenciones deben aparecer las palabras que figuren en la casilla, como en el ejemplo.
Palabra(s) de la casilla: *por eso*.
Primera intervención: ¿Necesitas aprender español?
Segunda intervención: Sí, *por eso* estoy aquí.

4 Si la respuesta es correcta, se puede volver a tirar una vez más. Si no, pasa el turno.

5 Si la ficha cae en casillas sin palabra(s), se hará lo que allí se pide.

6 Gana la pareja que primero llegue al final.

5 Recuerda lo que has leído. Reflexiona y contesta.

1 ● Cuando llegué a la parada, el autobús ya no estaba.
▼ *Y tuviste que coger un taxi, ¿verdad?*

Usamos ¿verdad? en la conversación para confirmar una hipótesis que hacemos ante nuestro interlocutor. Usa ¿verdad? donde sea posible.

a ● Tengo problemas gordos de dinero.
▼ Y necesitas un préstamo _____.

b ● Me gustaría dejar de trabajar ya.
▼ Claro, a mí también me gustaría _____.

c ● ¡No hay derecho, me han suspendido!
▼ Y tú crees que la nota es injusta _____.

d ● ¡Mira! Está lloviendo a cántaros.
▼ Y tú no tienes paraguas _____.

e ● Me encanta desayunar un buen café solo.
▼ Pues yo creía que tú tomabas té a todas horas _____.

2 ● *Son las ocho en punto, así que apago el ordenador, **ya está bien** por hoy.*
▼ *Sí, y además es viernes... ¡Dos días sin trabajar!*

Ya está bien significa:
   a que el trabajo realizado está bien hecho.
   b que la persona considera que ha trabajado suficiente o demasiado.

118 Nuevo Avance Intermedio

Los estudios, ¿una obligación? No **8**

3 ● ¿Tienen cremas solares de protección que sean transparentes?
   ▼ Sí, **precisamente** acaba de llegar esta que es buenísima.

   A ¿A qué se refiere *precisamente*?
      a A la coincidencia entre lo dicho por la clienta y lo que le ofrece el vendedor.
      b A la exacta composición de la crema solar.

   B Según lo que hayas elegido antes, di si *precisamente* está bien usado a continuación.
      ● *Necesito un ordenador portátil nuevo.*
      ▼ **Precisamente** *yo también.*

      ● *Necesito un ordenador nuevo.*
      ▼ **Precisamente** *creo que tengo uno que puede interesarle.*

4 *Ayer el móvil se quedó sin batería,* **por eso** *no pude llamarte.*

   A ¿Qué expresa *por eso*: causa o consecuencia?
   B Elabora dos diálogos con tu compañero/a para usarlo correctamente.

5 *Esta tarde no puedo ir a la biblioteca a estudiar,* **es que** *es el cumpleaños de mi hermana.*

   A ¿Podríamos sustituir *es que* por *como*? ¿Por qué?
   B Elabora dos diálogos con tu compañero/a para usar ambos correctamente.

6 ● *Como llegabas tan tarde, he pedido una ensalada.*
   ▼ *Has hecho bien, es que había muchísimo tráfico y por eso me he retrasado.*

   A ¿Qué hace la primera persona? ¿Se justifica porque cree que ha sido maleducada o simplemente explica lo que ha hecho?
   B ¿Y la segunda? ¿Acepta las disculpas o, además, también se justifica?

7 *Es que yo soy muy especial,* **lo reconozco**.

   ¿Qué intención tiene Carlos cuando dice *lo reconozco*?
      a Admite que él es el mejor.
      b Es consciente de que a la gente puede extrañarle que diga algo así.

4. Contenidos léxicos

1 Lee el siguiente texto y contesta a las preguntas.

> Por fin ya solo queda una semana para fin de curso. No me gusta nada el cole. La *profe* de *mates* siempre igual: 2 x 1 = 2, 2 x 2 = 4…
> Para mí, lo más guay es el deporte, bueno, tampoco soy malo para el dibujo. Pero la lengua, eso sí que no me interesa nada.
> Juan, el empollón, siempre me fastidia. No es más inteligente que yo, es que siempre está haciendo la pelota a la *seño*. Por su culpa me van a dejar las *mates*, y a lo mejor la lengua para septiembre. Todo por llevar una chuleta pequeña al examen. La *seño* no se dio cuenta, seguro, pero Juanito se chivó.
> Bueno, es mejor estar en casa con los cates que en el *cole* con la *profe* esa. Me apetece ir a la playa, acostarme más tarde, y despertarme también más tarde que ahora. Para mí, todo es mejor que en el *cole*.

A ¿Sabes a qué palabras corresponden estas abreviaturas?
   a El cole: _____
   b La profe: _____
   c Las mates: _____
   d La seño: _____

B Explica el significado de las siguientes palabras y expresiones.
   a Guay: _____.
   b Empollón: _____.
   c Hacer la pelota: _____.
   d Chuleta: _____.
   e Chivarse: _____.
   f Cate: _____.

8. Los estudios, ¿una obligación? No

5. Practicamos los contenidos léxicos

1 En parejas, elegid la solución adecuada.

1 ¿Qué es más *guay*?
   a Hacer deporte   b Limpiar el gimnasio
   Y ahora, dad un sinónimo de *guay* cada uno.

2 A una persona *empollona* le gusta…
   a pasar horas con sus mascotas
   b pasar horas con sus libros
   Y ahora, dad un sinónimo de *empollona* cada uno.

3 En España, una *chuleta* es…
   a un papel donde se escriben los apuntes de clase
   b un papel que se lleva a los exámenes para copiar
   ¿Cómo se dice en vuestro idioma? Y ahora, buscad en el diccionario el sentido original de *chuleta*.

4 Si *haces la pelota* a alguien…
   a le dices siempre que es el/la mejor
   b juegas al fútbol con él/ella
   Y ahora, dad un sinónimo de *hacer la pelota*.

5 ¿Qué hace una persona que *se chiva*?
   a Le cuenta a la profesora o al profesor lo que hacen los/las compañeros/as
   b Le cuenta a los/las compañeros/as los resultados de los exámenes
   Y ahora, elegid. ¿Cómo se llama alguien que *se chiva*?
   a Chivato/a   b Chivador/a

2 Ahora, escribe oraciones con las abreviaturas, palabras y expresiones que has estudiado y léelas en voz alta.

De pequeño no me gustaban nada las mates.

6. De todo un poco

1 Interactúa.

A Perfil del buen estudiante.
Primero lee este test y contesta a las preguntas que se plantean en él.
Luego, comenta tus respuestas con tu compañero/a.

¿Eres buen estudiante? ¿Deseas averiguar si eres buen estudiante? Por favor pincha tu respuesta para cada pregunta.	SI	NO
1 ¿Tienes un horario y un plan de trabajo para cada día y te ajustas a él?	☐	☐
2 ¿Terminas tus deberes y trabajos en el tiempo que te has propuesto?	☐	☐
3 ¿Encuentras aburrido el estudio y las clases?	☐	☐
4 ¿Sueles participar e intervenir frecuentemente en clase, o al menos con más frecuencia que la media?	☐	☐
5 ¿Le planteas tus dudas frecuentemente a tu profesor/a?	☐	☐
6 ¿Guardas juntos los apuntes y materiales de cada asignatura?	☐	☐
7 ¿Sigues activamente las clases, con las guías, tomando apuntes y notas de todas o casi todas las asignaturas?	☐	☐
8 ¿Pasas a limpio, haces resúmenes y esquemas de las asignaturas?	☐	☐
9 ¿Tienes dificultad para expresarte por escrito?	☐	☐
10 ¿Dejas el estudio para las últimas horas de la noche?	☐	☐

[Obtener resultados]   Para obtener una respuesta a tus preguntas entra en
http://test-estudiantes.euroresidentes.es/como-estudiar.html

Los estudios, ¿una obligación? No

B Situaciones comprometidas.

En parejas, buscad soluciones a estas situaciones tan complicadas. Comparad vuestras soluciones con las de las otras parejas.

¿Qué haces si tu hijo/a o tu hermano/a pequeño/a regresa del colegio y te dice que no quiere volver porque...
a sus compañeros se ríen de él/ella?
b el/la profesora le tiene manía y lo/la pone en ridículo delante de los demás alumnos?
c le da igual estudiar o no porque no va a poder encontrar trabajo?
d sus compañeros/as no lo/la quieren porque no estudia y lo único que hace es molestar en clase?
e es muy torpe para los deportes y no quiere practicarlos?

C En grupo. Os presentamos una serie de preguntas para que contestéis. Contrastad vuestras opiniones.

1 ¿Es la educación una de las mayores preocupaciones de la gente de tu país?

2 ¿Es verdad que hay poca disciplina en los centros escolares y estudiantes que no quieren esforzarse? Si es así, ¿podéis dar alguna explicación?

3 ¿Duermen poco tiempo los escolares?

5 ¿Falta profesorado?

4 ¿Es necesario hacer todos los días deberes en casa?

6 ¿Resultan antipáticas las matemáticas y la lengua?

7 ¿Son demasiado largas las vacaciones de verano?

8 ¿Es positivo que exista la enseñanza privada?

9 ¿Se enseñan bien las lenguas extranjeras en Secundaria?

Y ahora, preparad algunas preguntas más.

2 Habla.

A Cuenta a tus compañeros/as y a tu profesor/a los recuerdos o bien de tu etapa en la enseñanza primaria o bien en la secundaria. Habla de tus profesores/as, de tus compañeros/as, de los recreos, de alguna travesura que hiciste, de las notas que sacabas...

Cuando era pequeño/a siempre...
Me acuerdo de una vez en que...

Nuevo Avance Intermedio

8 Los estudios, ¿una obligación? No

B Aquí te presentamos el sistema de calificación español.

> Las calificaciones se dan según la puntuación obtenida sobre la base de 10. Para aprobar es necesario sacar 5 puntos. El máximo es 10.

¿Qué nota pondrías a toda tu etapa de Secundaria?

3 Escucha, lee e interactúa.

A Escucha y contesta.

1 ¿Qué están haciendo las personas que hablan?
   a Pedir permiso   b Expresar sentimientos   c Animar a alguien a hacer algo

B Vuelve a escuchar y señala la respuesta correcta.

1 En el primer diálogo el chico expresa...
   a angustia   b miedo   c preocupación

2 En el segundo diálogo la segunda chica expresa...
   a angustia   b miedo   c preocupación

3 En el tercer diálogo la chica expresa...
   a angustia   b miedo   c preocupación

4 En el cuarto diálogo el chico expresa...
   a extrañeza   b escepticismo   c nerviosismo

5 En el quinto diálogo la chica expresa...
   a extrañeza   b escepticismo   c nerviosismo

6 En el sexto diálogo la segunda chica expresa...
   a extrañeza   b escepticismo   c nerviosismo

C Ahora lee los diálogos con tu compañero/a poniendo la entonación adecuada.

1 ● Estoy muy preocupado. No sé qué carrera estudiar...
   ▼ Tranquilo, hombre, tranquilo, ya verás como encuentras lo que quieres.

2 ● Me he quedado encerrada en el ascensor y han tardado 40 minutos en sacarme.
   ▼ ¡Qué situación más angustiosa!

3 ● Tengo miedo de suspender la Química; además, si la suspendo, perderé la beca.
   ▼ No te preocupes, seguro que la apruebas.

4 ● Me pongo histérico cuando mi hermano pone la música a tope y tengo que estudiar.
   ▼ Pues dile que se ponga los auriculares.

5 ● Hicimos el examen de Literatura el día 8; estamos a 22 y todavía no nos han dado las notas.
   ▼ ¡Qué raro!, ¿no?

6 ● Estoy segura de que todos conseguiremos las becas.
   ▼ Pues yo... no sé... no estoy tan segura. Ya veremos.

Los estudios, ¿una obligación? No

RECURSOS

Miedo, angustia, preocupación	Nerviosismo
• Estoy preocupado/a por... • Estamos asustados/as... • Tengo miedo a/de } + *infinitivo* / *sustantivo* / que + *subjuntivo* • Me/Te/Le angustia • ¡Qué miedo/horror!	• Estoy bastante nervioso/a por... • Estamos muy estresados por... • Me pongo nervioso/a histérico/a cuando... • Me pone nervioso/a histérico/a que + *subjuntivo*
Extrañeza	**Escepticismo**
• Me extraña • Es increíble/extraño/raro } + *infinitivo* / que + *subjuntivo* • ¡Qué raro/extraño!	• ¿Tú crees? • Yo dudo de que + *subjuntivo* • Bueno..., depende • Pues..., supongo

D Te toca.
En parejas, haced diálogos para expresar los sentimientos que acabáis de escuchar. Leed antes estas situaciones.

- Tu compañero/a cree que os van a subir el sueldo / le va a tocar la lotería.
- Te anunciaron que hoy a las 12:00 h te llamarían para decirte si te habían elegido para un puesto de trabajo. Son las 12:30 h y no te han llamado.
- Sales de viaje dentro de tres horas y no aparece tu pasaporte. Sabes que está en casa.
- Has ido al médico con el resultado de los análisis y te dice que hay que repetirlos.
- Este fin de semana tu sobrino de 17 años está contigo. Tiene moto. Ha salido con sus amigos y todavía no ha vuelto.
- Una amiga te cuenta que el chico más tacaño del grupo los invitó a ella y a todos los amigos a cenar.
- Le cuentas a un amigo que te explotó la rueda trasera cuando ibas a 120 km por la autovía.
- El chico que viste de manera más informal en la clase últimamente lleva traje y corbata.

4 Escucha. 🔊 33

1 El reportero de Onda Meridional ha salido a la calle a preguntar sobre recuerdos escolares. Escucha las respuestas que ha obtenido.

2 Responde a las siguientes preguntas.

a ¿Cuántas personas tienen recuerdos solo positivos?
b ¿Cuántas personas tienen recuerdos solo negativos?
c ¿Cuántas personas tienen recuerdos positivos y negativos?
d ¿Era muy estricta la educación en el colegio de la primera señora?
e ¿Por qué no le gustaba a la segunda persona su profesor de Física?
f ¿Por qué no se sentía bien la tercera persona en el colegio?
g ¿Qué hace actualmente la cuarta persona entrevistada?

8 Los estudios, ¿una obligación? No

5 Lee.

1 Antes de leer comprueba que conoces o recuerdas las palabras y expresiones del recuadro.

> *cobrar la nómina*
> *estudiar una carrera*
> *salidas profesionales / laborales*
> *obtener / sacar(se) un título*

2 Lee atentamente este artículo y contesta.

a Titulares.
- ¿Qué contradicción aparece en ellos?

b Primer párrafo.
- ¿De qué problemas cercanos deberían aprender los jóvenes?
- ¿Cómo escogen sus carreras?

c Segundo párrafo.
- ¿Cuáles son las carreras más solicitadas y las que ofrecen salidas profesionales?

d Tercer párrafo.
- ¿Es más importante el título o el conocimiento?
- ¿Qué se explica sobre el tiempo para terminar los estudios?
- ¿Cuál es el aspecto positivo que se menciona?

e Estadística.
- Leed en parejas el cuadro y comentadlo.

Los jóvenes escogen carrera sin tener en cuenta la demanda de los empresarios

Enfermería y Magisterio para Educación Infantil son estudios muy solicitados, aunque hay más puestos de trabajo para ingenieros y directivos de empresas.

G. Sánchez de la Nieta

Han visto a familiares que se quedan sin trabajo, a vecinos que no cobran la nómina del último mes y han visto cómo sus padres piensan más de dos veces dónde pasarán sus vacaciones de verano... Pero, a la hora de elegir sus estudios, los jóvenes no piensan en la crisis ni en la carrera que les va a asegurar un puesto de trabajo. La escogen por vocación o por la facilidad de sus programas de estudio, pero generalmente piensan poco en las salidas laborales.

De esta forma, Medicina, Enfermería, Magisterio para la enseñanza Infantil y Primaria, Administración y Dirección de Empresas (ADE), Empresariales, Psicología y Arquitectura son las carreras que más solicitan los estudiantes. Mientras que las empresas buscan ingenieros industriales, economistas, ingenieros de caminos y de telecomunicaciones, según informa el último balance mensual de Infoempleo.com.

También hay puestos de trabajo para los licenciados en Medicina, ADE y Derecho, los únicos títulos en los que se ajusta la oferta de empleo con la demanda de los estudios.

«Han cambiado los motivos por los que se escoge una carrera. Ahora muchos jóvenes quieren estudiar una carrera simplemente para obtener el título, al margen de sus preferencias», explica Roberto de Miguel, profesor de la Universidad Rey Juan Carlos. «Mientras que hace unos años los alumnos acababan su carrera en el tiempo que les correspondía, hoy en día tardan una media de siete u ocho años. Muchos compatibilizan sus estudios con un trabajo». Por otra parte, «es positivo que, a pesar de la crisis, los alumnos sigan estudiando la carrera que les gusta, al margen de las salidas laborales», explica Francisco Javier Landa, director de la Oficina de Salidas Profesionales de la Universidad de Navarra.

RÁNKING DE CARRERAS MÁS SOLICITADAS Y DE EMPLEOS MÁS OFERTADOS

LOS ESTUDIANTES QUIEREN ESTUDIAR...	Demanda de plazas	Oferta de plazas	Matrícula	... Y LAS EMPRESAS DEMANDAN TITULADOS EN...
1 Medicina	33 092	4732	4920	1 Administración y Dirección de Empresas
2 Enfermería	20 722	8539	8880	2 Ingeniería Industrial
3 Maestro Infantil	15 842	7531	7552	3 Economía
4 Administración y Dirección de Empresas	13 848	13 490	12 406	4 Ingeniero Técnico Industrial
5 Empresariales	12 201	15 631	14 202	5 Medicina
6 Derecho	10 689	13 421	12 345	6 Derecho
7 Psicología	7904	5797	5835	7 Ingeniero Informático
8 Arquitectura	7427	2827	2916	8 Ingeniero de Caminos
9 Maestro de Primaria	7313	5568	5632	9 Ingeniero de Telecomunicación
10 Maestro Ed. Física	7151	4735	4707	10 Empresariales

FUENTE: MINISTERIO DE EDUCACIÓN E INFOEMPLEO

Los estudios, ¿una obligación? No

6 Escribe.

A En tu centro de enseñanza de español para extranjeros (ELE) es probable que haya un buzón de sugerencias. Escribe alguna sugerencia para que mejore la calidad del centro: los horarios, la duración de las clases, las pausas, el profesorado, el número de alumnos/as... En fin, lo que piensas que debe mejorar.

Estimada directora:
Le escribo esta nota porque me gustaría sugerirle algunas cosas para mejorar su centro.
Por ejemplo...

B Quieres solicitar una beca. Para ello, necesitas rellenar este formulario.

MINISTERIO DE EDUCACIÓN Y CIENCIA

SECRETARÍA DE ESTADO DE UNIVERSIDADES E INVESTIGACIÓN

DIRECCIÓN GENERAL DE UNIVERSIDADES

PROGRAMA DE AYUDAS PARA LA MOVILIDAD DE ESTUDIANTES UNIVERSITARIOS "SENECA" PARA EL CURSO ACADEMICO 2010-2011

IMPRESO "A". SOLICITUD DE BECA

De conformidad con la **Orden de 3 de marzo de 2010**, por la que se establecen las bases reguladoras y se convoca el programa de ayudas para la movilidad de estudiantes universitarios "Séneca" para el curso académico 2010-2011, se solicita una ayuda para la realización del intercambio académico previsto en la plaza que le ha sido concedida en la convocatoria SICUE 2010-2011.

1. DATOS PERSONALES DEL SOLICITANTE

Primer apellido:	Segundo apellido:	Nombre:	DNI:	Pasaporte:
NIF o NIE:	Fecha nacimiento:	Lugar de nacimiento:		Provincia:
País:		Nacionalidad:	Género: Hombre ☐ Mujer ☐	

Dirección postal particular de residencia	Nº	Código postal:	Ciudad:
Calle:			
Provincia:	Teléfono:	Fax:	Correo electrónico:

2. DATOS DE LA PLAZA S.I.C.U.E. OBTENIDA PARA LA QUE SOLICITA BECA

Universidad de Origen:	Universidad de Destino:
Titulación de la plaza SICUE:	

3. DOCUMENTACIÓN QUE SE ADJUNTA

☐ Fotocopia del DNI, equivalente para nacionales de la UE o tarjeta de residente

El solicitante declara bajo su responsabilidad que acepta las bases de la convocatoria, que cumple los requisitos exigidos por la misma y que no se haya incurso en ninguno de los supuestos recogidos en el art. 13.2. de la Ley General de subvenciones. Expresa igualmente su compromiso de informar a la Dirección General de Universidades sobre la concesión de cualquier otra ayuda para la misma finalidad en el curso 2010-2011.

En   a   de   de 2010

Firma del solicitante

SR. DIRECTOR GENERAL DE UNIVERSIDADES; C/ Albacete nº 5 -1ª Este. 28071 MADRID
(a presentar en la Universidad de origen)

A los efectos de la práctica de la **NOTIFICACIÓN** de todos los procedimientos relativos a la presente solicitud, se informa que se dirigirán a la dirección postal y electrónica que figura en el apartado 1.
De acuerdo con lo previsto en la Ley Orgánica 5/1999, de 13 de diciembre, de Protección de Datos de Carácter Personal, se informa de que los datos solicitados en este impreso son necesarios para la tramitación de la solicitud y podrán ser objeto de tratamiento automatizado. La responsabilidad del fichero automatizado corresponde a la Dirección General de Universidades del Ministerio de Educación y Ciencia. Los solicitantes de las becas, como cedentes de los datos podrán ejercer ante la Dirección General de Universidades los derechos de información, acceso, rectificación y cancelación a los que se refiere el Título III de la citada Ley 5/1999, sin perjuicio de lo dispuesto en otra normativa que ampare los derechos como cedentes de los datos de carácter personal.

9

Dar las gracias no cuesta dinero

Al terminar esta unidad, serás capaz de...

- Leer, comprender y hablar sobre los comportamientos de algunas personas y compararlos con los de otras.
- Dar consejos, órdenes, instrucciones con subjuntivo.
- Terminar una conversación de manera adecuada.
- Dar direcciones ampliando tus recursos.
- Escribir una nota dando instrucciones ampliando tus recursos.
- Puntuar adecuadamente.
- Reforzar las opiniones mediante la entonación.
- Comparar el uso de *tú* y *usted* en diferentes ocasiones.
- Interpretar una historieta muda de humor.

Dar las gracias no cuesta dinero

9

1. Pretexto

Ajubel

1 Escucha, lee y contesta.
   a Describe lo que ves con todo detalle.
   b En parejas, elegid el eslogan que más os guste y comentadlo.

2 Y ahora, reflexiona.
   a ¿Reconoces las formas de imperativo afirmativo que has estudiado?
   b ¿Recuerdas para qué sirven?
   c Señala los infinitivos de todos los verbos.
   d ¿Qué expresan los subjuntivos que aparecen en el texto?

Nuevo Avance Intermedio **127**

9 Dar las gracias no cuesta dinero

2. Contenidos gramaticales

1 El imperativo.

a ¿Recuerdas el imperativo? Completa este ejercicio para comprobarlo.

1 ● Tenemos un problema con Juan.
▼ Pues (hablar, vosotros) *hablad* con él para solucionarlo.

2 ● Tengo que adelgazar.
▼ Es fácil, (comer, tú) _____ menos dulces y (pasear) _____ mucho.

3 ● (Cerrar, tú) _____ la ventana, por favor, que hace frío.
▼ Ahora mismo.

4 ● El director no está, por favor, (volver, ustedes) _____ mañana a las 10:00 h.
▼ Es que nunca está en su despacho.

5 ● Francis, (poner, tú) _____ la mesa, que ya vamos a comer.
▼ Vale. Estoy muerto de hambre.

6 ● Si salís este fin de semana, (tener, vosotros) _____ cuidado, hay mucha gente en las carreteras.
▼ Tranquila, que no vamos lejos.

b Lo que ya sabes sobre las formas de imperativo.
Las formas más usadas en España son las de *tú* y *vosotros/as* en un contexto informal y las de *usted* y *ustedes* en un contexto más formal.

c Lo que vas a aprender.
Todas las formas de imperativo son iguales a las del subjuntivo, excepto las formas afirmativas de *tú* y de *vosotros/as*.
Aquí tienes un esquema que te puede ayudar.

Persona	Afirmativo		Negativo	
Tú	*come*	= a la 3.ª persona del singular del presente de indicativo	*no comas*	presente subjuntivo
Usted	*coma*	presente subjuntivo	*no coma*	presente subjuntivo
Nosotros/as	*comamos*	presente subjuntivo	*no comamos*	presente subjuntivo
Vosotros/as	*comed*	infinitivo: -r > -d	*no comáis*	presente subjuntivo
Ustedes	*coman*	presente subjuntivo	*no coman*	presente subjuntivo

d ¿Recuerdas la persona *tú* del imperativo afirmativo de estos verbos que ya has estudiado? Escríbela.

a Decir: _____   e Ir: _____
b Tener: _____   f Salir: _____
c Venir: _____   g Poner: _____
d Hacer: _____   h Ser: _____

Escribe un ejemplo con cada uno de ellos.

e El imperativo y los pronombres.

- Con la forma afirmativa, los pronombres van detrás del verbo, formando una sola palabra:
  Escríbemelo, por favor, que no lo entiendo.
- Con el imperativo negativo, los pronombres van delante del verbo y separados de él:
  No me lo digas otra vez. ¡Qué pesado eres!

f Usos del imperativo.

¿Recuerdas los usos que estudiaste? Aquí tienes tres oraciones, explica qué valor tiene el imperativo en cada una de ellas:

a permiso **b** petición **c** consejo

1 **Estudia** *informática, tiene más salidas profesionales.*
2 **Dame** *un folio, por favor.*
3 *Vale,* **sal** *esta noche, pero no vuelvas muy tarde.*

El imperativo, además, sirve para:
- Prohibir algo: *No* **jueguen** *a la pelota en la piscina.*
- Dar órdenes: **Sal** *inmediatamente de esta habitación.*
- Hacer sugerencias: *Si vas a Cuenca,* **visita** *el Museo Arqueológico.*
- Dar instrucciones: **Aprieta** *fuerte el botón y* **da** *media vuelta a la derecha.*

ATENCIÓN

En Hispanoamérica usan menos el imperativo que en España porque lo consideran poco cortés. En su lugar usan otras fórmulas, como la pregunta *¿te importa?*

¿Me dejas tu encendedor? *¿Te importa hablar más bajo?*

2 La puntuación.

a La coma (,) reproduce las pausas que se hacen dentro de una oración, pero su colocación también depende de ciertas reglas gramaticales.
Se separan con coma:

a Los elementos de una serie de palabras o de grupos de palabras, incluso oraciones, cuando no van unidos por conjunción:
Los discos, las revistas, los libros estaban tirados.
Llegó, se duchó, se maquilló, cogió dinero y se marchó.

b Los vocativos:
Señor, ¿me puede dejar paso, por favor?

c Los incisos que interrumpen momentáneamente el curso de una oración:
No seas tan ambicioso, te lo digo en serio, y vivirás más tranquilo.

d Las locuciones y adverbios: *en primer lugar, por último, es decir, por ejemplo, efectivamente,* etc.:
Nosotros, por supuesto, los avisaremos dos días antes.

e Detrás de una oración subordinada cuando va delante de la oración principal:
En cuanto llega a Málaga, viene a visitarme.

f Detrás de las oraciones condicionales encabezadas por *si*:
Si vas a salir, apaga todas las luces.

9 Dar las gracias no cuesta dinero

b El punto y coma (;) marca una pausa menor que el punto y mayor que la coma.
Elena vive a las afueras, pero no le importa conducir; vale la pena ese tiempo al volante para poder respirar aire puro al volver a casa.

c Los dos puntos (:) se utilizan en los siguientes casos:
  a Tras el encabezamiento de las cartas:
  Querido Eduardo:
  b Para anunciar una frase en estilo directo:
  Emilia contestó: Ni hablar, no pienso hacerlo.
  c Para anunciar una enumeración:
  Esta semana hemos ido dos días al cine: una el miércoles y la otra el sábado.

d El punto (.) señala las pausas que se producen entre dos oraciones independientes:
Ven a casa. Manuel quiere verte.
  a El punto se pone al final de las abreviaturas:
  Sr. / etc.
  b El punto y aparte marca el final de un párrafo.
  El móvil debe estar desconectado en lugares públicos como el cine, el teatro, un concierto, en misa, etc, y, por favor, cuando viaje en tren.

  La melodía del móvil debe ser discreta y su volumen debe ser el adecuado para que pueda ser oído por su propietario, sin que sea necesario que se oiga en 100 metros a la redonda.

e Los puntos suspensivos (…) sirven para señalar que el hablante se interrumpe o que la enumeración podría prolongarse.
Le expliqué que había problemas, que la situación era difícil, que…, pero no me escuchó.

f Las comillas («») las usamos para citar algo literalmente.
Recuerdo perfectamente el principio de Cien años de soledad: *«Muchos años después, frente al pelotón de fusilamiento, el coronel Aureliano Buendía había de recordar aquella tarde remota en que su padre lo llevó a conocer el hielo».*

g Los paréntesis ( ) permiten introducir una observación dentro de una oración. En lugar del paréntesis puede emplearse la raya (–).
Las vacaciones (un poco más largas de lo previsto) me sentaron de maravilla.

h Los signos de interrogación (¿ ?) se utilizan en las oraciones interrogativas directas. Recuerda que en español se ponen al principio y al final de la oración.
¿A quién le toca fregar los platos hoy?

i Los signos de exclamación (¡ !) se usan en oraciones que expresan alegría, dolor, admiración, mandato… Al igual que los signos de interrogación se ponen al principio y al final de la oración.
● *¡Sopa otra vez! ¡Qué asco!*
▼ *Pero, ¡qué va! ¡Está buenísima!*

3. Practicamos los contenidos gramaticales

1 a Completa el texto con las formas correctas de imperativo, pero antes lee el vocabulario. También puedes traducirlo a tu idioma.

  1 **Abdomen:** región exterior del cuerpo, correspondiente al vientre.
  2 **Sedentaria:** es una persona que no se mueve mucho en su vida cotidiana; no hace deporte, no pasea, no anda.
  3 **Documento:** es un escrito en el que hay datos sobre algo o alguien.
  4 **Informe:** elige una de estas dos posibilidades.
    a Un informe es un documento que resume algo.
    b Un informe es un documento para identificar a las personas.
  5 **Presupuestos:** elige una de estas dos posibilidades.
    a Sirven para saber cuánto dinero tenemos en el banco.
    b Son el cálculo sobre el dinero que necesitamos para realizar un proyecto.

Dar las gracias no cuesta dinero

- Hola, Rocío, ¿qué tal estás?
- ▼ Estoy fatal. Vengo de mi primera clase de Pilates. Una hora entera:
  (1) (subir, tú) *sube* los brazos, (2) (bajarlos) _____, (3) (estirar) _____ las piernas, (4) (levantar) _____ la cabeza, (5) (ponerse) _____ en pie, (6) (sentarse) _____, (7) (levantarse) _____, (8) (cerrar) _____ los ojos, (9) (abrirlos) _____, (10) (levantar) _____ el cuello, no (11) (subir) _____ los hombros, (12) (contraer) _____ el abdomen, (13) (respirar) _____ lentamente, no (14) (moverse) _____, (15) (poner) _____ la pelota debajo de las rodillas, (16) (relajarse) _____ ... ¿Relajarme? Eso lo hago yo en casa oyendo música y gratis. Sí, soy sedentaria, ya lo sabes, Alfonso, ¡qué le vamos a hacer!
- Pues prefiero eso que: «Señor Fernández, por favor, (17) (venir, usted) _____ a mi despacho, (18) (sentarse) _____, (19) (enseñarme) _____ el último informe, no (20) (irse) _____, (21) (traer, a mí) _____ la lista de clientes, (22) (hacer, a mí) _____ diez fotocopias de este documento, (23) (ir) _____ al banco y (24) (hacer) _____ una transferencia a este número de cuenta. Y no (25) (tardar) _____. Yo saldré dentro de media hora. Si me llama alguien (26) (decir) _____ que estoy reunido. ¡Ah! Y (27) (dejarme) _____ los presupuestos listos antes de irse». Este hombre piensa que yo soy una máquina.

b Ahora, escucha y comprueba.

c Toda la clase vuelve a oír la grabación y realiza las instrucciones que aparecen.

2 a En el árbol de la derecha tienes una serie de consejos en la forma *usted*. Pásalos a la forma *tú*.

b Después, con tu compañero/a, trata de juntar algunos de ellos de manera lógica. Puedes hacerlo usando *tú* o *usted*.

Cumpla sus promesas y salga a correr o vaya a caminar.

Te damos otra idea: selecciona los consejos que más te gustan y crea tu propio árbol con ellos.

Ría
Perdone
Relájese
Pida ayuda
Haga un favor
Exprese lo suyo
Vaya a caminar
Rompa un hábito
Salga a correr
Pinte un cuadro. Sonría a su hijo
Permítase brillar. Mire fotos viejas
Lea un buen libro. Cante en la ducha
Escuche a un amigo. Acepte un cumplido
Muestre su felicidad. Escriba en su diario
Termine un proyecto
Ayude a un anciano. Cumpla sus promesas
Sea un niño otra vez. Escuche a la naturaleza
Trátese como a un amigo. Permítase equivocarse
Haga un álbum familiar. Dese un baño prolongado
Por hoy no se preocupe. Deje que alguien lo ayude
Mire una flor con atención. Pierda un poco de tiempo
Apague el televisor y hable. Escuche su música preferida
Aprenda algo que siempre deseó
Llame a sus amigos por teléfono. Haga un pequeño cambio en su vida
Haga una lista de cosas que hace bien. Vaya a la biblioteca y escuche el silencio
Cierre los ojos e imagine las olas de la playa. Hágale sentirse bienvenido a alguien
Dígale a la persona amada cuánto la quiere
Dele un nombre a una estrella
Sepa que no está solo
Piense en lo que tiene
Hágase un regalo
Respire profundo
Cultive el amor

9 Dar las gracias no cuesta dinero

3 **Decálogo del maleducado.** En grupos, debéis pensar en consejos para ayudar a una persona a ser una verdadera maleducada. De entre todas las ideas, las 10 más votadas constituirán este decálogo. Recordad que debéis escribir los consejos en imperativo.

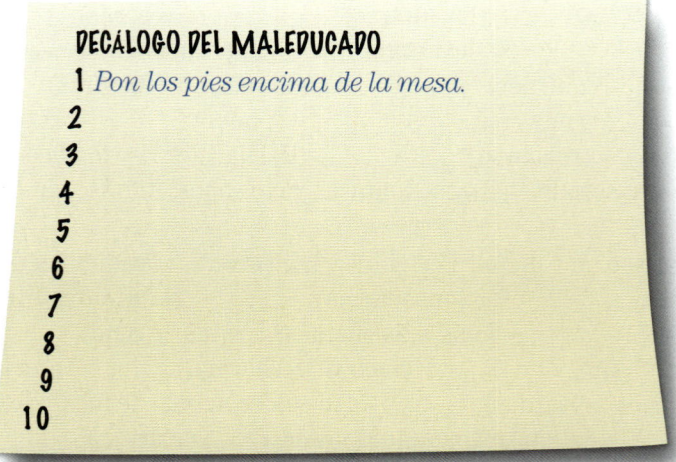

DECÁLOGO DEL MALEDUCADO
1 Pon los pies encima de la mesa.
2
3
4
5
6
7
8
9
10

4 A Practica los signos de puntuación. Escucha atentamente y pon los puntos y las comas. Recuerda que después del punto debes poner una letra mayúscula.

El Canal de Panamá «Dividir la tierra para unir el mundo»

Este lema aparece en el emblema del Canal de Panamá al unir dos grandes océanos en cierto modo el canal ha unido el mundo muchas de las cosas que hay en los hogares incluida la comida han viajado posiblemente por esa ruta

El 15 de agosto de 1989 se celebró el setenta y cinco aniversario del primer trayecto por esta vía navegable sin embargo las ilusiones los planes y el trabajo que hicieron posible este tránsito marítimo de 80 kilómetros empezaron varios siglos antes

Aunque los medios de transporte modernos han avanzado con rapidez en los últimos años el Canal de Panamá es muy importante para el comercio mundial cada año lo atraviesan más de 12 millones de embarcaciones que llevan unos 145 millones de toneladas de carga sin lugar a dudas a pesar de todos los avances el lema del canal seguirá siendo el mismo: «Dividir la tierra para unir el mundo»

B Escucha el texto y pon los signos de interrogación (¿ ?).

- Buenos días, señora, para ir al Museo de Arte Abstracto
- ▼ Está un poco lejos, pero el camino es muy bonito. Quieres andar 15 minutos o prefieres ir en autobús
- Prefiero andar; hace un día muy bueno.
- ▼ Ves aquella calle que sube
- Sí.
- ▼ Pues aquella calle sube hasta la plaza Mayor. La plaza es muy antigua. Bueno, al llegar a la plaza, tienes que bajar por la calle que rodea la catedral. De acuerdo
- Sí, vale. Sigo esta calle hasta la plaza, después bajo por la calle que rodea la catedral...
- ▼ Sí, entonces..., te encuentras una plaza. A un lado están las Casas Colgadas y allí está el Museo de Arte Abstracto.
- Muchísimas gracias, señora.
- ▼ De nada.

9 Dar las gracias no cuesta dinero

5 Recuerda lo que has leído. Reflexiona y contesta.

1 *No seas **animal**, aprende de él. Mantén limpia la ciudad.*

   a En este enunciado, ¿qué sentido tiene la palabra «animal»?
   b ¿Qué significan, en tu opinión, estas otras: «El ser humano es un animal racional»? ¿Y «Jiménez es un animal político»?
   c ¿Existen en tu idioma expresiones equivalentes?

2 *No dejes **regalos**. No lo dejes en manos de otros, responsabilízate.*

   a ¿Qué significado tiene aquí la palabra «regalos»?
   b En España decimos a veces lo siguiente: «Esto es un regalo envenenado». ¿A qué crees que nos referimos cuando lo usamos? ¿Puedes pensar en algún ejemplo para usar esa expresión? Poned en común vuestras opiniones.

3 • *Francis, pon la mesa, **que ya vamos a comer**.*
   ▼ *Vale. Estoy muerto de hambre.*

   • *Si salís este fin de semana, tened cuidado, hay mucha gente en las carreteras.*
   ▼ *Tranquila, **que no vamos lejos**.*

   ¿Qué intención comunicativa tienen las oraciones en negrita?
   a Expresan acuerdo.
   b Justifican lo que se ha dicho antes.
   c Hablan de acciones futuras.

4 • Profesora: *Respira profundamente, espira y relájate.*
   ▼ Alumna: *¡¿Relajarme yo?! ¡¿Haciendo gimnasia?!*

   ¿Por qué crees que la alumna pregunta de forma exclamativa?
   a Para mostrar incredulidad e imposibilidad.
   b Para pedir una repetición.
   c Porque no ha entendido.

5 • *Buenos días, señora, **¿para ir al Museo de Arte Abstracto?***
   ▼ *¿**Ves aquella calle que sube?***
   • *Sí.*
   ▼ *Pues aquella calle sube hasta la plaza Mayor. La plaza es muy antigua. Bueno, al llegar a la plaza, tienes que bajar por la calle que rodea la catedral. **¿De acuerdo?***

   Fíjate en las preguntas que están en negrita.
   a ¿Crees que sirven para lo mismo?
   b ¿Cuál de ellas sirve para saber si la persona nos comprende?

6 • *El director no está, por favor, vuelvan mañana a las 10:00 h.*
   ▼ ***Es que nunca está en su despacho.***

   A Fíjate en la respuesta y dinos con qué tono la leerías.
      a Con tono de explicación o justificación.
      b Con tono de enfado.

   B Y ahora, léela con tu compañero/a.

7 Vuelve a leer el árbol de los deseos.
   a Ahora dinos qué crees que se quiere decir con estos consejos.

      1 Mire fotos viejas.
      2 Trátese como a un amigo.
      3 Haga una lista de cosas que hace bien.
      4 Dele nombre a una estrella.
      5 Acepte un cumplido.

   b ¿Toda la clase piensa igual? Comentad las diferentes interpretaciones.

Nuevo Avance Intermedio

9

Dar las gracias no cuesta dinero

4. Contenidos léxicos

La vida social

1 Fíjate en las imágenes. ¿Puedes relacionarlas con el listado que te damos a continuación?

> brindar • dar la mano • agradecer • dar (uno, dos, tres...) besos
> quedar (con alguien) • sonarse la nariz • despedirse • disculparse • saludar
> limarse las uñas • hablar de usted • presentar (a alguien)

2 Completa para comprobar que lo has entendido.

1. Para sonarme la nariz necesito _____.
2. Brindamos cuando _____.
3. Debemos disculparnos si _____.
4. Cuando un amigo no conoce a otro, yo los _____.
5. Cuando se rompe una uña, solemos _____.
6. Por respeto, a las personas mayores es mejor _hablar de usted_____.
7. Cuando nos vamos de una casa, _____.
8. En España, para saludarse las mujeres se dan dos _____.
9. Los hombres se saludan dándose _____.
10. Debes ser puntual si _____ con alguien.

Nuevo Avance Intermedio

5. Practicamos los contenidos léxicos

1 Completa el texto con los infinitivos del recuadro. Recuerda que tienes que modificar algunos para adaptarlos al texto. Después, comenta con tus compañeros/as lo que te ha parecido.

> sonarse (la nariz) • limarse (las uñas) • hablar de usted • dar (uno, dos...)
> agradecer • disculparse • despedirse • presentar (a alguien)
> quedar (con alguien) • brindar • saludar

Ayer (1) *quedé* a las 20:00 h con David y Mia, unos amigos nórdicos para ir a una fiesta en casa de Esther. (Ellos) (2) _____ por llegar 5 minutos tarde. Cuando llegamos, yo les (3) _____ a Esther y la iban a (4) _____ dándole la mano, pero ella les (5) _____ dos besos a cada uno. Empezaron a (6) _____ a todos los invitados, pero terminaron tuteándose. Se sorprendieron mucho cuando empezamos a beber y nadie (7) _____. Nosotros también nos sorprendimos cuando estábamos charlando y Mia se puso a (8) _____ las uñas. Y cuando David salió de la habitación sin decir nada, y le preguntamos si le pasaba algo contestó que no, que solo había salido a (9) _____ la nariz. Al preguntarle por qué, nos contestó que en su país no es de buena educación hacerlo en público. «Pues tiene razón», pensamos algunos. Cuando (10) (nosotros) _____ de Esther, (ellos) le (11) _____ muchísimo la invitación, y todos quedaron encantados con la pareja.

2 De estas costumbres, ¿cuáles son de mala educación en vuestro país? ¿Conocéis costumbres españolas o hispanas que pensáis que son de mala educación?

3 Completa este cuadro con lo que es de buena y mala educación en tu país. Comparad todos los cuadros.

En mi país es de buena educación...	En mi país es de mala educación...

4 Habla con tus compañeros/as y comentad estas preguntas.

a ¿Cuándo hablas de tú a alguien? ¿Y de usted?
b ¿Cómo se saludan las mujeres en tu país?
c ¿Y un hombre y una mujer?
d ¿En qué ocasiones brindáis?

9 Dar las gracias no cuesta dinero

6. De todo un poco

1 Interactúa.

A Aquí vemos un señor que tiene problemas para usar una fregona. ¿Puedes ayudarlo? Después, en parejas, dad instrucciones a vuestros compañeros/as para hacer las cosas que os proponemos u otras que penséis. Por cierto, ¿recuerdas que la fregona es un invento español?

B Aquí tenéis una historieta. En grupos, imaginad lo que piensa cada personaje en cada situación y, después, ponedlo en común.

- Planchar una camisa
- Comer con palillos chinos
- Cazar una rata
- Leer un libro
- Montar a caballo
- Esquiar
- Copiar en un examen
- Cerrar un coche
- Gastar 4000 euros en un día
- Lavarse correctamente los dientes
- OTROS

C ¿Para ir a...?
En parejas. Tenéis un plano de San Sebastián y otro de Salamanca. Estás donde marca la flecha verde. Mira el ejemplo que te damos y pregunta a tu compañero/a.

San Sebastián

- Por favor, ¿para ir al Paseo de Francia?
- ▼ Está al otro lado del río. Siga hacia la derecha. Cuando llegue al puente, crúcelo, gire a la derecha y el paseo paralelo al río es el Paseo de Francia.
- Gracias.
- ▼ De nada. Adiós.

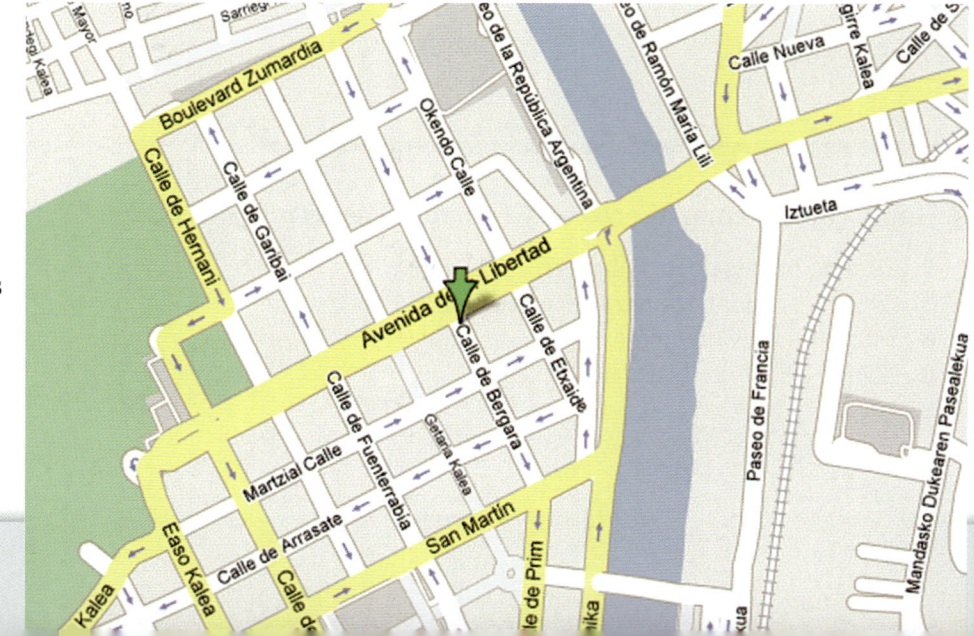

9 | Dar las gracias no cuesta dinero

Haced lo mismo con direcciones de Salamanca.

Y ahora, recordad lo que ya habéis aprendido sobre estas dos ciudades. Si no recordáis nada, podéis buscar información en *http://www.donostia.org/CAT/Home.nsf/frmswPrincipalCA?OpenFramset* **y en** *http://www.salamanca.es/inicio.aspx* **y llevarla a clase otro día.**

2 Habla.

Vuelve a leer el texto de «Practicamos los contenidos léxicos» y presenta una exposición en clase expresando tus opiniones. Puedes empezar haciendo un resumen del contenido en dos líneas.

Para expresar tu opinión puedes usar: *En mi opinión...; yo creo que...; para mí...*

3 Escucha, lee e interactúa.

A Total, que has estado muy ocupado/a.

1 Antes de escuchar.
   a ¿Qué te sugiere el título?
   b ¿Qué crees que están haciendo las personas que hablan?:
      • empezar una conversación   • terminar una conversación

2 Ahora escucha los siguientes diálogos. ¿Puedes decir de qué se habla en cada diálogo?

3 En parejas, leed los diálogos. Procurad poner la entonación adecuada.

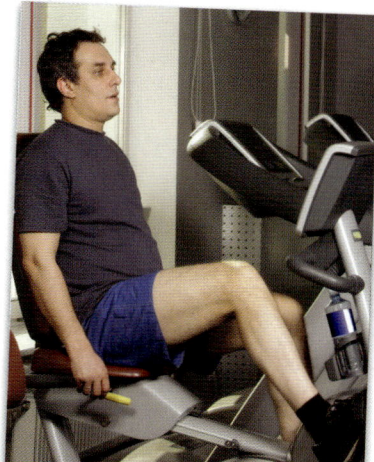

1 ● Pues sí, llegaron tardísimo, y además no había suficiente comida. En fin, que todo fue un desastre. Un beso.
  ▼ Un beso. Nos vemos mañana.

2 ● ... Y se enfadó conmigo y me dijo que no quería volver a verme. Y eso es todo.
  ▼ ¡Ah! ¿Sí? ¿Y qué más te dijo?
  ● Nada más, eso es todo. Bueno, nos vemos más tarde. Cuelgo, que tengo que trabajar.

3 ● Ayer fui a la revisión médica y me dijeron que estaba estupendamente.
  ▼ ¡Cómo me alegro! Perdona, tengo que dejarte un momento, llaman a la puerta. Enseguida vuelvo a llamarte.

4 ● Le habla el contestador automático de Carlos Sanchís. En este momento no puedo atenderle, si lo desea deje su mensaje. Gracias.
  ▼ Hola, Carlos. No me encuentro bien y no voy a ir al despacho. Por favor, pídele a María que te dé el informe de ventas, a Juan que firme la carta y a Pedro que conteste a los correos de los señores Samaniego y Navarrete. Y ya está. Gracias, y a ver si mañana estoy mejor y puedo ir.

5 ● He salido tarde del trabajo, me he ido al dentista, luego al súper y después al gimnasio.
  ▼ Total, que has estado muy ocupado.

9 Dar las gracias no cuesta dinero

Recursos para terminar y resumir una conversación.

RECURSOS

En fin...
Pues eso es todo.
Y ya está.
Pues nada.
Total que.
Tengo que dejarte / Te dejo.

FÍJATE

Mientras que los primeros recursos expresan final o resumen de un relato, *tengo que dejarte / te dejo* es un recurso para terminar una conversación que se utiliza cuando alguien tiene algo que hacer o tiene prisa.

B Te toca.

- Tu amigo te está contando una historia, pero no para de hablar y tú tienes prisa. Resume lo que te ha contado y despídete.

- María te pregunta qué pasó ayer en la fiesta de Juan. Cuéntaselo resumidamente y acaba la conversación.

- Tu madre te llama por teléfono y recuerdas que tienes las patatas friéndose en la sartén. Termina la conversación.

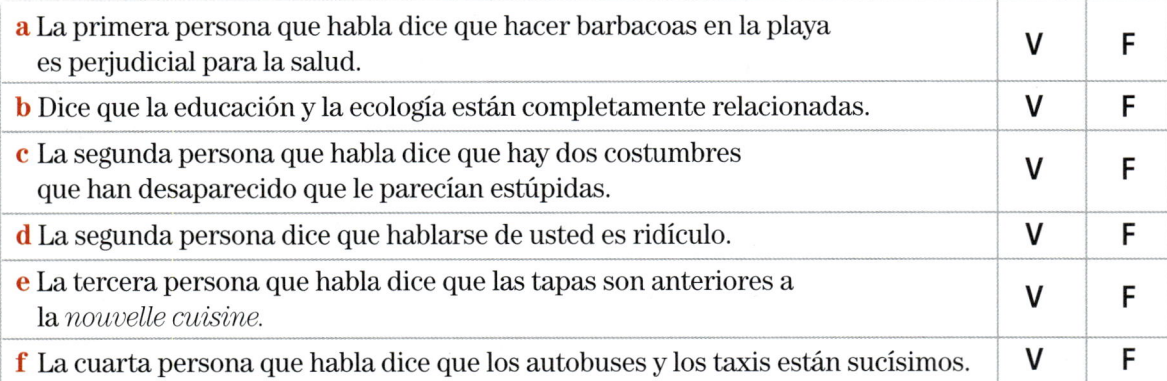

4 Escucha.

¿Los buenos modales son importantes?

1 Escucha y fíjate en el tono de cada persona. 🔊39

2 Vuelve a escuchar y toma nota de las ideas principales que expresa cada uno.

3 Después de escuchar, di si son verdaderas o falsas las siguientes afirmaciones.

a La primera persona que habla dice que hacer barbacoas en la playa es perjudicial para la salud.	V	F
b Dice que la educación y la ecología están completamente relacionadas.	V	F
c La segunda persona que habla dice que hay dos costumbres que han desaparecido que le parecían estúpidas.	V	F
d La segunda persona dice que hablarse de usted es ridículo.	V	F
e La tercera persona que habla dice que las tapas son anteriores a la *nouvelle cuisine*.	V	F
f La cuarta persona que habla dice que los autobuses y los taxis están sucísimos.	V	F

4 Comenta con tus compañeros/as las opiniones de estas personas.

Nuevo Avance Intermedio

9 Dar las gracias no cuesta dinero

5 Lee.

1 Antes de leer.
a ¿Tienes móvil?
b ¿Lo llevas siempre contigo?
c ¿Cuándo lo apagas?
d ¿Podrías vivir sin él?
e ¿Conoces a alguien de tu edad que no tenga móvil?
f ¿Cuándo te molesta que se use?

2 Lee atentamente y contesta.
a ¿Está prohibido usar el móvil en los trenes?
b ¿Qué tipo de conversaciones no deben mantenerse en público?
c ¿Cómo debe sonar el móvil?
d ¿A qué horas no se debe llamar?
e ¿Estás de acuerdo con lo que dice el texto? Da tus argumentos.

Curso de buenos modales. Capítulo 10. El teléfono

Si usted quiere ser una persona educada, no olvide usar el teléfono de una manera correcta.

A continuación, le damos unos consejos:

Existen unos horarios de llamada que hay que respetar: nunca se puede llamar antes de las 10 de la mañana (de las 11:00 h en los días festivos), ni después de las 10 de la noche. Tampoco se puede llamar en las horas del almuerzo (de 14:30 h a 16:30 h).

Cuando se llama, se dejará que el teléfono suene un número prudente de veces, para que la otra persona tenga tiempo suficiente para poder contestar. Pero no se puede ser demasiado insistente: si no ha contestado es porque no está en casa, o está en la ducha o está durmiendo... Además, se puede molestar a los vecinos.

El teléfono se contesta con un *Diga* o *Dígame*, nada de *¿Quéééééé?*, o cosas por el estilo.

El móvil, como cualquier teléfono, debe utilizarse solo cuando sea necesario.

Debe estar desconectado en lugares públicos como el cine, el teatro, un concierto, en misa, etc., y, por favor, cuando viaje en tren: piense que muchas personas aprovechan estas horas para descansar y dormir. Si de verdad tiene que hacer una llamada, vaya a la plataforma.

La melodía del móvil debe ser discreta y su volumen debe ser el adecuado para que pueda ser oído por su propietario, sin que sea necesario que se oiga en cien metros a la redonda.

Cuando uno mantiene una conversación por el móvil debe tratar, en la medida de lo posible, de retirarse a un lugar apartado.

Si en una reunión, un almuerzo, etc., uno recibe una llamada, tratará de que la conversación sea breve. Lo que no se puede permitir es estar diez minutos hablando mientras el resto de los presentes está esperando.

En público no deben mantenerse conversaciones acaloradas, ni amorosas, ni de temas confidenciales.

El aparato debe ser lo más sencillo posible. Solo la gente joven puede permitirse el capricho de tener móviles de colores vistosos, chillones, etc.

Es absolutamente rechazable mantener conversaciones sobre móviles (salvo que uno sea representante comercial de un fabricante de estos aparatos). Hoy en día es un tema de conversación muy frecuente en cenas, reuniones de amigos, etc.

6 Escribe.

Elige una de estas dos opciones.

A Escribe un decálogo de las normas que deben funcionar en la clase. Puedes inspirarte siguiendo el modelo del ejercicio 3 de «Practicamos los contenidos gramaticales».

B Un/a amigo/a español/a va a ir a visitarte. Llega el martes a las 10:15 h y a esa hora estás trabajando. Envíale un *e-mail* explicándole cómo llegar a tu casa y dónde le has dejado las llaves. No olvides indicarle qué autobús o metro tiene que coger. Puede ayudarte la actividad n.° 3 de «De todo un poco».

Repaso

Unidades 7, 8 y 9

1 Interactúa.

En parejas. Primero uno/a de vosotros/as lee las preguntas y el otro o la otra las contesta. Después cambiáis: quien ha preguntado contesta, y quien ha contestado pregunta.

1. ¿Son los/las estudiantes de Secundaria y Bachillerato actuales más trabajadores y responsables que los/las de la generación de sus padres?

2. ¿Son los/las estudiantes actuales de Secundaria más pasivos que los de Bachillerato?

3. ¿Cómo sería la escuela de idiomas ideal para ti? Descríbela.

4. ¿Deben premiar y castigar los padres a sus hijos/as durante estas etapas?

5. ¿Recuerdas a algún/a profesor/a en especial? Explica por qué.

6. En tu opinión, ¿qué asignaturas deberían desaparecer de los planes de estudios?

7. ¿Y qué otras deberían incluirse en ellos?

2 Habla.

A Exposición / Argumentación. Habla sobre este tema:
La importancia de los buenos modales y la buena educación.

En español 'la buena educación' se refiere a las normas de comportamiento social. ¿Te parece que son necesarias? ¿Te parecen antiguas y absurdas? Expresa tu opinión.

Recuerda que tienes unos minutos para prepararlo, que puedes escribir una serie de palabras para no perderte y recuerda, también, todo lo que has aprendido en estas unidades sobre estos dos temas y la forma de exponerlos.

B Observa esta historieta. Describe lo que ves. Tienes unos minutos para pensar lo que vas a decir y buscar el vocabulario desconocido.

3 Escucha y contesta.

A Escucha y señala la respuesta correcta.

1. a debe cortarse las uñas.
   b se pone un poco tonto.
   c cocina arroz para su enamorado o su enamorada.

2. a ¡Qué faena! Tengo que trabajar todavía hasta las 17:00 h.
   b Por fin, ¡qué alegría!
   c ¡Qué poco he trabajado hoy!

3. a Pues sí..., y con lo mal que ando de dinero...
   b No, es mentira.
   c La verdad era que sí.

4. a Sí, encantados, muy amable de su parte.
   b Ya está bien, es casi imposible hablar con él.
   c Mañana a las 10:00 h es buena ocasión.

B Escucha el texto dos o tres veces para completar todos los huecos.

La *Nueva gramática de la lengua española* es una obra integradora que permitirá a (1) _____ comprobar lo que comparten con los demás y lo que es propio de su país, y supone un gran ejercicio de las veintidós Academias (2) _____ la unidad de la lengua.

Los dos tomos (Morfología y Sintaxis) tienen (3) _____, pesan casi cinco kilogramos y cuestan 120 euros.

Después se editará el de la Fonética y Fonología, que irá acompañado de un DVD (4) _____ del español en los diferentes países.

Para llegar a todo el mundo se harán otras dos versiones: el *Manual*, de unas 700 páginas, y (5) _____, que tendrá unas 250 páginas.

La *Nueva gramática* presenta muchas novedades, es una obra de síntesis, integradora, hecha (6) _____ a partir de un gran número de materiales.

En ella se dice con claridad lo que es correcto o incorrecto y se especifica qué usos son propios de América y qué otros (7) _____ España.

Por ejemplo, en Hispanoamérica se rechaza la construcción 'a por' («ir a por hielo»), utilizada en España, y se prefiere decir 'ir por' («voy por tabaco»). Y el «cine de suspense», tan común entre los españoles, es «cine de suspenso» al otro lado del Atlántico.

«Es curioso, pero no sabemos cuánto compartimos (8) _____. Simplemente, uno sabe cómo

Nueva gramática de la lengua española

habla él y los de su región o su país», comenta Ignacio Bosque.

El español actual está muy presente en los 40 000 ejemplos que ilustran los diferentes apartados de la *Nueva gramática*.

La anterior *Gramática académica* (9) _____ y apenas cambiaba la de 1917.
Además, no tenía casi en cuenta el español de América por falta de medios y de información.

Ha tenido que pasar (10) _____ para que se hiciera realidad el sueño de elaborar una gramática entre las veintidós Academias. Las nuevas tecnologías lo han hecho posible y, sobre todo, las innumerables horas de trabajo que estas instituciones han dedicado al proyecto.

(Agencia EFE, texto adaptado)

Y ahora, comentad con todo el grupo lo que pensáis sobre el hecho de que tengamos una gramática así en español.

Repaso Unidades 7, 8 y 9

4 Lee y contesta.
Avisos.

> **ABIERTA LA INSCRIPCIÓN PARA LOS CURSOS DE ELE VERANO EN EL MOLINO DE SANTA MARTA (EDADES: ENTRE 12 Y 16 AÑOS)**
>
> **Localización:**
> El molino está situado en la Alpujarra de Granada (España).
> Tiene diez hectáreas de terreno con frutales, animales domésticos, una piscina y zonas de juegos.
>
> **Alojamiento:**
> Los dormitorios estarán divididos según edades y sexos.
> Habrá seis niños en cada uno de ellos.
> Las comidas se servirán en el jardín.
>
> **Clases y actividades:**
> Dos horas de clase de 17:00 h a 19:00h horas con profesores/as nativos/as.
> Deportes de equipo, natación, cuidado de la naturaleza, limpieza del establo y cuidado de los animales.
> Excursión a Granada capital y a diferentes pueblos de la Alpujarra.
> Los monitores/as son nativos/as.
>
> **Fechas:**
> Sesión de 2 semanas: del 28 junio al 22 agosto, cada 15 días.
> Sesión de 4 semanas: del 28 junio al 25 julio y del 26 julio al 22 agosto.
> **Recogida en el aeropuerto de Málaga.**
> **Información y consultas:** *infoelevernomolinosantamarta@yahoo.es*
> **Inscripciones:** En la página web.

Contesta a estas preguntas:
a ¿En qué provincia española tienen lugar los cursos?
b ¿Dónde se come en este campamento?
c Di tres actividades extraescolares que incluye el curso.

5 Lee.

> Hola Marta:
> ¿Cómo te va en Finlandia?
> Ya sabes que estoy en España haciendo los tres meses obligatorios que me exigen en la Universidad para poder terminar los estudios de español. Y te escribo para que tú, como nativa, me expliques los comportamientos que no entiendo. Comparto piso con una chica y dos chicos españoles. Me sorprende que Pepe siempre deje la botella de leche vacía en el frigorífico. ¿Eso es normal aquí? Y luego, Sara siempre deja las luces encendidas. Como los gastos no están incluidos en el alquiler y tenemos que pagar la luz aparte, me estoy arruinando. Los otros no protestan. ¿Tendrán mucho dinero? Yo, con la beca, no tengo suficiente. Y, para terminar con mis quejas, te cuento que las clases me encantan, estoy aprendiendo mucho, pero mis compañeros nunca preguntan en clase. Solo toman apuntes. Eso me sorprende muchísimo.
> Siento que este mensaje parezca tan negativo. Ya te escribiré otro solo con comentarios positivos.
> Escríbeme pronto.
> Un beso,
> Stephanie

Y ahora contesta.
a ¿Por qué está Stephanie en España?
b ¿Está contenta con su alojamiento? Justifica tu respuesta.
c ¿Qué opina de sus clases?
d ¿Cómo paga sus gastos en España?

Unidades 7, 8 y 9 **Repaso**

6 Escribe.

Como estás estudiando español, necesitas practicar mucho la lengua. Escribe una carta en la que hablas de ti, de lo que sabes y has estudiado, para obtener el puesto de ayudante en un hotel que recibe muchos clientes de habla hispana.

7 Marca la respuesta correcta.

1. ● Cuando _____ a vernos, le daré recuerdos de vuestra parte.
   ▼ Sí, por favor.
   a. vendrá   b. venga

2. Los sustantivos: *aduana, naranja, tarifa, zanahoria* son de origen:
   a. árabe   b. latino   c. americano

3. ● Amalia, por favor, _____ a la farmacia por aspirinas.
   ▼ Enseguida bajo.
   a. ves   b. ve

4. Las personas que tienen alergia a la primavera siempre están _____ la nariz.
   a. sonándose   b. depilándose

5. ● Pero, ¿por qué te has puesto así?
   ▼ Porque te he dicho que no quiero volver a verte y _____.
   a. el fin   b. punto

6. Cuando chocamos las copas para desearnos salud, estamos _____.
   a. saludándonos   b. brindando

7. ● _____ lo que te ha recomendado Elisa.
   ▼ Vale, lo haré pero no pienses que _____ muy convencido.
   a. Haz / estoy   b. Haces / soy

8. ● He pagado un montón de dinero _____ esta moto y no es demasiado buena. En fin...
   ▼ Es que no piensas las cosas.
   a. para   b. por

9. ● Dile a Marta que, por favor, no me despierte _____ las 11:30 h _____ la mañana, que voy a acostarme tarde.
   ▼ Vale, de acuerdo.
   a. hasta / de   b. a / por

10. ● _____ mucho tiempo que no llueve.
    ▼ ¡_____ llueva pronto!
    a. Desde / Que   b. Hace / Ojalá

11. ● Tu sobrino está muy alto _____ su edad.
    ▼ Sí, se parece a su padre, no a mi hermana.
    a. para   b. por

12. ● Eso de los buenos modales es sinónimo de convencionalismo, hipocresía y falta de naturalidad.
    ▼ No _____ usted.
    a. estoy de acuerdo con   b. soy de acuerdo para

13. ● Puede ser que Juan me _____ su coche.
    ▼ Me alegro, ya sé que querías comprárselo.
    a. venda   b. vende

14. ● Me pongo histérico cuando mi hermano pone la música a tope y tengo que estudiar.
    ▼ Pues dile que se ponga los auriculares.
    ¿Qué se expresa en este diálogo?
    a. Extrañeza   b. Escepticismo   c. Nerviosismo

15. Ayer el móvil se quedó sin _____, por eso no pude llamarte.
    a. cable   b. batería

16. ● Buscamos un piso que _____ luminoso, que _____ cuatro dormitorios y que no _____ muy caro.
    ▼ Si lo _____, avísame, yo también lo quiero.
    a. es – tiene – es / encuentres
    b. sea – tenga – sea / encuentras

17. Los sustantivos: *cabeza, nariz, boca, ojo* son de origen:
    a. árabe   b. latino   c. americano

18. ¿Qué son los *presupuestos*?
    a. Son las cuentas que dicen cuánto dinero tenemos en el banco.
    b. Son el cálculo del dinero que necesitamos, por ejemplo, para realizar un proyecto.

19. ● Me gusta mucho la fotografía _____ voy a hacer un cuaderno de viajes.
    ▼ A mí _____ me encanta.
    a. así que / también   b. por eso / sí

20. Pon los signos de puntuación al principio de esta carta:

> Querida abuelita hace dos semanas que llegué a tu tierra natal y ahora sí que puedo contarte cosas de mi vida en Ciudad de México el día de mi llegada estaba esperándome en el aeropuerto el matrimonio con el que vivo como me habían enviado una foto los reconocí inmediatamente y ellos a mí también.

Nuevo Avance Intermedio   143

10

Ellos y ellas

Al terminar esta unidad, serás capaz de...

- Leer, comprender y hablar sobre las mujeres y los hombres: estereotipos, cambios de papeles sociales, familiares...
- Describir ampliando tus recursos.
- Hacer un retrato de una persona o personaje famosos.
- Dar direcciones ampliando tus recursos.
- Expresar la existencia, la localización y el estado ampliando tus recursos.
- Expresar cambios personales.
- Proponer, aceptar o rechazar una cita.
- Expresar posesión contrastando con lo expresado por otras personas.
- Ordenar con sentido una historieta y contarla.

10 Ellos y ellas

1. Pretexto

Día a día les enseñas a tus hijos a ser personas saludables y felices; les enseñas a estar en forma, cuidar su organismo, alimentarse bien… Tú sabes que, aunque las grasas son necesarias, el exceso de grasas que en general hay en nuestra alimentación es perjudicial para la salud. Por eso, los cereales son una óptima opción para el desayuno de tus hijos.

Está aprendiendo muy deprisa. ¡Le encanta el deporte! Dentro de poco, me ganará con la bici.

1 Escucha, lee y contesta.

a Mira la foto e imagina:
  1 ¿Cuántos años tienen la madre y la hija?
  2 ¿Qué han hecho antes?
  3 ¿Qué van a hacer después?

b ¿Recuerdas cuándo aprendiste a montar en bici? ¿Quién te enseñó?

c En tu casa, cuando eras pequeño/a, ¿quién hacía la compra? ¿Y quién preparaba el desayuno?

d ¿Qué desayunabas normalmente? ¿Cuidas tu alimentación?

2 Y ahora, reflexiona.

a Señala las formas de *ser*, *estar* y *hay* que encuentras en el texto anterior.
b ¿Recuerdas cuándo se usan?

Nuevo Avance Intermedio

10. Ellos y ellas

2. Contenidos gramaticales

1 *Ser, estar* y *hay*.

a En *Nuevo Avance 2* estudiaste algunos usos de *ser* y *estar*. Completa para ver si los recuerdas. Intenta explicar por qué se usa uno u otro.

1. ¿De dónde _____ María?
2. La habitación _____ sucia.
3. Esta mesa _____ antigua, ¿verdad?
4. Esta ciudad _____ muy tranquila.
5. La Habana _____ la capital de Cuba.
6. ¿Dónde _____ el gato?
7. _____ las 12.
8. ● ¿Qué tal la película de anoche?
   ▼ _____ muy bien.
9. Hoy _____ a 1 de julio.

b Ahora vamos a recordar y a ampliar los usos de *ser* y *estar*.

Usamos *estar* para:

- Hablar del estado físico y anímico:
  - ● *Buenos días, señora Enríquez, ¿qué tal **está** usted?*
  - ▼ ***Estoy** bien, gracias.*
  - ● *Hola, Pedro, ¿qué tal **estás**?*
  - ▼ *Regular.*

> **ATENCIÓN**
> En este caso el verbo *estar* significa *sentirse, encontrarse*.

- Decir la localización: *La casa **estaba** en un pueblecito en las afueras de Quito.*
- Decir la fecha:
  - *estamos en* + mes, año, estación...: ***Estamos en** abril.*
  - *estamos a* + día: ***Estamos a** lunes, 28.*
- Decir la temperatura: ***Estamos a** 17 °C.*
- Expresar una acción en proceso (*estar* + gerundio):
  - ● *¿Qué **estáis** haciendo?*
  - ▼ ***Estamos** viendo los resultados deportivos.*
- Expresar el resultado (*estar* + participio):
  *Ha llovido mucho y la carretera **está** mojada.*

Usamos *ser* para:

- Decir quiénes somos: *Hola, **soy** María, la chica que estabais esperando.*
- Decir qué somos: *Julia quiere **ser** cirujana.*
- Expresar la ideología (religiosa, política, artística...): *El pintor Antonio López **es** hiperrealista.*
- Decir la hora y expresar tiempo: *¡Qué tarde **es**! Pero si **son** ya las 12:00 h.*
- Expresar la cantidad: ***Son** tres invitados. **Son** 5 euros.*
- Expresar que un hecho tiene lugar: *La manifestación **es** en Correos a las 19:00 h.*
- Expresar posesión, relación: *Mira, este coche **es** de mi vecino.*
- Expresar origen: *Esta carne **es** de Argentina.*
- Expresar material (seguido de la preposición *de*): *La mesa **era** de cristal.*

Estar / Hay.
¿Recuerdas cuándo se usan? Completa estas oraciones para comprobarlo.

1. ● ¿Dónde _____ tus padres?
   ▼ En casa, creo.
2. ● Los calcetines negros _____ aquí.
   ▼ Gracias, es que no los encontraba.
3. ● En el bar no _____ luz.
   ▼ Es que _____ cerrado.
4. ● ¿Qué _____ allí?
   ▼ Me parece que es la mochila de Sandrine, pero no veo bien; está muy oscuro.
5. ● ¿Dónde _____ Bilbao?
   ▼ En el norte de España.
6. ● ¿Dónde _____ mi libro de cocina?
   ▼ No tengo ni idea.

Nuevo Avance Intermedio

Ellos y ellas

2 *Ser / Estar* con adjetivos.

a Usamos *ser* para referirnos a algo que consideramos propio de la persona, animal, cosa o lugar. Lo vemos así todos los días. No observamos un cambio. Esto es, usamos *ser* para definir, clasificar los sujetos.

- *Tu gato **es** muy juguetón.*
- *Sí, es que **es** muy joven.*

- *¡Qué guapo **es** Eduardo!*
- *Sí, y además **es** simpatiquísimo.*

  Definimos a Eduardo. Lo clasificamos como guapo y simpático.

b Usamos *estar* cuando nos referimos a una característica que no es típica de la persona, animal, cosa o lugar, cuando observamos un cambio. Es decir, usamos *estar* cuando comparamos los sujetos consigo mismos en otro momento.

- *Tu gato **es** muy juguetón.*
- *Sí, pero últimamente **está** muy triste.*

  Comparamos el estado de mi gato en estos últimos tiempos.

  Expresamos un estado o situación que no es habitual, no es una característica permanente.

- *¡Qué guapo **estaba** anoche Eduardo con el traje gris y la corbata azul!*
- *Sí, **estaba** muy guapo. Es que Eduardo **es** guapísimo.*

  Comparamos a Eduardo con otro momento en que no llevaba el traje gris. Este traje aumenta su atractivo.

ATENCIÓN

Los adjetivos *loco, contento* y *seguro* van casi siempre con *estar*.

10 Ellos y ellas

c Adjetivos que se construyen con *ser* o con *estar*.

Adjetivos	Con *ser* expresan	Con *estar* expresan
Bueno/a	• Que una **persona** tiene buen carácter. • Que una **cosa** es de buena calidad; que es útil.	• Que una **persona** está bien de salud; **coloquial**: que tiene un físico muy atractivo. • Que las **comidas** y **bebidas** tienen buen sabor.
Malo/a	• Que una **persona** tiene mal carácter, que quiere hacer daño. • Que una **cosa** es de mala calidad, o que es perjudicial.	• Que una **persona** está mal de salud. • Que las **comidas** y **bebidas** tienen mal sabor.
Joven	• Que una **persona** tiene pocos años.	• Que una **persona** parece que tiene menos años.
Viejo/a	• Que una **persona** o **cosa** tiene muchos años.	• Que una **persona** parece que tiene más años. • Que una **cosa** está estropeada, muy usada.
Nuevo/a	• Que una **cosa** tiene poco tiempo.	• Que una **cosa** parece que tiene poco tiempo.
Listo/a	• Que una **persona** es inteligente.	• Que una **persona** o **cosa** está preparada.
Abierto/a	• Que una **persona** tiene facilidad para comunicarse.	• Que una **cosa** no está cerrada.
Rico/a	• Que una **persona** tiene mucho dinero.	• Que una **comida o bebida** tiene muy buen sabor.

3 Los posesivos con artículo.

El posesivo con artículo se utiliza para contrastar con cosas, ideas, etc., de otras personas. Para usarlo, la palabra a la que se refiere el posesivo con artículo tiene que haber aparecido antes.

MASCULINO		FEMENINO	
Singular	Plural	Singular	Plural
el mío	los míos	la mía	las mías
el tuyo	los tuyos	la tuya	las tuyas
el suyo	los suyos	la suya	las suyas
el nuestro	los nuestros	la nuestra	las nuestras
el vuestro	los vuestros	la vuestra	las vuestras
el suyo	los suyos	la suya	las suyas

Esta carpeta es la tuya. **La mía** *está un poco rota.*

- ¿Es vuestro ese coche?
- ▼ No, ese coche es **el suyo**.

- ¿Necesitas mi libro?
- ▼ No, gracias, he traído **el mío**.

- Estas gafas no son **las mías**. No veo bien con ellas.
- ▼ Pues **las mías** tampoco.

Ellos y ellas 10

3. Practicamos los contenidos gramaticales

1 Completa con la forma y el tiempo correctos de *ser* o *estar* y la forma *hay*.

Esta (1) *es* una descripción de la plaza de la Merced de Málaga. En el centro (2) _____ el monumento a Torrijos; alrededor (3) _____ muchos árboles, pero no (4) _____ muy altos porque los plantaron hace ocho años. (5) _____ preciosos; se llaman jacarandas y se llenan de flores azules dos veces al año. A la izquierda (6) _____ una fuente. También (7) _____ tres quioscos: uno (8) _____ la oficina de Información y Turismo, otro (9) _____ un bar. En la esquina (10) _____ la casa natal de Picasso. Allí (11) _____ un museo. Justo delante de su casa han puesto una estatua del artista sentado en un banco. Al lado de la casa de Picasso (12) _____ muchos bares y también (13) _____ una librería de idiomas. Enfrente (14) _____ el mercado. A la derecha, antes, (15) _____ los mejores cines de la ciudad, pero ahora van a hacer un edificio muy grande. Al otro lado de la plaza (16) _____ un estanco, Pili (17) _____ la dueña. Hoy (18) _____ muchos niños en la plaza, porque (19) _____ fiesta y no (20) _____ clase. Ayer, sin embargo, (21) _____ poca gente porque llovía. También (22) _____ dos farmacias. La farmacia Bustamante (23) _____ una de las más antiguas de la ciudad. Hay cuatro o cinco restaurantes, uno de ellos (24) _____ de tapas y otro (25) _____ vegetariano. También (26) _____ un café sueco.
Para terminar quiero decir que (27) _____ una plaza muy agradable y que además (28) _____ el centro social de la ciudad porque aquí todo el mundo (29) _____ a gusto. A mí me encanta ir los fines de semana a cualquier hora del día. Muchas veces (30) _____ actividades culturales.

Plaza de la Merced

Casa natal de Picasso

Estatua de Picasso

Jacarandas

10 Ellos y ellas

2 ¿Quién es? ¿Qué es? ¿Cómo es? ¿Dónde está?

Mira este cuadro pintado por Equipo Crónica. Es una versión libre del cuadro de *Las Meninas* de Diego de Velázquez.
Piensa en una persona o en un objeto del cuadro o en el perro; el resto de tus compañeros/as hace preguntas. Solo podéis usar los verbos *ser*, *estar* y la forma verbal *hay*. Las preguntas deben estar bien formuladas, porque únicamente se puede contestar *sí* o *no*.

- ¿Es grande?
- Sí.
- ¿Es una persona?
- No.
- ¿Es de muchos colores?
- No.
- ¿Está junto a las personas?
- No.
- ¿Está en la pared?
- No.

- ¿Hay solo una cosa así?
- Sí.
- ¿Está en el suelo?
- No.
- ¿Está en el techo?
- Sí.
- ¿Es la lámpara?
- Sí.

Y ahora señala los objetos que aparecen en este cuadro que no son propios de la época y busca sus nombres.

3 Completa con los posesivos adecuados. Fíjate en las palabras a las que se refieren.

1. ● Mira la carta de despedida que me han escrito mis alumnos.
   ▼ ¡Qué bonita! *Los míos* me han regalado un ramo de flores.

2. ● Mucha gente tiene casas bonitas, pero no tanto como _____ (de vosotros).
   ▼ Gracias, pero _____ (de nosotros) no es tan bonita como dices, pero sí es muy cómoda.

3. ● ¿Es esta tu ensalada?
   ▼ No, _____ (de mí) no lleva vinagre, yo le pongo limón.

4. ● ¡Aquí está mi móvil!
   ▼ Perdona, pero este es _____ (de mí), _____ (de ti) es de la misma marca, pero no tiene cámara de fotos.

5. ● Nuestra profesora es más simpática que _____ (de vosotros).
   ▼ ¡Qué dices! _____ (de nosotras) es la más simpática del instituto.

6. ● Disculpe, he dejado su coche en el aparcamiento del hotel.
   ▼ Muchas gracias.
   Oye, ¿y dónde está _____ (de nosotros)?
   ● _____ (de vosotros) está al lado de _____ (de nosotros).

7. ● Si te parece, vamos a colocar los libros en esta estantería.
   ▼ Vale, pongo _____ (de mí) en la estantería de la izquierda y dejo la de la derecha para _____ (de ti).

8. ● Aquí tienen sus exámenes corregidos. Todos llevan comentarios y la nota.
   ▼ ¿Y _____ (de mí), profesora?
   ● _____ (de usted) no está aquí porque tenemos que hablar de la forma en que lo ha presentado.

Ellos y ellas **10**

9 ● Perdone, camarero, hemos pedido unas cañas antes que esos señores. Ya les ha servido _____ (de ellos). ¿Dónde están _____ (de nosotros)?
▼ Aquí están también _____ (de ustedes), señor.

10 ● Mira este anuncio.
▼ A ver... «Sus deseos son también _____ (de nosotros). Por eso estamos a su servicio».

4 ● En nuestro barrio...
▼ Pues en el nuestro...

- La clase se divide en grupos de tres. Cada grupo escribe una oración semejante a la del ejercicio anterior.
- Se lee en voz alta.
- Una persona de uno de los otros grupos levanta la mano y su equipo tiene 15 segundos para elaborar una respuesta en la que aparezca un posesivo de los estudiados.
- Gana el equipo que elabore más respuestas correctas.

Grupo **A** *En nuestro barrio hay muchos parques.*
Respuesta de otro equipo: *Pues en* **el nuestro** *no hay ninguno.*

5 **Recuerda lo que has leído. Reflexiona y contesta:**

1 En un restaurante te traen un pescado que tiene mal sabor. Para rechazarlo dices:
 a Este pescado está malo.
 b El pescado es malo para la salud.

2 Si una persona dice: *Estoy vieja para hacer estas cosas,* ¿a qué cosas crees que se refiere? Compara con lo que ha dicho tu compañero/a.

3 ● *Nuestra profesora es más simpática que la vuestra.*
▼ *¡Qué dices!* *La nuestra es la más simpática del instituto.*
 a ¿Qué intención tiene la persona que contesta con la frase en negrita?
  a Muestra sorpresa.
  b Rechaza lo que afirma su interlocutor.
 b Lee el diálogo con tu compañero/a y compara la entonación con la de este otro:
 ● *Nuestra profesora es muy simpática.*
 ▼ *¿Qué dices?* *Hay mucho ruido aquí.*

4 *No te pongas esos pantalones para limpiar la cocina,* **son nuevos / están nuevos.**
¿Qué te parece más adecuado en este contexto? ¿Puedes justificar tu respuesta?

5 *Pedro, ¡qué guapo estabas el otro día con esa ropa tan moderna!*
Una amiga le dice a Pedro lo anterior. ¿Cómo va a reaccionar él?
 a ¿Quieres decir que no soy guapo? ☹
 b ¿Quieres decir que estaba más guapo de lo habitual? ☺

6 ¿Con cuál de estas dos oraciones se expresa solo la propiedad?
 a Estas cosas son mías.
 b Estas cosas son las mías.

Y con la otra, ¿qué se expresa? Para contestar, vuelve a leer los «Contenidos gramaticales».

7 *Por eso, los cereales son una* **óptima opción** *para el desayuno de tus hijos.*
 a ¿Podrías decir con otras palabras lo que aparece en negrita?
 b ¿Cuál sería su contrario? Busca en el diccionario.

10 Ellos y ellas

4. Contenidos léxicos

En nuestra lengua hay una serie de verbos a los que llamamos **verbos de cambio**. Aquí tienes algunos:

- **Volverse:** marca un cambio total y duradero. Se usa sobre todo con adjetivos de carácter: *loco/a, sociable, antipático/a*.
- **Hacerse:** marca un cambio total y socialmente positivo: *famoso/a, rico/a*. Se usa también con profesiones: *mecánico, periodista*.
- **Ponerse:** marca un cambio involuntario y transitorio. Se usa con adjetivos que indican estado y con adjetivos de color para señalar también el estado; *nervioso/a, contento/a, rojo/a, verde*.
- **Quedarse:** marca un cambio transitorio e involuntario cuando se refieren a una reacción: *helado/a, boquiabierto/a, de piedra*. También pueden indicar un cambio negativo y duradero: *ciego/a; cojo/a; mudo/a; viudo/a*.

*Desde que recibió el premio, Pedro **se ha vuelto muy estúpido**.*
*Me molesta la gente que **se hace famosa** por contar sus intimidades.*

*Cuando lo llamó el director, **se puso muy nervioso**.*
*Cuando vi las imágenes de la destrucción en televisión, **me quedé helada**.*

5. Practicamos los contenidos léxicos

1 **Cuenta a tus compañeros/as.**

a ¿Cuándo te pones *nervioso/a*? *Me pongo nerviosa cuando tengo que hacer un examen oral, tengo una cita, va perdiendo mi equipo...*
b ¿Cuándo te pones *rojo/a*?
c ¿Cuándo te quedas *helado/a, de piedra*?
d ¿Conoces a alguien que se ha hecho *rico/a* o *famoso/a*? ¿Sí? ¿Quién es? Habla sobre él/ella.
e ¿Conoces a alguien que se ha vuelto *un/a estúpido/a* cuando ha conseguido un buen trabajo? ¿Sí? Explica los cambios que has notado.

6. De todo un poco

1 Interactúa.

A En tu opinión, ¿quién hace estas cosas en tu entorno? ¿Te molesta cuando alguien cercano a ti hace estas cosas? Explica por qué.

a Cambiar continuamente el canal de la televisión.
b Hablar mucho tiempo por teléfono.
c No preguntar una dirección.
d Dejar la tapa del inodoro abierta.
e No entender los mapas.
f Conducir fatal.
g No saber escuchar.
h Pasar muchas horas en el cuarto de baño.
i Roncar.
j Hablar mucho.
k No encontrar las cosas en la casa.
l Hablar a la vez.

Si queréis, añadid más acciones.

B En parejas o grupos. Aquí tenéis una historieta con las viñetas desordenadas. Debéis ordenarlas y contar lo que veis con vuestras palabras. A continuación, os damos una lista de palabras que os pueden ser útiles.

> manchar • fregar • limpiar (el polvo) • planchar
> tapadera • asustarse • aspirar • cortina • recoger
> cocinar • picar

Y ahora, contesta:
a ¿Qué conclusión has extraído de esta historia?
b ¿Toda la clase ha llegado a la misma?
c ¿Por qué se enfada la mujer?
d ¿Cómo se reparten las tareas de la casa en tu país?

10 Ellos y ellas

C Las mujeres somos... La dibujante argentina Maitena define así a las mujeres y a los hombres. ¿Qué opinas de lo que dice? ¿Exagera o tiene razón?

Fíjate en que aparece otra forma de tratamiento familiar, *vos*. Se usa en diferentes regiones de Hispanoamérica, entre otras, en Argentina, como ya viste en el apartado de «*Lee*» de la unidad 1 del *Nuevo Avance 2*.

Ahora, con esos adjetivos de carácter y estos otros, vas a hacer un retrato. Si tienes dudas sobre el significado de alguno, pregunta a tus compañeros/as o a tu profesor/a. También puedes usar el diccionario.

Maitena

nervioso/a • divertido/a • optimista • idealista • tímido/a • maduro/a • vago/a
educado/a • cobarde • culto/a • sensible • tacaño/a • cariñoso/a

D Retrato. ¿Sabes qué es un retrato?

El Zorro

Albert Einstein

Retrato
Es una descripción combinada en la que se describen las características físicas y psíquicas de la persona y, para ello, se usan los adjetivos que acabas de ver.

Lara Croft   *Frida Khalo*

Haz un retrato de una persona famosa, o un personaje de alguna película. Tienes que decir si es una persona real o ficticia. A ver si tus compañeros/as lo adivinan.

El Zorro es un personaje de ficción que vivió en Los Ángeles a principios del siglo XIX.
Era Diego de la Vega, un joven noble hijo de un español muy rico que...

2 Habla.

A Tienes que describir.
  a Mira bien esta historieta.
  b Busca en el diccionario el vocabulario que crees que necesitas.
  c Después, describe y narra lo que ves en cada una de las viñetas.
  d Usa *ser*, *estar*, *hay* y los adjetivos que has aprendido para la descripción.
  e La narración puede estar en presente o en pasado.

En la primera viñeta vemos a un pastor, muy tranquilo, sentado y tocando la flauta. Las ovejas escuchan atentas. Están todas juntas a su lado.

Quino

Ellos y ellas

10

3 Escucha, lee e interactúa. 🎧⁴³

A Quedar con alguien.

1 Escucha sin leer y contesta.

a ¿Qué están haciendo las personas que hablan?

   a Concertar una cita
   b Pedir favores
   c Dar permiso

b ¿Dónde quedan?

2 Vuelve a escuchar y comprueba tus respuestas.

B En parejas leed el texto. Procurad poner la entonación correcta.

- ¡Hola Ernesto! Te llamo porque el viernes voy a ir a Logroño otra vez por cuestiones de trabajo, ¿podemos vernos ese día? Es que tengo tiempo libre para comer.
- ▼ ¡Clara! Me alegro mucho de tener noticias tuyas. Vamos a ver... el viernes..., sí, el viernes tengo casi todo el día libre.
- ¿Qué te parece si nos vemos y comemos juntos?
- ▼ Muy bien, ¿dónde quedamos?
- ¿Sabes dónde está el restaurante La Viña? Muy cerca de la calle Laurel.
- ▼ No, no lo conozco, pero «preguntando se va a Roma», no te preocupes. Nos vemos allí.
- Hasta el viernes, entonces. Oye, espera un momento, por favor, que no hemos hablado de la hora. ¿Te parece bien a las 14:15 h?
- ▼ De acuerdo. Entonces, nos vemos en La Viña el viernes, a las 14:15 h.
- Vale, hasta el viernes.

C Te toca.

- El otro día rellenaste un impreso para una solicitud de trabajo. Te han llamado. En parejas, concertad una cita para la entrevista laboral entre el/la jefe de personal de Proyectos Futuros y tú, que eres la persona que quiere trabajar con ellos.

RECURSOS

Para solicitar / proponer una cita / quedar con alguien. Aceptar y rechazar.

- ¿A qué hora quedamos?
- ▼ A las... si te/le parece bien.

- ¿Cuándo podemos vernos?
- ▼ Dentro de...,
- ▼ El día...

- ¿Le/te viene bien el...?
- ▼ Sí, me viene muy bien

- ¿Qué te/le parece el martes a las 11:00 h?
- ▼ Perfecto.

- ¿Qué te/le parece si...?
- ▼ Perdón, pero si no te/le importa, prefiero...

- ¿Dónde quedamos?
- ▼ En...

4 Escucha. 🎧⁴⁴

1 Antes de escuchar, habla con tus compañeros/as.

a ¿Qué alimentos prefieren los hombres?
b ¿Y las mujeres?

2 Ahora, escucha y comprueba si has acertado.

3 Para terminar, contesta a las preguntas.

  a ¿A cuántos adultos ha entrevistado FoodNet?
  b ¿Cuál es el alimento preferido de los hombres?
  c ¿Y el de las mujeres?
  d Enumera todos los alimentos que prefieren ellas y ellos.
  e ¿Quién consume más frutos secos, el hombre o la mujer?
  f ¿Cómo les gustan a los hombres los huevos y la carne? ¿Muy hechos? ¿En su punto? ¿Poco hechos?

5 Lee.

  1 Antes de leer.

   a ¿Cuáles son las carreras universitarias preferidas por las chicas? ¿Y por los chicos?

  2 Ahora lee este artículo y comprueba si tus respuestas coinciden con lo que se dice en él.

4 Para terminar, contesta a las preguntas.

  ¿Estáis de acuerdo con lo que habéis oído? ¿Sí? ¿No? ¿Por qué?

  b ¿Crees que existe igualdad salarial entre ellos y ellas?
  c ¿Qué porcentaje aproximado de mujeres españolas crees que ocupan puestos de poder?

Continúa la desigualdad

Aunque a muchas personas puede parecerles innecesario, las cifras que nos hablan de las diferencias entre hombres y mujeres siguen siendo desfavorables para ellas. A continuación damos una muestra de lo que decimos

Los estudios

La mujer tiene un papel mayoritario en el mundo universitario. Concretamente, el curso pasado (2007/8) se matriculó un 54 % de alumnas.

Si hablamos de especialidades, un 53 % del alumnado de Historia son chicos y hasta un 62 % de ellos elige Geografía. Mientras, las chicas suponen ya un 69,4 % en Medicina y un 64,3 % en Ciencias del Mar. Estas cifras ponen de manifiesto que las cosas cambian. Que ya no es como antes, cuando las chicas estudiaban Humanidades y los chicos Ciencias, principalmente.

El trabajo y los salarios

La tasa de ocupación laboral femenina se ha duplicado en los últimos 25 años, pero las mujeres, en algunos casos, reciben un sueldo menor que el de sus compañeros por el mismo trabajo y el mismo horario laboral. En cambio, en el caso del paro, la proporción se invierte. Hay más mujeres paradas que hombres. Y es que si en el año 1983 solo trabajaba el 22,7 % de las mujeres, hoy trabaja más del 44 %, pero la presencia de las mujeres en los altos cargos todavía es muy poca.

Para entender la diferencia salarial hay otra razón muy significativa y es que, en el 80 % de los casos, ellas escogen un trabajo parcial para poder ocuparse de los niños y de las personas enfermas incapacitadas o mayores de la familia, manteniendo así una tradición socialmente asentada que no parece cambiar a pesar de todo lo que se hace «oficialmente». Las encuestas siguen diciendo que son las mujeres quienes se ocupan en un 100 % de este trabajo, por el que no se recibe ni un euro.

Los puestos de poder

En el mundo universitario existe un gran número de diferencias entre hombres y mujeres. La cátedra es la que menos ha avanzado: apenas un 3 % de las mujeres era catedrática en 1983 y hoy solo el 18 %.

Todo lo contrario ha ocurrido en el ámbito político y legislativo. Hoy, el Congreso de los Diputados está formado por un 36,3 % de mujeres, cuando en el año 1983 solo representaban el 4,6 %. Lo mismo ocurre en la carrera judicial: las mujeres ocupan el 55 % de las plazas en las facultades de Derecho y un 65 % de la judicatura.

(Adaptado de http://www.webmujeractual.com/2009/01/15/mujer-trabajo/)

3 Por último, en parejas, contestad a estas preguntas.

a ¿Podéis poner un título a este informe?
b ¿Qué ha cambiado en la Universidad en estos últimos años?
c ¿Por qué escogen algunas mujeres un trabajo a tiempo parcial?
d ¿En qué mundo profesional existe mucha diferencia entre el número de hombres y mujeres?
e ¿Y en qué mundo o en qué mundos profesionales ha aumentado la presencia de las mujeres?
f Y ahora expresad vuestra opinión sobre lo que habéis leído.

6 Escribe.

A Describe un lugar.

Puede ser una plaza, un parque, una calle, una casa, una habitación... Tienes un modelo en el ejercicio 1 de «Practicamos los contenidos gramaticales» de esta unidad, pero, ¿sabes cómo se hace una buena descripción? Lee, por favor.

> **PARA HACER UNA DESCRIPCIÓN**
> - Hay que mirar atentamente para recordar los detalles más importantes.
> - Después hay que poner todos estos datos en orden.
> - Lo normal es describir:
>   – primero lo general y después lo particular.
>   – primero los primeros planos y luego el fondo.
>   – de izquierda a derecha o al revés.
> - Al describir hay que colocar las personas y cosas en el espacio con exactitud. Podéis usar preposiciones, adverbios y locuciones de lugar como: *en, a, detrás, delante, a la derecha, junto a, al fondo, detrás de, en el centro, alrededor...*

B Elaborad una encuesta.

Entre todos elaborad una encuesta sobre vuestros alimentos preferidos. Escribidlo todo poniendo al lado si la respuesta es de una mujer o de un hombre. Seguid el modelo propuesto y haced preguntas con: *las legumbres, la pasta, el pan, los huevos, el pescado, la carne, la fruta y los lácteos* y sus formas de prepararlos. Así comprobaréis si el resultado se parece al que ha aparecido en la audición.

Encuesta

¿Te gusta el arroz?

¿Cuál es tu plato de arroz favorito?

¿Te gusta la verdura? ¿Cuál es tu favorita?

…

11

Me lo dijeron dos veces

Al terminar esta unidad, serás capaz de...

- Leer, comprender y hablar sobre la diversidad cultural.
- Transmitir distintos tipos de mensajes.
- Excusarte de manera adecuada.
- Preguntar y responder si se recuerda algo o no.
- Reconocer palabras utilizadas en Hispanoamérica.
- Pedir información y transmitirla sobre cursos de español en Guatemala.
- Leer historietas de humor.
- Usar nuevas palabras compuestas (referidas a objetos muy usuales) y explicar su uso.

1. Pretexto

(Por teléfono)

Tomás Hola, Sofía, ¿qué tal por Marruecos?
Sofía ¡Hombre, Tomás! ¡Qué alegría oírte! Pues estoy muy bien. La gente aquí es muy amable.
Por las tardes voy a clases de francés. ¿Sabes? También estoy aprendiendo un poco de dariya.
Tomás ¡Cuánto me alegro! ¿Qué más me cuentas?
Sofía Pues muchas cosas… La playa es fantástica y el agua está limpísima. Estoy muy morena.
Los martes y los jueves ponen un mercadillo en el que hay cosas preciosas a precios increíbles. Y a ti, ¿cómo te va?
Tomás No me quejo, pero no tan bien como a ti por lo que veo. En el trabajo, con las niñas… Elena sigue en el turno de tarde… Todo normal.
Sofía ¿Has visto a Maite y a Mercedes?
Tomás No, hace mucho que no las veo.
Sofía Yo hablé por el *messenger* con Maite el jueves, pero de Mercedes no sé nada. Me llamó el día que llegué pero no me ha vuelto a llamar.
Tomás ¿Por *messenger*? ¿Tienes internet en casa?
Sofía ¡Qué va! Todavía no. Voy casi todos los días a un cibercafé, aquí hay muchos y yo no lo sabía. Así veo el correo y leo el periódico.
Tomás Ya veo, ya veo que no puedes vivir sin internet…
Sofía Un poco de todo no es malo.
Tomás Bueno, Sofía, te dejo, que estaba en la pausa del desayuno y vuelvo al trabajo. Un beso muy grande.
Sofía Otro para ti, para Elena y para las niñas.

Carmen ¿Qué cuenta Sofía?
Tomás Que todo bien. *Dice* que la gente allí es muy amable, que va a clase de francés y que está aprendiendo también dariya. Que la playa es fantástica, que el agua está muy limpia y que ya está muy morena. Que ponen un mercadillo los martes y los jueves y que hay cosas muy baratas. ¡Ya sabes cómo le gustan! *Me ha preguntado* si he visto a Maite y a Mercedes y dice que ella habló por *messenger* con Maite y que Mercedes la llamó el día que llegó, pero no ha vuelto a llamar. *Le he preguntado* si tiene internet en casa y me *ha contestado* que va todos los días a un cibercafé a ver el correo y a leer el periódico. Yo la he encontrado muy bien.
Carmen Pues no sabes cómo me alegro. Sofía se lo merece. Y tú, ¡qué bien cuentas las cosas! No te has olvidado de ningún detalle.

11 Me lo dijeron dos veces

(A los dos días)

Mercedes Hola, Tomás.
Tomás Hola, Mercedes. ¿Sabes? Anteayer estuve hablando por teléfono con Sofía.
Mercedes ¿Y qué te contó?
Tomás Pues que todo bien. Me *dijo* que ya conocía a mucha gente, que iba a clase de francés y que estaba aprendiendo también dariya; que la gente de allí era muy amable. Que la playa era fantástica, que el agua estaba muy limpia y que ya estaba muy morena. Y que ponían un mercadillo los martes y los jueves y que había cosas muy baratas. Me *preguntó* si os había visto a Maite y a ti y me *dijo* que ella habló por *messenger* con Maite y que tú la llamaste el día que llegó pero que no habías vuelto a llamar.
Le *pregunté* si tenía internet en casa y me *contestó* que iba todos los días a un cibercafé a ver el correo y a leer el periódico. Me *dijo* que allí hay muchos y que ella no lo sabía. Yo la he encontrado muy bien.
Mercedes Pues a ver si la llamo esta noche, que tengo tarifa reducida. Aunque ya me lo has contado tú todo. No sé si podrá contarme algo nuevo.

1 **Escucha, lee y contesta.**

a ¿De qué hablan Tomás y Sofía?
b ¿Por qué está contenta Sofía?
c ¿Por qué crees que está aprendiendo dariya?
d ¿Por quién pregunta Sofía?
e ¿Cómo está Tomás? ¿Cómo lo sabes?
f ¿Qué comentan Carmen y Mercedes sobre la forma de contar de Tomás?

2 **Escucha de nuevo los diálogos y pon especial atención en la entonación de las siguientes frases. ¿Sabrías usarlas en un diálogo con tu compañero/a?**

3 **Y ahora, reflexiona.**

a Tomás habla con Sofía y, luego, les cuenta a Carmen y a Mercedes la conversación. Lo hace en distintos momentos. ¿Qué elementos de las conversaciones nos lo indican?
b Fíjate en las palabras subrayadas en la primera conversación. Luego búscalas en la segunda y la tercera conversación. ¿Se mantienen en el mismo tiempo verbal?
c ¿Cómo crees que influyen los verbos que están en cursiva en la segunda y tercera conversación?
d ¿Puedes extraer alguna regla?

2. Contenidos gramaticales

1 **El estilo indirecto.**

- En la primera conversación, Tomás habla con Sofía y esta le cuenta cosas. **Están hablando en estilo directo.**

- En las otras dos conversaciones, Tomás cuenta a Carmen y a Mercedes lo que le ha dicho Sofía. **Está hablando en estilo indirecto.**

- Cuando hablamos en estilo indirecto, se producen cambios que pueden afectar a:
  - las personas del discurso y todos los elementos relacionados con ellas: pronombres sujeto, los posesivos, otros pronombres (OD y OI)...
  - los marcadores espacio-temporales.
  - los verbos.

a

Estilo indirecto introducido por presente de indicativo

No se cambia de situación temporal, pero sí de persona y también se puede cambiar de espacio. Por eso las transformaciones afectan a:
- las personas del discurso y todos los elementos referidos a ellas: pronombres sujeto, los posesivos, otros pronombres (OD y OI)...
- los marcadores espaciales.

Sofía
Estoy muy bien. La gente aquí es muy amable.

Tomás a Carmen
*Sofía **cuenta** que **está** muy bien, que la gente **allí** es muy amable.*

Sofía
Yo hablé con Maite el jueves, pero de Mercedes no sé nada. Me llamó el día que llegué pero no me ha vuelto a llamar.

Tomás a Carmen
*Sofía **cuenta** que **habló** con Maite el jueves **pasado**, pero que no **sabe** nada de Mercedes desde que **la llamó** el día que **llegó**, pero que no **la ha vuelto** a llamar.*

b

Estilo indirecto introducido por pretérito perfecto de indicativo

Como sabes, este tiempo marca un pasado que llega «hasta ahora», por eso los cambios pueden afectar o no a los tiempos verbales. Pero sí hay que cambiar, como en el caso del presente:
- las personas y todos los elementos referidos a ellas: pronombres sujeto, los posesivos...
- los marcadores espaciales.

Sofía
Yo hablé con Maite el jueves, pero de Mercedes no sé nada. Me llamó el día que llegué pero no me ha vuelto a llamar.

Tomás a Carmen
*Sofía **me ha contado** que **habló** con Maite el jueves **pasado**, que no **sabe** nada de Mercedes desde que **la llamó** el día que **llegó**, pero que no **la ha vuelto** a llamar.*

11 Me lo dijeron dos veces

c

Estilo indirecto introducido por pretérito indefinido

En este caso, se producen cambios de espacio y de tiempo, por eso todos los elementos de la oración quedan afectados.

Sofía
Estoy muy bien. La gente aquí es muy amable.

Tomás a Mercedes
*Sofía **contó** que **estaba** muy bien, que la gente **allí** era/es* muy amable.*

Sofía
Yo hablé con Maite el jueves, pero de Mercedes no sé nada. Me llamó el día que llegué pero no me ha vuelto a llamar.

Tomás a Mercedes
*Sofía **contó** que **había hablado** con Maite el jueves **pasado**, pero que no **sabía** nada de Mercedes desde que **la había llamado** el día que **llegó** pero que no **la había vuelto** a llamar.*

* También se puede usar el presente porque lo que se dice todavía es válido en el momento de hablar.

Cambios en los tiempos verbales de indicativo.

ESTILO DIRECTO	ESTILO INDIRECTO
Presente. *Estoy muy bien.*	→ **Imperfecto.** *Sofía contó que estaba muy bien.*
Futuro simple. *Iré a verte muy pronto.*	→ **Condicional simple** *Me dijo que vendría a verme muy pronto.*
Pretérito perfecto. *No ha vuelto a llamarme desde el jueves.*	→ **Pretérito pluscuamperfecto** *Me contó que no había vuelto a llamarla desde el jueves pasado.*
Pretérito indefinido. *Hablé con Maite el jueves.*	→ **Pretérito pluscuamperfecto o no cambia** *Me dijo que había hablado/ habló con Maite el jueves pasado.*
Pretérito imperfecto, pretérito pluscuamperfecto o condicional. *Allí no había nadie.* *Perdona, no te había visto.* *Me gustaría hablar contigo.*	→ **Los tiempos no cambian, pero sí otros elementos de la oración.** *Me contó que allí no había nadie.* *Me dijo que no me había visto.* *Me dijo que le gustaría hablar conmigo.*

d Otros cambios

Cuando se cambia de lugar se producen los siguientes cambios:

Los verbos
Venir → Ir /
Ir → Venir
Traer → Llevar /
Llevar → Traer
(Por teléfono)
● *Iré a **verte** muy pronto.*
▼ *¿En serio que **vendrás** a verme pronto?*
● *Sí, y te **llevaré** un regalo.*
▼ *No, no, de verdad, no tienes que **traer** nada.*

Las expresiones de lugar
Aquí / Acá → Ahí / Allí / Allá /
Ahí / Allí / Allá → Aquí / Acá
(Por teléfono)
● *¿Estás contenta **allí**?*
▼ *Sí, **aquí** la gente es muy amable.*

Me lo dijeron dos veces — **11**

Cuando se cambia de tiempo y lugar también cambian:	
Las expresiones de tiempo Hoy → Ese / aquel día Ayer → El día anterior Mañana → Al día siguiente *Hoy mismo te envío la información por e-mail.* ***Me dijo** que **ese mismo día** me enviaba la información por e-mail.*	**Los demostrativos** Esta, este, esto → Esa / aquella, ese / aquel, eso / aquello ***Esta** mañana no voy a ir a trabajar.* *Me dijo que **esa** / **aquella** mañana no iba a ir a trabajar.*

2 Los sustantivos.

a El género.

En general son masculinos

- los sustantivos terminados en **-o**: *el libro, el viento.*
- los sustantivos terminados en **-or**: *el amor, el motor, el color, el despertador* (excepción: *la flor*).
- los sustantivos terminados en **-aje**: *el equipaje, el viaje, el maquillaje.*
- los nombres de ríos, mares, océanos y montañas: *el Guadalquivir, el Ebro, el Cantábrico, el Pacífico, los Andes, los Pirineos.*
- los nombres de colores: *el rojo, el verde, el gris, el rosa.*
- los nombres de los números: *el uno, el dos.*

Sustantivos masculinos terminados en -a:
- algunos nombres que terminan en **-ma**: *el clima, el idioma, el tema, el problema, el sistema, el programa...*
- ciertos nombres como: *el día, el mapa, el planeta* y *el cura.*

Sustantivos con dos géneros

Algunos sustantivos tienen la misma terminación tanto para el masculino como para el femenino:
- los nombres terminados en **-ista**: *el / la periodista, el / la dentista, el / la pianista.*
- los nombres que terminan en **-nte**: *el / la estudiante, el / la cantante.*
- los sustantivos de nacionalidad terminados en **-e**, **-í** o **-ú**: *el / la canadiense, el / la estadounidense, el / la israelí, el / la iraquí, el / la hindú.*

En general son femeninos

- los sustantivos terminados en **-a**: *la silla, la caja, la vela, la cama, la chaqueta.*
- los sustantivos que terminan en **-dad**: *la nacionalidad, la verdad, la edad.*
- los sustantivos terminados en **-ción, -sión, -zón, -dez**: *la nación, la pasión, la razón, la madurez.* (excepción: *el corazón, el buzón*).
- los nombres de las letras: *la a, la be, la ce, la de.*

Sustantivos femeninos terminados en -o:
- algunos sustantivos para la profesión: *la modelo, la soprano.*
- *La mano.*

ATENCIÓN

Son femeninas, aunque en singular llevan el artículo *el*:

Singular	Plural	La regla es:
El agua	Las aguas	En singular llevan
El alma	Las almas	el artículo *el* todos
El aula	Las aulas	los nombres que
El águila	Las águilas	empiezan por
El hada	Las hadas	*a-* / *ha-* tónica (con tilde o sin ella).

b Formación de sustantivos nuevos (verbo + sustantivo).

Un recurso del español para crear nuevas palabras es la unión de un verbo en tercera persona de singular y un sustantivo.

Abre + latas → *abrelatas*
Saca + corchos → *sacacorchos*
Cumple + años → *cumpleaños*

ATENCIÓN

Estos sustantivos son masculinos y no cambian en plural:
Singular: *el abrelatas; el sacacorchos; el cumpleaños.*
Plural: *los abrelatas; los sacacorchos; los cumpleaños.*

Nuevo Avance Intermedio

11 Me lo dijeron dos veces

3. Practicamos los contenidos gramaticales

1 Cambia los mensajes que están en estilo directo a estilo indirecto. Fíjate en el tiempo verbal y en las palabras en negrita.

1 ¿Queréis **venir** a casa **mañana** a tomar una copa?
   Nos preguntaste si queríamos ir a tu casa al día siguiente a tomar una copa.

2 **Ayer** no encontré un solo taxi en la ciudad; estaban en huelga.
   Lorenzo **me comentó** que _____.

3 **Ahora** no sé qué voy a hacer al terminar la carrera. Tengo que pensarlo.
   Rebeca **me dijo** que _____.

4 ¿Todavía no han encontrado ustedes una solución? Pues tenemos que dar una respuesta **hoy mismo**.
   La jefa de personal **nos dijo** que _____.

5 Debemos tener cuidado con lo que decimos. **Aquí** la gente se enfada fácilmente.
   Noemí **nos avisó** de que _____.

6 **Esta** habitación es un horno. Así no se puede trabajar.
   Ricardo **dijo** que _____.

7 Se acabaron las vacaciones. **Mañana** vuelvo a Madrid. ¿**Te llevo** algo típico de **aquí**?
   Sandra **me contó** que _____.
   Y **me preguntó** si _____.

2 Ayer, en clase, hablasteis de seguir estudiando español durante el verano. Habíais oído que en Guatemala había unos cursos un poco especiales. Erla fue a secretaría a pedir información. Esto es lo que cuenta hoy Erla a sus compañeros.

> En la secretaría me dijeron que si queríamos hacer un curso de español en Hispanoamérica, Guatemala tenía muchas ventajas. Me contaron que había una escuela en la ciudad de Antigua en la que solo daban clases particulares para garantizar una atención personalizada. También me explicaron que había cursos de español que alternaban con actividades de voluntariado. Me dijeron que podíamos escoger entre la colaboración en proyectos ecológicos, la ayuda en guarderías o en escuelas primarias. Y me dijeron que este tipo de cursos se hacía por un mínimo de dos semanas.

Escribe ahora la información original.

● Hola, buenos días, ¿podría darme información sobre cursos de español en Hispanoamérica? Es para mí y para la gente de mi clase.
▼ Si queréis _____
_____.

3 Completa.

1 Para mí, *las* flores más bonitas son los tulipanes.

2 L___ idiomas tienen un conjunto de regl___ que sirven para la comunicación entre ___ personas.

3 Hay much___ planet___ que giran alrededor del Sol.

4 L___ aula___ están un poco desordenad___; Tenemos que dejar l___ sill___ y l___ mes___ bien colocad___s.

5 En nuestr___ sociedad, afortunadamente, hay much___ gente que tiene gran corazón.

6 De pequeña, yo creía que tenía ___ hada madrin___ más poderos___ del mundo.

7 Tengo l___s man___s frí___s.

8 L___ autobuses de Málaga son blanc___ o azul___.

9 L___ paragu___ del mercadillo son muy barat___.

10 En español ___ hache (h) no se pronuncia.

Nuevo Avance Intermedio

Me lo dijeron dos veces — **11**

4 Junta estas palabras para formar objetos útiles. ¿Cómo se dicen estas cosas en tu idioma?
Con tu compañero/a, explica qué es y para qué sirve cada uno de estos objetos. También podéis jugar a las adivinazas con ellos.

 **1** Pisa  **2** Corta  **3** Porta  **4** Saca  **5** Pinta

Rollos	Puntas	Corchos
Vasos	Moscas	Nueces
Latas	Labios	Papeles
Uñas		

6 Abre **7** Saca  **8** Mata  **9** Posa  **10** Casca

● ¿Qué es y para qué sirve el **matamoscas**?
▼ Es un instrumento que sirve para librarse de las moscas.

5 Recuerda lo que has leído.

1 Lee el diálogo con la entonación adecuada.
● Hola, Sofía, ¿qué tal por Marruecos?
▼ **¡Hombre, Tomás!** ¡Qué alegría oírte!

En el diálogo anterior, ¿con qué sentido usa Sofía la exclamación en negrita?
¿Es el mismo sentido que tiene en este otro diálogo?

● ¿Por qué no les decimos que no queremos que vengan a la fiesta?
▼ **¡Hombre, por favor!** ¿Cómo vamos a decirles eso?

2 Lee también este diálogo.
● Yo hablé por el messenger con Maite el jueves, pero de Mercedes no sé nada. Me llamó el día que llegué pero no me ha vuelto a llamar.
▼ ¿Por messenger? ¿Tienes internet en casa?
● **¡Qué va!**

a ¿Qué significa la exclamación? ¿Cómo dirías lo mismo con otras palabras?
b Ahora úsala en uno de estos dos diálogos. Solo es válida en uno.

● ¿Fuiste al último concierto de Maná?
▼ _____, no había entradas cuando fui a comprarlas.
● ¿Tú hablas alemán y portugués?
▼ _____, pero no muy bien.

3 Fíjate en lo que se dice de la habitación.
Esta habitación **es un horno**. Así no se puede trabajar.

a Sin duda, recuerdas lo que significa horno. ¿Nos dices para qué se usa?
b En la oración de arriba aparece con otro sentido. ¿Puedes decir lo mismo con otras palabras? ¿Qué recursos has usado? ¿Cómo expresarías la idea contraria? Hay más de una posibilidad.

4 *A ver si llamo* esta noche a Sofía, que tengo tarifa reducida.

¿Qué crees que expresa la parte en negrita?
a Una condición.   **b** Una intención.

Y ahora dinos cuál de estas dos oraciones es correcta.
a *A ver si estudio* más porque saqué muy buenas notas.
b *A ver si cambio* de coche, que este me va a dejar en la carretera cualquier día.

5 De nuevo tienes que leer este diálogo con la entonación adecuada.
● Bueno, Sofía, te dejo, que estaba en la pausa del desayuno y vuelvo al trabajo. Un beso.
▼ Otro para ti, para Elena y para las niñas.

a ¿Qué función comunicativa reconoces en el diálogo anterior?
  a Terminar una conversación con alguien conocido.
  b Despedirse de una persona que no se conoce mucho.

b ¿Puedes justificar tu respuesta usando elementos del mismo diálogo?

c ¿Cómo explicas esto: *que estaba en la pausa del desayuno y vuelvo al trabajo*?

6 No siempre se dicen las cosas claramente.
¿Todavía no han encontrado ustedes una solución? Pues tenemos que dar una respuesta hoy mismo.

En el texto anterior se sobrentiende algo que no se dice. ¿Qué es?
a Piden un favor.
b Dan una orden.
c Solicitan un consejo.

Con tu compañero/a, cambiad el mensaje diciendo claramente lo que queréis decir.

11 Me lo dijeron dos veces

6 En equipos, elegid una de las palabras de la derecha y estableced asociaciones con palabras y acciones relacionadas. Luego, cread una serie de oraciones pensando en su utilidad, en qué lugar se usa, cuándo es importante su presencia, etc. Por supuesto, podéis usar el diccionario.
Gana el equipo que haga más asociaciones dentro del tiempo dado por el profesor/ la profesora.

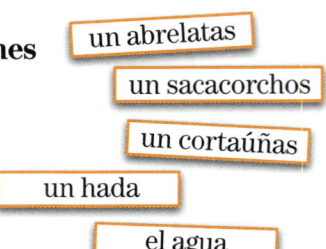

un abrelatas
un sacacorchos
un cortaúñas
un hada
el agua

Ejemplo:
el cumpleaños, palabras relacionadas: ***celebrar*** → *se celebra una vez al año;* ***años*** → *sirve para recordarnos cuántos años tenemos o tienen los demás;* ***fiesta*** → *puede hacerse una fiesta para festejarlo;* ***regalos*** → *la persona que cumple años recibe regalos;* ***invitar*** → *en unos países, la persona que cumple años invita a sus amigos; en otros, es al revés.*

4. Contenidos léxicos

1 Los españoles y los hispanoamericanos hablamos español —otros lo llaman castellano— y nos entendemos. Pero a veces usamos palabras distintas para referirnos a cosas cotidianas.

  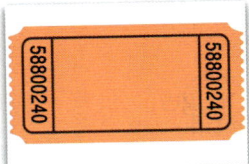 

1 Las gafas: los espejuelos; los anteojos.

2 La acera: la vereda; la banqueta.

3 La entrada: el boleto; el billete.

4 El frigorífico: la heladera; el frigidaire (se pronuncia *friyidér*); el refrigerador.

5 Los pendientes: los aros; los aretes.

6 El autobús: el colectivo; el camión.

7 El sello de correos: la estampilla; el timbre.

8 El coche: el auto; el carro.

5. Practicamos los contenidos léxicos

1 Con tu compañero/a, y sin mirar las imágenes anteriores, organiza en tríos el caos que se nos ha formado aquí. ¿Quién lo ha hecho mejor y en menos tiempo?

> El sello • La vereda • Los aros • El auto • La heladera • Los espejuelos • El colectivo • La entrada
> El autobús • La estampilla • La acera • El frigorífico • Los aretes • Las gafas • El billete • El carro
> El coche • El boleto • El frigidaire • Los pendientes • La banqueta • El camión

2 Y ahora, juega con tus compañeros/as.
Tú eliges un nombre y preguntas a alguien que tiene que darte los dos sinónimos. Si acierta, le toca preguntar. Si no, puedes seguir preguntando tú. ¿Podríais, además, hacer frases en las que aparezcan los tres sinónimos? Y más difícil: elaborad oraciones en las que relacionéis un grupo de palabras con otro.
Por las veredas o banquetas no pueden circular los camiones ni los autos.

6. De todo un poco

1 Interactúa.

A En parejas o grupos de tres.

a Preparad unas preguntas sobre algún tema interesante.
b Salid de clase y preguntad a la gente o a vuestros amigos por correo electrónico.
c Otro día llevad los resultados a clase y contadlos usando el estilo indirecto.

Ejemplos para a):
- ¿Cómo prefiere(s) pasar su/tu tiempo libre?
- ¿Qué le/te gusta más de su/tu país? ¿Por qué?
- ¿Se/Te iría(s) a vivir a otro país? ¿Por qué? Etc.

Ejemplos para c):
Yo pregunté a amigos hispanoamericanos y me contestaron que...

B Debate.

Vamos a hablar sobre culturas en general y la cultura hispana, si es que existe.

a ¿Qué es para ti una cultura?
b ¿Crees que existen unos rasgos comunes a todos los países de Hispanoamérica?
c ¿Qué opinas de la diversidad del español? ¿Es una riqueza o es un obstáculo para la comunicación? Argumenta tus respuestas.

C Los enigmas.

Aquí tenéis una serie de enigmas. En parejas, tenéis unos minutos para adivinar cada uno de ellos. Si no encontráis la solución, podéis buscarla en...

Primer enigma
David se levanta de la cama, se lava, se viste y desayuna. Sale a la calle, sube al coche, conduce quinientos kilómetros, baja del coche, entra en la casa, se desnuda y se mete en la cama.
El dormitorio es el mismo que aquel del que ha salido antes de ponerse a conducir. Pero se encuentra a quinientos kilómetros de distancia. Y no ha conducido en círculo. ¿Cómo es posible?

Ha viajado en una autocaravana.

Segundo enigma
Dos hombres están uno junto a otro y empiezan a caminar. Al cabo de un rato, uno de ellos ha caminado cinco kilómetros, y el otro siete. Pero mientras paseaban han estado conversando sin problemas. ¿Cómo puede ser?

Están en un gimnasio caminando sobre una cinta.

Tercer enigma
Un señor entra en un bar y pide un vaso de agua. El camarero saca una pistola y dispara. El señor le da las gracias. ¿Por qué?

Le ha desaparecido el hipo de un susto.

Cuarto enigma
Harry lleva unos zapatos muy económicos que duran una eternidad. Son cómodos y fáciles de mantener. De hecho, Harry ni siquiera se toma la molestia de quitárselos por la noche. ¿Por qué?

Harry es un caballo.

11 Me lo dijeron dos veces

2 Habla.

Quino

* **CALEFÓN:** la caldera de la calefacción.

Lee esta historieta del dibujante argentino Quino y después piensa en las excusas que podrías dar para las siguientes situaciones:

   a Llegas tarde a clase.
   b No has estudiado para el examen.
   c No has asistido a una reunión muy importante.

3 Escucha, lee e interactúa.

A *Pues no lo recuerdo.*

1 Antes de escuchar.

   a ¿Qué te sugiere el título?
   b ¿Sabrías decir lo mismo de otra manera?
   c ¿De qué crees que van a hablar las personas?

2 Escucha y confirma tus hipótesis.

3 Vuelve a escuchar y anota qué deben recodar las personas que hablan.

En el primer diálogo deben recordar la semana final de un concurso.

RECURSOS

Preguntar si se recuerda algo	Expresar que se recuerda algo	Expresar que no se recuerda algo
¿Te acuerdas de + *sustantivo*?	Recuerdo + *sustantivo*.	No recuerdo + *sustantivo*.
	Me acuerdo de.	No me acuerdo de.
¿Recuerdas + *sustantivo*?	Recuerdo + que + *oración*.	Me he olvidado de + *sustantivo* / *infinitivo*.
	No me he olvidado de + *sustantivo* / *infinitivo*.	No lo / la / los / las recuerdo (muy bien).
	No me he olvidado de + que + *oración*.	No me acuerdo (muy bien).
	Lo / la / los / las recuerdo (muy bien / perfectamente).	No lo / la / los / las recuerdo para nada.

11 Me lo dijeron dos veces

B Te toca.
Pregunta a tu compañero/a si recuerda estas cosas. Debe decirte si las recuerda o no. Comprobad quién tiene mejor memoria.

- El cumpleaños de alguien importante.
- Las cosas que estudió en el colegio o en el instituto.
- Las capitales de todos los países de Hispanoamérica.
- Los números de teléfono de sus compañeros/as de trabajo.
- Otras cosas que tú quieres saber.

4 Escucha.

1 Antes de escuchar.
  a ¿Qué opinas sobre la puntualidad?
  b ¿Qué hechos de la vida cotidiana asocias con la puntualidad?

2 Después de escuchar di si son verdaderos o falsos estos enunciados según lo que has oído en la audición.

a Todas las personas impuntuales son siempre desordenadas e ineficaces.	V	F
b La persona entrevistada es una psicóloga española.	V	F
c Los españoles siempre se citan a las horas en punto.	V	F
d Los japoneses son impuntuales para salir del trabajo.	V	F
e Los estudiantes universitarios alemanes llegan siempre unos minutos tarde a clase.	V	F
f La radio es un medio que no permite la impuntualidad.	V	F

3 Y ahora, leed la transcripción de la entrevista y comentadla. ¿Sois muy puntuales en vuestro país? ¿Y la gente de otros países que conocéis?

Recordad que para expresar opinión podéis usar:

RECURSOS	
A mí me parece que...	Pues en + *país* + *la gente*...
En mi país la puntualidad...	En mi opinión...
Yo creo que...	Para mí, lo que ha dicho sobre..., + *opinión*

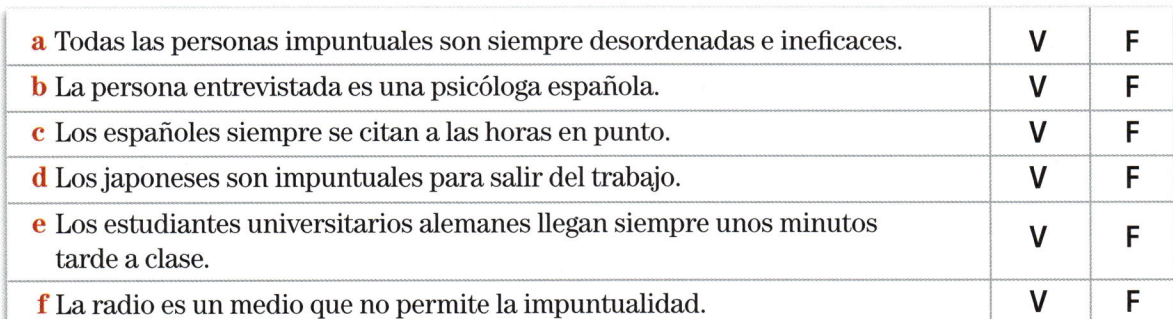

11 Me lo dijeron dos veces

5 Lee.

1 Lee la introducción y contesta.
  a ¿Quién es *Condorito*?
  b ¿A quién representa?
  c ¿Por qué se ha hecho popular?

Condorito es un personaje muy conocido de las historietas chilenas. Creado por el dibujante Pepo (René Ríos), es la imagen cómica del cóndor chileno. Cuando leemos una historieta de *Condorito*, encontramos un humor ingenioso, sano y divertido. Él y sus amigos se han hecho muy populares en el mundo hispanoamericano.

Actualmente, el número de lectores de la revista sobrepasa los 82 millones anuales.

Si quieres leer más historietas suyas, entra en *www.condorito.com*

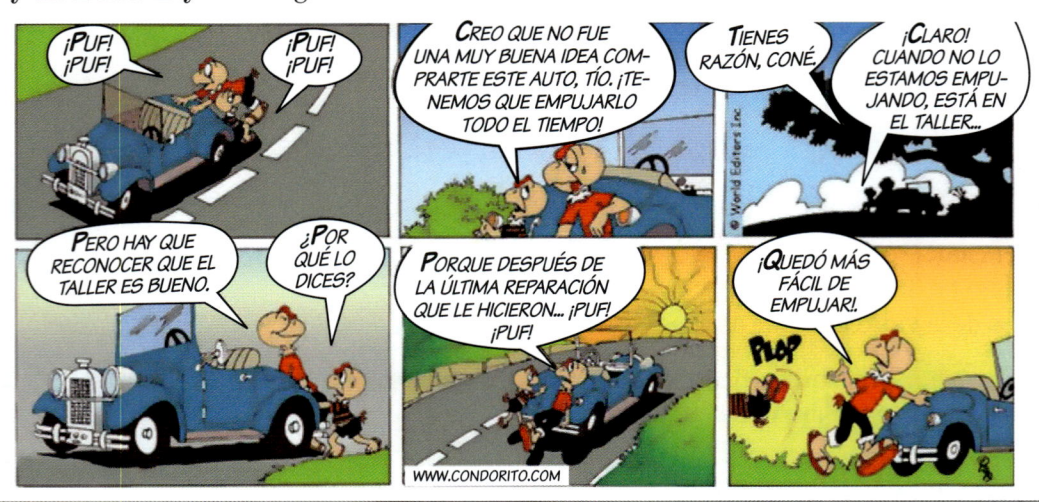

2 Después de leer esta historieta resume con otras palabras lo que dice cada uno de los personajes. No olvides «traducir» lo que significan *puf* (primera viñeta) y *plop* (última viñeta).

3 Lee la siguiente historieta y contesta.
  a ¿Cómo interpretas el *glup* de Condorito en la segunda viñeta?
  b En la historieta hay un malentendido, ¿cuál es? ¿Puedes explicarlo?

11 Me lo dijeron dos veces

6 Escribe.

Buscando información sobre viajes a Perú has encontrado esta página y este cuestionario. Te ha atraído mucho la posibilidad de ganar un viaje a Machu Picchu (Perú) y has decidido rellenar el cuestionario y enviarlo a
http://www.aventurerosyviajeros.com

¡GANA UN VIAJE A PERÚ! ¡CONOCE MACHU PICCHU!
RELLENA EL CUESTIONARIO, AÑADE TUS DATOS Y ENVÍANOSLO DESDE AQUÍ MISMO.

Crear usuario

- Nombre
- Apellido
- Sexo
- Nacionalidad
- Profesión
- Fecha de nacimiento
- Localidad
- Código postal
- Edad
- Estado civil

- ¿Cuál es tu medio transporte preferido? ¿Por qué?
- ¿Qué tipo de vacaciones prefieres?
- ¿Prefieres ir a un país barato o buscas un país interesante aunque sea caro? 
- Si eliges un país interesante, ¿qué buscas en él?
- ¿Prefieres viajar con un grupo grande y guía o ir por tu cuenta?
- Imagina un viaje por Hispanoamérica, ¿qué te gustaría visitar y por qué?

Enviar

Nuevo Avance Intermedio

12

El mundo del trabajo

Al terminar esta unidad, serás capaz de...

- Leer, comprender y hablar sobre el trabajo.
- Interpretar anuncios laborales.
- Expresar opiniones ampliando tus recursos.
- Escribir un CV y una carta de presentación.
- Expresar gustos, intereses y aficiones ampliando tus recursos.
- Desenvolverte en un banco para abrir una cuenta.
- Construir enunciados de forma impersonal.
- Expresar la duración con perífrasis verbales.
- Expresar relaciones temporales por medio de perífrasis.

El mundo del trabajo

1. Pretexto

MULTINACIONAL ALEMANA DEDICADA A LA FABRICACIÓN DE EQUIPOS DE ROBÓTICA

NECESITA

ADMINISTRATIVA / RECEPCIONISTA

Se requiere:
- Imprescindible inglés y alemán hablado y escrito.
- Manejo de Microsoft Office.

Se valorará:
- Conocimientos de contabilidad informatizada.
- Conocimientos del idioma francés.

Se ofrece:
- Salario competitivo.
- Formación continua.
- Trabajo estable con posibilidades de promoción.

Enviar C.V. a rrhh@conulters.net o al Apdo. de Correos 28800. Referencia AD/REC 78562

→ Están definiendo un perfil de mujer.

→ Si se requiere, es imprescindible. Si te falta algo, probablemente no te llamen.

→ No es imprescindible, aunque si lo tienes, tendrás más posibilidades.

→ No hay mucha información. Entérate de cuánto se suele cobrar en empresas de este tipo, porque es probable que te pregunten cuánto quieres ganar.

→ Tampoco hay mucha información. Probablemente se vaya a hacer un proceso de selección a través de una empresa de selección, por la dirección de correo electrónico.

1 Escucha, lee y contesta.

a ¿Qué conocimientos de informática piden?
b ¿En qué ciudad está la empresa?
c ¿Qué idiomas son importantes para el puesto de trabajo?
d ¿Te parece interesante lo que se ofrece? ¿Por qué?

2 Y ahora reflexiona.

Fíjate en las oraciones de la derecha, las que están en fondo azul, y contesta:
a *Están definiendo un perfil de una mujer.*
   ¿Quiénes lo están definiendo?
b *Si se requiere, es imprescindible.*
   ¿Quién lo requiere?
c *Si lo tienes, tendrás más posibilidades.*
   ¿A quién hablan?

12 El mundo del trabajo

2. Contenidos gramaticales

1 La impersonalidad.

Se puede expresar de las siguientes formas:

- Cuando el hablante presenta lo que dice como algo impersonal, general, pero al mismo tiempo quiere incluir a la persona con la que está hablando, se usa *la segunda persona del singular*.

  *Viajando solo **tienes** más independencia y **puedes** ver más cosas que si vas en grupo, por eso me decidí a hacer el viaje por mi cuenta.*

- Cuando el hablante no conoce al sujeto o no le interesa nombrarlo, se usa *la tercera persona del plural*.

  *Me **han dicho** que **van a abrir** una discoteca cerca de la playa. Nos **han invitado** a ir a una fiesta.*

- Cuando el hablante quiere presentar una información de tipo general en la que puede estar incluido él mismo, se usa *se + la tercera persona del singular*.

  *Antes de entrar, **se llama** a la puerta.*
  *¿Cuánto **se tarda** de Santander a Madrid?*

  Como ves, estas oraciones pueden referirse al hablante, pero si decimos *llaman, tardan*, automáticamente el hablante se refiere a los demás, a la gente.

2 Las perífrasis.

En el nivel A estudiaste estas perífrasis:

| *tener que* + infinitivo | *ir a* + infinitivo | *empezar a* + infinitivo |
| *hay que* + infinitivo | *estar* + gerundio | *dejar de* + infinitivo |

a Completa para recordarlas.

1 Después de la visita al médico, Manolo **ha dejado de** fumar.
2 No puedo ir al concierto el viernes porque (trabajar) _____.
3 Cristina, a los cincuenta años, (hacer) _____ deporte. Nunca es tarde.
4 A Tomás le han hecho una oferta interesante y (cambiar) _____ de trabajo. Para entrar en esa empresa (tener) _____ algún amigo.
5 No puedo estudiar en casa. En mi edificio (arreglar) _____ el ascensor y hay mucho ruido.
6 Hace tiempo que (yo) (comer) _____ carne, pero últimamente me apetece mucho un buen filete.

b Ahora vas a estudiar otras:

- ***Llevar* + gerundio**
  Expresa el tiempo que dura una acción. Con este sentido se usa en presente e imperfecto. Va acompañada de una expresión de tiempo que puede ir entre el verbo y el gerundio o detrás del gerundio.

  Llevamos estudiando tres horas. *Vamos a descansar un poco, ¿no?*
  Llevaba un año trabajando *en Brasil cuando conocí al que ahora es mi marido.*

- ***Llevar sin* + infinitivo**
  Es la forma negativa de la construcción anterior.

  Llevamos sin estudiar *toda la semana. Deberíamos empezar ya, ¿no os parece?*
  Llevaba un año sin trabajar *cuando me ofrecieron ir a Brasil a dar clases.*

Nuevo Avance Intermedio

12 El mundo del trabajo

- **Seguir** + gerundio
  Indica que una acción empezada no ha terminado todavía.
  > *Empecé a estudiar a las diez de la mañana. Son las siete de la tarde y* **sigo estudiando**.
  > *A pesar de la ley antitabaco mucha gente* **sigue fumando** *en los lugares públicos.*

- **Seguir sin** + infinitivo
  Es la forma negativa de la construcción anterior.
  > *Decidí no estudiar a los 16 años. Tengo 25 y* **sigo sin estudiar**.
  > *Dejé el tabaco hace 30 años y* **sigo sin fumar**.
  > *Se ha puesto a llover de repente.*

- **Ponerse a** + infinitivo
  Expresa el principio de una acción. Alterna con *empezar a* + infinitivo, pero *ponerse a* transmite una idea de esfuerzo o voluntad cuando el sujeto es una persona.
  > *Si todos* **nos ponemos a limpiar**, *terminaremos antes.*
  > **Ponte a preparar** *tus cosas ya o luego no tendrás tiempo.*

- **Volver a** + infinitivo
  Indica que una acción se hace otra vez.
  > *Dejé los estudios a los 16 años y ahora quiero* **volver a estudiar**. *Nunca es tarde, ¿no?*
  > *Desde que se fueron de aquí* **no he vuelto a verlos**.

3. Practicamos los contenidos gramaticales

1 Completa con una forma correcta para expresar impersonalidad. Fíjate en las indicaciones que te damos.

1 **No interesa el sujeto**.
  - He visto un cartel en un piso de la calle Palmeras que ponía (alquilar) *Se alquila*. Voy a llamar.
  - Sí, llama y luego me dices cuánto (pedir) _____.

2 **No interesa el sujeto**.
  - ¿Qué película (poner) _____ en el cine Victoria?
  - No sé, porque la (cambiar) _____ ayer.

3 **Queremos incluir a la persona con la que estamos hablando**.
  - Oye, ¿qué le pasa a José?
  - Creo que está enamorado y ya se sabe cuando (enamorarse) _____ (hacer) _____ muchas tonterías.

4 **Se generaliza y se puede incluir a quien habla**.
  - ¿Es que aquí nadie fuma?
  - Es que no (poder) _____. Está prohibido.

5 **Se generaliza y se puede incluir a quien habla**.
  - ¿Cómo (hacer) _____ una buena sangría?
  - El secreto está en ponerle mucha fruta.

6 **Queremos incluir a la persona con la que estamos hablando**.
  - ¡Chico! ¿Cuál es tu secreto para mantenerte tan joven?
  - Si (hacer) _____ un poco de deporte, (dormir) _____ lo suficiente y no (cometer) _____ excesos con la comida y el alcohol, la cosa es fácil.

7 **No interesa el sujeto**.
  - ¿Cuándo (operar) _____ a Juan?
  - Todavía no lo (saber) _____. Faltan unas pruebas.

8 **No interesa el sujeto**.
  - ¿Sabes que (descubrir) _____ una cueva con pinturas prehistóricas a 7 km de mi pueblo?
  - ¿Y cuándo la (abrir) _____ al público?

9 **Se generaliza y se puede incluir a quien habla**.
  - ¿Cómo (decir) _____ *tener una cita* en francés?
  - Ni idea, yo he estudiado inglés.

10 **No interesa el sujeto**.
  - (Abrir) _____ un centro comercial con doce salas de cine. ¿Vamos?
  - Claro, voy a llamar a Lucía y Julia.

12 El mundo del trabajo

2 Aquí tienes una serie de afirmaciones. Explica al lado de cada una qué tipo de oración impersonal es.

1. Se vive mejor cerca del mar que en el interior.
   Tiene carácter general. Incluye al hablante.
2. Siempre dicen que no vamos a cobrar las pensiones, pero creo que no es verdad.
   _____
3. Si andas una hora diaria, seguro que adelgazas.
   _____
4. El problema es que muchas veces se habla antes de pensar.
   _____
5. No se dice *¿me entiendes?* sino *¿me explico?*
   _____
6. Ayer pusieron en la tele un debate muy interesante sobre el paro.
   _____
7. Nunca sabes cómo acertar con Manolo: si lo llamas, mal, si no lo llamas, peor.
   _____

3 Lee estas afirmaciones sobre el trabajo. Ponlas primero en la forma impersonal y di después si estás de acuerdo o no.

1. ¡Qué difícil es entender a los jefes! (Esforzarse)
   Te esfuerzas al máximo, (hacer) _____ todo lo que (poder) _____ y nunca están satisfechos.
   Tu opinión: _____.

2. (Pasarse) _____ la vida trabajando y al final no (quedar) _____ nada para la vejez.
   Tu opinión: _____.

3. Si (querer) _____ conservar un trabajo, (tener) _____ que aceptar cualquier cosa.
   Tu opinión: _____.

4. Si te (preguntar) _____ si puedes hacer un trabajo, contesta que sí y ponte enseguida a aprender cómo (hacer) _____.
   Tu opinión: _____.

5. Hoy me (decir) _____ que trabajar es tan malo que te (pagar) _____ por hacerlo.
   Tu opinión: _____.

6. Cuando (contratar) _____ gente más lista que tú, (demostrar) _____ ser más listo que ellos.
   Tu opinión: _____.

7. Es más fácil saber cómo (hacer) _____ una cosa que hacerla.
   Tu opinión: _____.

El mundo del trabajo

4 Sustituye el texto en azul por una perífrasis.

*En España **es necesario tener** 18 años para sacarse el carné de conducir.* → *En España **hay que tener** 18 años para sacarse el carné de conducir.*

1 ● Hace dieciocho años que trabajo en esta compañía importadora de café de Colombia.
  ▼ Pues yo solo llevo dos.

2 ● He pensado y todavía pienso que su relación no puede durar mucho.
  ▼ Es verdad que se pasan la vida discutiendo, pero al final siempre tan amigos.

3 ● Me he comprado un traje precioso, pero ahora no puedo ponérmelo porque he engordado.
  ▼ Pues empieza a andar todos los días una hora.

4 ● ¿Queréis ver otra vez esa película? A mí no me apetece nada.
  ▼ Pues a mí sí; es que me encanta.

5 ● ¿Qué haces esta tarde?
  ▼ Todavía no lo sé.
  ● ¡Ah! ¿No tienes planes? ¿Vamos de compras?
  ▼ Vale, de acuerdo.

6 ● No veo a mi amigo Álex desde hace tres años, pero nos llamamos con frecuencia.
  ▼ Os lleváis muy bien, ¿verdad?

7 ● Ya no voy a comprar a los centros comerciales porque siempre hay demasiada gente.
  ▼ Bueno, entre semana no hay tanta gente.

5 Recuerda lo que has leído.

1 Lee este texto.

*Viajando solo **tienes** más independencia y **puedes** ver más cosas que si **vas** en grupo, por eso me decidí a hacer el viaje por mi cuenta.*

a ¿Qué intención comunicativa tiene la persona que habla en el mensaje anterior?

  a Habla en general.
  b No quiere decir el verdadero sujeto.
  c Habla en general pero quiere incluir a su interlocutor/a.

b Compara el texto anterior con el siguiente y señala las diferencias.

Me han dicho que durante el verano han cerrado la peluquería de la esquina. ¡Qué desastre! Esa peluquería era la mía.

12 El mundo del trabajo

2 Lee este diálogo.

● *¿Queréis ver otra vez esa película? A mí no me apetece nada.*
▼ *Pues a mí sí; es que me encanta.*

La persona que pregunta, ¿para qué lo hace?

a Para averiguar algo que no sabe.
b Para mostrar desacuerdo.
c Para mostrar sorpresa y suavizar la afirmación que hace después.

3 Lee también este diálogo con la entonación adecuada.

● *¿Qué haces esta tarde?*
▼ *Todavía no lo sé.*
● *¡Ah! ¿No tienes planes? ¿Vamos de compras?*
▼ *Vale, de acuerdo.*

¿Te parecen iguales todas las preguntas de este diálogo? Clasifícalas adecuadamente.

a Pregunta para mostrar sorpresa.
b Pregunta para proponer algo.
c Pregunta para saber algo.

4 ¿Qué quiere decir?

● *Ya no voy a comprar a los centros comerciales porque siempre hay demasiada gente.*
▼ *Bueno, entre semana no hay tanta gente.*

a ¿Qué hace la primera persona?
   a Se queja de una situación que no le gusta.
   b Dice que no va a hacer algo durante el fin de semana.

b ¿Y la segunda? ¿Por qué usa *bueno*?
   a Para cambiar de tema.
   b Para introducir una opinión contraria de manera más suave.

c Ahora, con tu compañero/a, elabora un diálogo de características parecidas. Te damos algunas ideas.

En nuestro pueblo no hay nada que hacer.
No encuentro trabajo en mi especialidad.
Las redes sociales son una maravilla.

5 Saber interpretar.

Se ofrece salario competitivo. Formación continua y trabajo estable con posibilidades de promoción.

a ¿Qué queremos decir si nos referimos a alguien como *una persona competitiva*? ¿Significa lo mismo este adjetivo si lo aplicamos a un salario? Coméntalo con tu compañero/a.

b ¿Puedes decir con tus propias palabras qué quiere decir *formación continua* y *trabajo estable*?

6 Saber interpretar.

Si quieres conservar un trabajo, tienes que aceptar cualquier cosa.

a ¿Qué opinas del carácter de quien dice esto? ¿Qué adjetivo(s) usarías para describirlo?

b ¿Cuál/es es sería/n el / los adjetivo(s) contrario(s)?

7 Lo que no se dice, pero se sobrentiende.

Tú sigue pensando así y verás como un día te acordarás de mis consejos.

Vamos a analizar el mensaje por partes.
Tú sigue pensando así significa que...

La persona que lo dice, ¿ha intentado que la otra cambie de opinión? ¿Cómo lo sabes?

Y verás como un día te acordarás de mis consejos.
¿Esto es una predicción o incluye un reproche? Coméntalo con tu compañero/a.
¿Podríais, en parejas, imaginar algún contexto para situar el texto anterior?
Ejemplo de contexto: Dos amigos están hablando de la actitud de uno de ellos: es demasiado agresivo en su forma de decir las cosas.

Nuevo Avance Intermedio

El mundo del trabajo **12**

4. Contenidos léxicos

1 Escribe todas las palabras que relacionas con el trabajo. Después, compara con lo que ha escrito otro/a compañero/a. Al final y entre los dos, intentad hacer una definición de la palabra «trabajo».

TÚ	TU COMPAÑERO/A

2 Ahora, comprueba cuántas palabras de vuestra lista coinciden con las del siguiente recuadro.

> nómina • sueldo • pagas extra • horario • seguridad social • estar de baja
> turno • media jornada • sindicatos • riesgos laborales

5. Practicamos los contenidos léxicos

1 Completa con las palabras del recuadro de la actividad 2 de «Contenidos léxicos».

> 1 Mi horario es muy bueno; solo trabajo _____, así tengo las tardes libres.
> 2 Los ópticos tienen cuatro _____ al año, eso es mucho dinero además del sueldo.
> 3 Me han hecho un regalo en el banco por domiciliar mi _____, ya no saben qué hacer para conseguir clientes.
> 4 Los profesores de secundaria no tienen un gran _____, pero disfrutan de muchas vacaciones.
> 5 Juan no cobra el plus de transporte ni otros complementos porque _____. A ver si se mejora y vuelve al trabajo.
> 6 Esta semana tengo _____ de noche. ¡Qué rollo! Luego no puedo dormir por la mañana.
> 7 El viernes vino a mi empresa un experto en _____ para darnos consejos sobre cómo debemos sentarnos y a qué distancia debemos colocar el ordenador.
> 8 Cuando despidieron a Laura habló con los _____ y la empresa tuvo que readmitirla.

Nuevo Avance Intermedio 179

12 El mundo del trabajo

6. De todo un poco

1 Interactúa.

A Adivina.

Escribe una profesión en un papel. Tus compañeros/as harán preguntas para adivinarla. Tú sólo puedes contestar: *sí, no, no importa.*

¿Lleva uniforme?
¿Trabaja en un hospital?
¿Es una profesión bien pagada?...

B Debate.

El teletrabajo.
Dividid la clase en cuatro grupos, que representarán a:

- Los trabajadores que están a favor del teletrabajo.
- Los trabajadores que están en contra.
- Las empresas que están a favor.
- Las empresas que están en contra.

En los siguientes cuadros encontrarás algunas ideas que te pueden ayudar. Debes defender tu postura aportando argumentos.

VENTAJAS	INCONVENIENTES
Para el trabajador / la trabajadora • Más oportunidades laborales. • Más vida familiar. • Menor estrés. **Para la empresa** • Menor coste por producción. • Menos problemas de convivencia entre empleados. • Menor contaminación al disminuir los traslados de trabajadores.	**Para el trabajador / la trabajadora** Falta de relación presencial con compañeros/as. **Para la empresa** Menor control del horario de trabajo.

2 Habla.

Ser funcionario/a.

Expón ante toda la clase tu opinión y lo que opina la gente de tu país sobre los funcionarios. Si no conoces bien el término, búscalo en *http://buscon.rae.es/draeI/*
Te pueden ayudar estas ideas.

- ¿Has conocido funcionarios de otro país? ¿Cómo son?
- ¿Te gustaría ser funcionario/a?

El mundo del trabajo **12**

3 Escucha, lee e interactúa. 🔊⁴⁹

A Escucha sin leer y contesta.

1 ¿Qué están haciendo las personas que hablan?
   a Hablar de deportes.
   b Mostrar sentimientos.
   c Hablar de gustos y aficiones.

2 Vuelve a escuchar y contesta.
   a ¿Cuántas personas hablan de lo que no les gusta?
   b ¿Recuerdas algunos de los recursos que usan? Anótalos.

3 En parejas leed las preguntas. Procurad poner la entonación adecuada.

1 ● ¿Tienes alguna afición?
▼ Sí, soy muy aficionado a la pesca submarina.

2 ● ¿Qué te gusta hacer los domingos?
▼ ¿Los domingos? Quedarme en casa descansando.

3 ● No soporto a la gente que se compra toda la ropa por las marcas.
▼ Yo tampoco, me parece que tienen poca personalidad.

4 ● ¿Qué te parece mi prima?
▼ Me cae bien, es muy simpática.

5 ● ¿Te gusta el fútbol?
▼ ¡Qué dices! Lo odio.

6 ● ¿Qué es lo que más te gusta hacer el fin de semana?
▼ Cuidar el jardín.
● ¿Y lo que menos?
▼ Limpiar toda la casa.

RECURSOS

Preguntar sobre gustos	Expresar lo que a uno le gusta	Expresar lo que a uno no le gusta
¿Te gusta…? ¿Qué te parece…? ¿Eres aficionado/a a…? ¿Cuáles son tus aficiones? ¿Qué es lo que más te gusta…? ¿Cómo te cae + *persona*?	Me gusta mucho. Me encanta. Soy muy aficionado/a a… Lo que más me gusta es… Me cae (muy) bien…	No me gusta… No me gusta nada… Odio… No soy aficionado/a a… No soporto… Lo que menos me gusta es… Me cae (muy) mal/fatal.

B Te toca.

● Estás haciendo una entrevista de trabajo para un puesto de cuidador/a de niños en un hotel de la Costa Brava, pregunta a los candidatos/as sobre sus gustos y aficiones. Decide quién es el más apropiado o la más apropiada para cuidar a los niños y niñas en ese hotel.

12 El mundo del trabajo

4 Escucha.

A Entrevista. 50

1 Antes de escuchar, responde:
¿Qué harías tú sin trabajar?

2 Escucha y comprueba si coincides con alguien de la grabación.

3 Contesta a estas preguntas
 a ¿A cuántas personas han entrevistado?
 b ¿Cuántas personas estarían contentas de no trabajar? ¿Por qué?
 c ¿Qué está haciendo la última chica?
 d ¿Con quién te identificas más?

B En el banco. 51

1 Antes de escuchar.
 a ¿Conoces estas palabras? Si no conoces alguna, pregunta a tu profesor/a qué significan.
 b ¿Vas mucho al banco? ¿Para qué?

2 Contesta a estas preguntas.
 a ¿Cuántas personas aparecen?
 b ¿Qué quiere la chica?
 c ¿Qué le sugiere Gabriel López?
 d ¿Por qué necesita 50 euros?
 e ¿Para qué tendrá que volver la chica el viernes?

3 Y ahora, con tu compañero/a representa una situación parecida.

Libreta de ahorro

Tarjeta

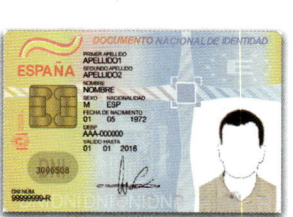
DNI

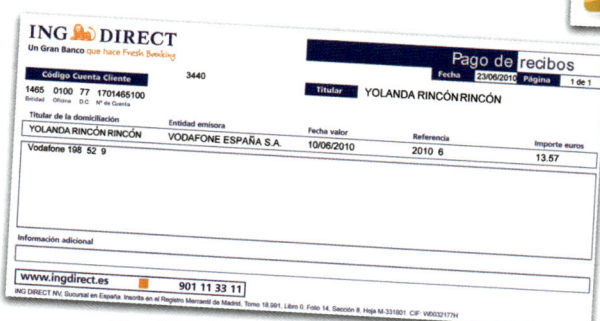
Recibo

Nuevo Avance Intermedio

El mundo del trabajo 12

5 Lee.

1 Antes de leer.

a ¿Has oído hablar del *slow down*?
b ¿Crees que se trabaja demasiado rápido?
c ¿Piensas que, en general, se vive para trabajar y no se trabaja para vivir? Argumenta tu respuesta.

| INICIO | SOBRE NOSOTROS | | SUSCRIBE: POST | COMENTARIOS |

Martes, 28 de abril
Escrito a las 8:12
Hola:
Esta vez quiero poneros aquí algo que he encontrado en la red. A ver qué os parece. Ya sé que aparece en muchos otros *blogs*, pero es que me interesan vuestras opiniones.

LA CULTURA DEL *SLOW DOWN*

La base de todo está en el cuestionamiento de la «prisa» y de la «locura» generada por la globalización, por el deseo de «tener en cantidad» (nivel de vida) en contraposición al de «tener en calidad», al deseo de «calidad de vida» o de «calidad del ser».

Según la *Business Week*, los operarios franceses, aunque trabajen menos horas (35 horas por semana), son más productivos que sus colegas estadounidenses o británicos. Y los alemanes, que en muchas empresas ya implantaron la semana de 28,8 horas de trabajo, vieron su productividad aumentar en un 20 %. Es la llamada «*slow attitude*», que está llamando la atención hasta de los estadounidenses, discípulos del *fast* (rápido) y del *do it now!* (¡Hágalo ya!).

Por tanto, esa «actitud sin prisa» no significa hacer menos ni tener menor productividad. Significa trabajar y hacer las cosas con «más calidad» y «más productividad», con mayor perfección, con atención a los detalles y con menos estrés. Significa retomar los valores de la familia, de los amigos, del tiempo libre, del placer, del buen ocio y de la vida en las pequeñas comunidades. Significa también retomar los valores esenciales del ser humano, de los pequeños placeres de lo cotidiano, de la simplicidad de vivir y convivir…

Por último, significa un ambiente de trabajo más alegre, más leve y, por lo tanto, más productivo, donde los seres humanos realizan, con placer, lo que mejor saben hacer.

Comentario
Martes, 28 de abril
Escrito a las 14:22
Hola,
Me encanta el trabajo. Podría estar sentado horas y horas mirando a otros cómo trabajan.

Comentario
Miércoles, 29 de abril
Escrito a las 20:08
El aburrimiento es una enfermedad que no tiene otro remedio que el trabajo.
Mi padre siempre me decía: encuentra un trabajo que te guste y no tendrás que trabajar un solo día de tu vida.

12 El mundo del trabajo

2 Contesta a estas preguntas.

  a En el texto original hay muchos términos en inglés. ¿Se usa también en tu idioma terminología en inglés? ¿Qué opinas de eso en caso de que ocurra?
  b ¿Con qué se identifican en el texto el nivel de vida y la calidad de vida, respectivamente?
  c ¿Quiénes son, según el texto, los trabajadores más productivos?
  d ¿Qué valores se recuperan con esta cultura?
  e ¿Qué opinas de los comentarios escritos en el *blog*? Coméntalo con tus compañeros/as.

6 Escribe.

  A Quieres trabajar como voluntario/a. Mira el siguiente documento. Escribe un *e-mail* destacando los aspectos de tu personalidad que más se adaptan al trabajo. Menciona también tus motivaciones solidarias, tu tiempo libre, etc.

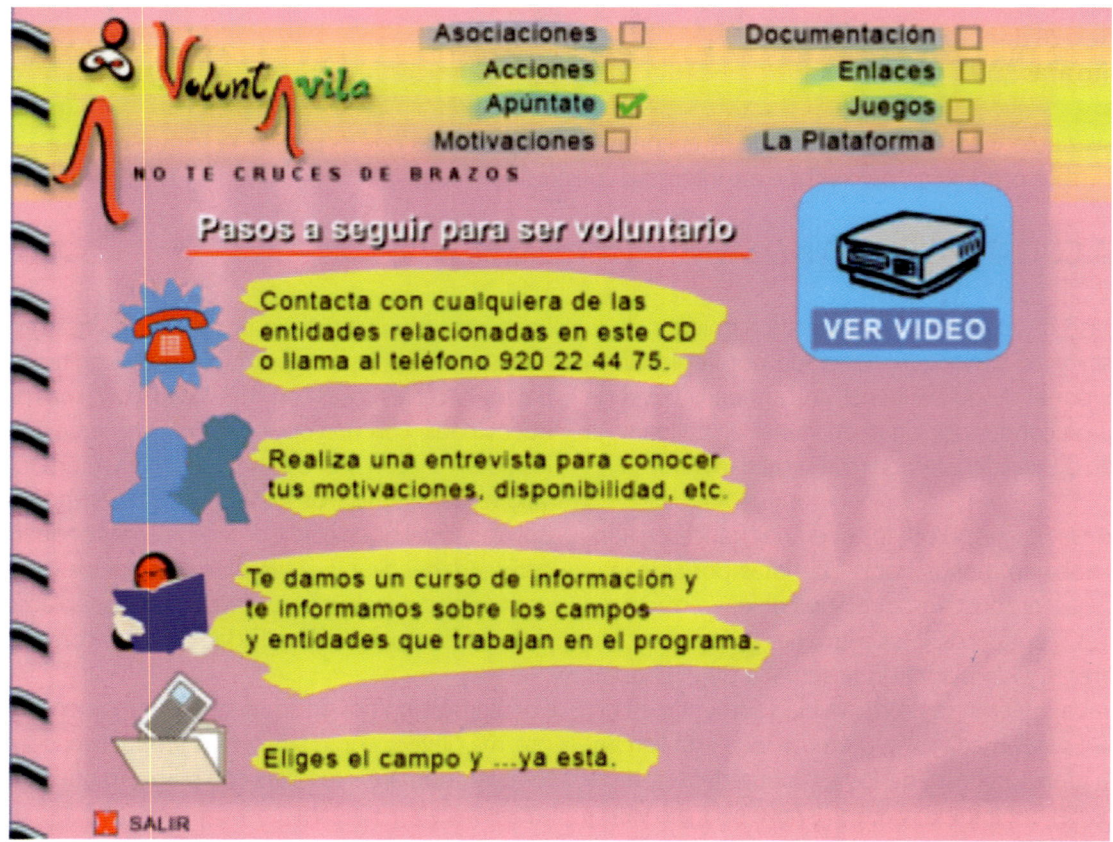

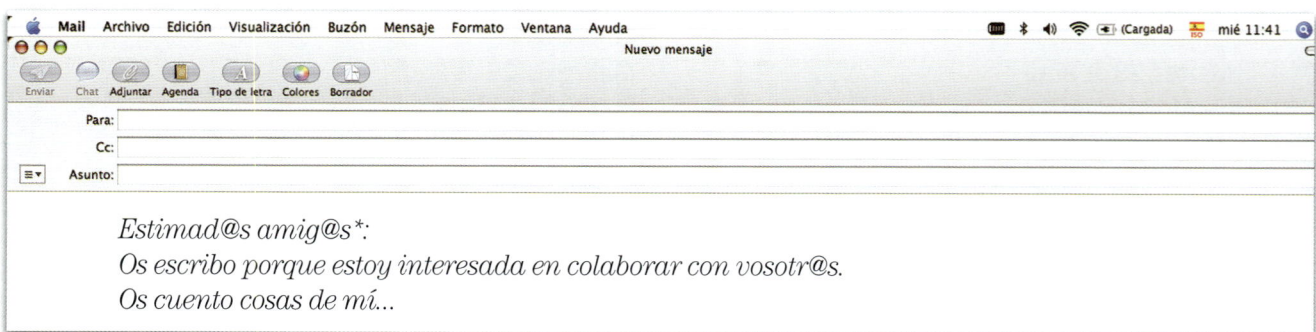

*La arroba @ la usan algunas personas para marcar el masculino y femenino. No es una letra sino un signo.

Nuevo Avance Intermedio

12 El mundo del trabajo

B Este verano quieres trabajar de *au pair* en España. Has mirado en internet y has encontrado este anuncio y te ha gustado.

Se necesita *au pair* para Mallorca
Familia española (Catalina y Toni) con tres hijos (Pablo, Álex y Jaime) de 8, 5 y 3 años busca un/a *au pair* para todo el verano en Mallorca. Necesitamos todos tus datos personales, una fotografía y una carta sobre cuáles son tus gustos y tus aficiones.
Importante: hay que tener un nivel de español A2 (mínimo) y carné de conducir.
Para más información contactar con nosotros en:
aupairparamallorca@latinmail.es

Escribe un correo electrónico poniendo todos tus datos, tus gustos y aficiones. Recuerda que en la actividad 5 de «De todo un poco» has aprendido a hablar sobre ellos. ¡Suerte con tu trabajo!

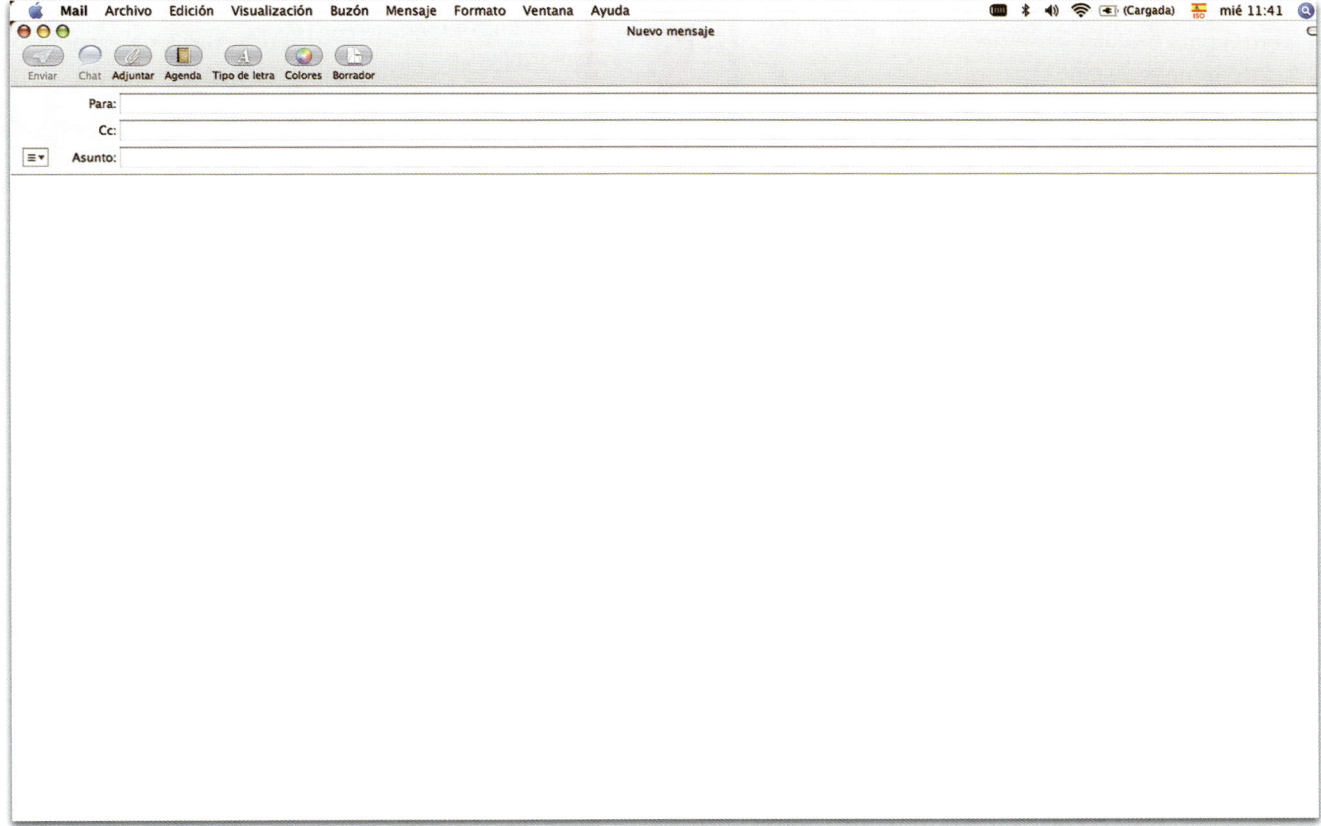

Repaso

Unidades 10, 11 y 12

1 **Interactúa.**

Vas a quedarte en España y necesitas trabajar. Has mandado tu CV a estos anuncios, te han seleccionado y vas a hacer la entrevista.

En parejas: Elegid uno de estos dos puestos de trabajo. Haced una entrevista (entrevistador/a, entrevistado/a). A ver si el candidato consigue el puesto de trabajo. ¡Suerte!

Se busca cocinero/a para colegio
Referencia: 1304765   **Fecha:** 2 de septiembre

Se ofrece contrato estable e incorporación inmediata. Seleccionamos para colegio situado en el ensanche de Amara un/a cocinero/a para trabajar de forma estable. Horario de 9:00 h a 16:00 h de lunes a viernes.
Es imprescindible tener al menos 4 años de experiencia en este tipo de trabajo.
Provincia: Guipúzcoa
Localidad: San Sebastián
Centro de Trabajo: Colegio concertado Lorea

Se busca responsable de tienda
Referencia: 1147095   **Fecha:** 2 de septiembre

Funciones del puesto:
Atención al cliente, realización de pedidos, organización de la tienda.
Requisitos:
Experiencia mínima de 5 años en puesto similar.
Disponibilidad de horario comercial de lunes a sábado.
Se ofrece:
Contrato inmediato con una multinacional española.
Posibilidades de ascenso dentro de la empresa.
Tipo de contrato: indefinido.
Jornada laboral completa.
Sueldo según capacidad.
Provincia: Cádiz
Centro de Trabajo: Centro de Jerez

Tu compañero/a y tú podéis empezar así:
- *Buenos días, vengo por lo del anuncio...*
- ▼ *Siéntese, por favor. Su nombre es... En su currículum pone que tiene usted experiencia como...*
- *Sí, trabajé dos años como...*
- ▼ *¿Y por qué dejó el trabajo?*

2 **Habla.**

A Describe a tu mejor amigo/a tanto física como psíquicamente. Utiliza *ser* y *estar* y los adjetivos que estudiaste en la unidad 4. Haz un retrato de él o de ella siguiendo las normas que presentamos.

Tras la descripción, explica por qué es tu mejor amigo/a y cuenta alguna anécdota divertida de él o de ella. Para contar la anécdota recuerda lo que has aprendido sobre las narraciones.

B **Historieta.**
Describe y narra todo lo que ves. Tienes 7 minutos para preparar esta actividad.

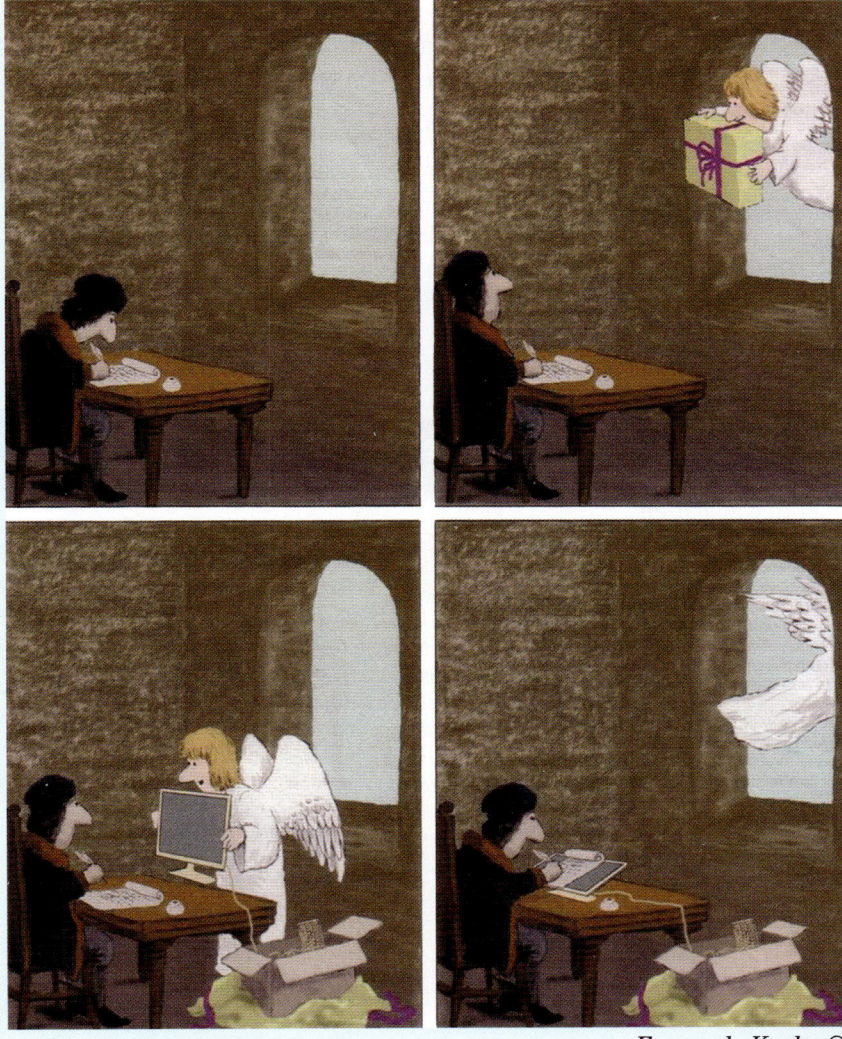

Fernando Krahn ©

3 Escucha.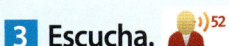

A Escucha esta conversación entre Almudena y Diego y después di si son verdaderos o falsos los enunciados.

		V	F
a	Almudena vio una película en la tele.	V	F
b	La película ha recibido tres premios.	V	F
c	La directora es Patricia Carmona.	V	F
d	La familia de Ana es hispanoamericana pero vive en EE UU.	V	F
e	Ana tiene muchos problemas para conseguir una beca.	V	F
f	La madre de Ana no quiere que su hija vaya a la Universidad.	V	F
g	Ana ayuda a su hermana durante las vacaciones.	V	F
h	Almudena cree que Diego quiere ver la película.	V	F

Nuevo Avance Intermedio

Repaso Unidades 10, 11 y 12

B Escucha y elige la afirmación correcta. Entrevista a Concha Moreno.

1. a Concha Moreno vive actualmente en Salamanca.
   b Hizo sus estudios en Salamanca.

2. a Concha Moreno ha enseñado español como lengua extranjera y da cursos de especialización.
   b Ha enseñado español como lengua extranjera y da cursos de formación a profesores.

3. a Conoció a Piedad Zurita y a Victoria Moreno en un bar.
   b Conoció a Piedad Zurita y a Victoria Moreno en los cursos de español para extranjeros de la Universidad de Málaga.

4. a Piedad, Victoria y Concha han escrito un solo volumen de *Avance*.
   b Piedad, Victoria y Concha han ampliado el primer *Avance*.

5. a Los viajes son lo mejor de ser profesora.
   b Lo mejor de ser profesora de español es todo lo que se aprende enseñando.

6. a Al final, Concha da las gracias a sus colegas.
   b Al final, Concha da las gracias a Piedad y Victoria.

Concha Moreno

Piedad Zurita

Victoria Moreno

4 Lee y contesta.

A Anuncios. Elige la respuesta correcta.

Las personas que quieran trabajar en el cibercafé tienen que:

a Hacer una entrevista en Murcia.
b Ser menores de 31 y mayores de 22.
c Tener disponibilidad 24 horas al día a lo largo de la semana.
d Pasar un periodo de prueba.

Se necesita chico o chica para cibercafé. Murcia

Cibercafé necesita persona responsable, de trato amable, con experiencia, para trabajo a tiempo completo.
Requisitos: de 25-30 años, conocimientos de sistemas informáticos a nivel de usuario: Word, Excel, Power Point, etc., manejo de fotocopiadora, utilización de escáner.
Se valorarán conocimientos de ofimática e inglés. Horario flexible con descanso legal y un fin de semana libre al mes.
Contratación inmediata en régimen general de la Seguridad Social y contrato indefinido, previo periodo de prueba de 15 días.
Interesados/as: Enviar currículum y foto por correo electrónico a *senecesitacibercafé@latinmail.com*

B Lee y contesta.

CURSOS DE ESPAÑOL EN GUATEMALA.

CURSO NORMAL DE ESPAÑOL.
En este curso de 20 clases por semana la destreza más importante es la expresión oral. Así aprenderás a comunicarte rápidamente. Para asegurar una atención personalizada, en cada clase hay un máximo de cinco alumnos. De este modo habrá más interacción y más profesores diferentes.

CURSO INTENSIVO DE ESPAÑOL.
Este curso consta de 25 clases a la semana y es perfecto para aquellos estudiantes que quieren mejorar rápidamente el español. Durante el curso se vive con una familia guatemalteca. Igual que en el curso normal, hay un máximo de cinco estudiantes por clase, lo que permite al profesor dedicar una atención individualizada a cada uno de los alumnos. Además de la producción oral se dedica tiempo a la lectura y la escritura.

CURSO SÚPER INTENSIVO DE ESPAÑOL.
Este curso consta de 30 clases de español a la semana. Está pensado para personas que necesitan aprender español rápidamente. Además de las clases, el curso incluye comidas y cenas con hablantes nativos/as de diferentes profesiones. Las clases son individuales con rotación de profesores.

¿En qué curso...?

a Se habla más. _____
b Se vive en familia. _____
c Hay cinco alumnos por clase. _____
d Las clases son individuales. _____
e Se relacionan los alumnos con diferentes profesionales. _____

Unidades 10, 11 y 12 **Repaso**

5 Lee.

Ya has terminado el nivel B1.

Sabemos que comprendes las ideas generales de lo que decimos los hispanohablantes, especialmente si la conversación trata de un tema que conoces como, por ejemplo, el trabajo, la escuela, el tiempo de ocio, etc.

También eres capaz de comprender la idea principal de muchos programas de radio o televisión sobre temas actuales o asuntos de interés personal o profesional, cuando no se habla muy rápido.

Sabemos que puedes actuar oralmente en casi todas las situaciones que se presentan cuando viajas a un país hispanohablante y que participas espontáneamente en una conversación sobre asuntos cotidianos de interés personal o relacionados con la vida diaria (por ejemplo, familia, aficiones, trabajo, viajes y acontecimientos actuales).

También conectas frases de forma sencilla para describir experiencias y hechos, tanto del pasado como del presente y del futuro.

Puedes explicar y justificar brevemente tus opiniones y proyectos.

Sabes narrar una historia o relato, el argumento de un libro o película y eres capaz de describir sentimientos, tanto de forma oral como escrita.

Y, por último, sabemos que eres capaz de rellenar formularios aportando correctamente tus datos personales.

Además ya puedes escribir correos electrónicos, postales y cartas personales donde describes tus experiencias e impresiones.

Y también sabemos que escribes textos sencillos y bien elaborados sobre temas conocidos o de tu interés.

¡Enhorabuena! Ya has conseguido muchísimo. Has acabado el nivel intermedio. ¡Ánimo y sigue estudiando para conseguir el nivel avanzado!

(Adaptado de la prueba de autoevaluación del MCER)

Ahora, explícanos lo que te ha resultado más fácil o más difícil de este nivel. Tacha el número correspondiente, cuatro: lo más difícil, y uno: lo más fácil.

Entender cuando hablan	1	2	3	4
Hablar	1	2	3	4
Leer	1	2	3	4
Escribir	1	2	3	4
Las funciones comunicativas	1	2	3	4
Aprender el vocabulario	1	2	3	4
Aprender la gramática	1	2	3	4
Los ejercicios de gramática	1	2	3	4
Los ejercicios de vocabulario	1	2	3	4

Nuevo Avance Intermedio

Repaso Unidades 10, 11 y 12

6 **Escribe.**

El curso ha terminado. Escribe un correo a tu anterior profesor/a.

Tienes que contar todo lo que has aprendido, cómo has trabajado en clase, qué relación has tenido con tus compañeros/as, qué costumbres te han llamado la atención, tus avances, tus dificultades, los temas que te han interesado, los que no, qué te ha parecido el libro, etc.

> Recuerda que si tu relación con el profesor/a es muy cordial puedes decirle *querido/a* + el nombre. No olvides poner dos puntos (:) detrás del saludo.
>
> *Querido/a* + el nombre:
> - Después preguntas por su salud y su vida: *¿Qué tal estás?*, y explicas la razón de tu correo electrónico.
> - Te despides con: *Un abrazo / Un abrazo muy fuerte / Besos / Un beso.*
> - Y, finalmente, firmas, aunque en un correo electrónico no es necesario, ya que tu nombre aparece en la bandeja de entrada.
>
> Cuando la relación no es tan cordial:
> - Escribimos *Estimado/a amigo/a* o *Estimado/a* + el nombre.
> - Explicamos en primer lugar la razón de la carta.
> - Y, por último, nos despedimos con: *Un cordial saludo.*

7 **Marca la respuesta correcta.**

1 Le dijeron que estaba muy guapa y _____ colorada.
   a. se puso   b. se volvió

2 Les dieron la terrible noticia y _____ helados.
   a. se quedaron   b. se pusieron

3 ● ¿Me ayudas a hacer este trabajo?
   ▼ No, debes _____.
   a. que hacerlo tú misma   b. hacerlo tú misma

4 Si comes tan poco, _____ enfermo.
   a. te pondrás   b. acabarías

5 ● Mi hermano ha tenido que vender su casa.
   ▼ _____
   a. ¡Qué suerte!   b. ¡Qué lástima!

6 Mi compañero de trabajo me comentó que _____ en un estudio y que no le _____ casi nada y que por eso _____ mudarse.
   a. había vivido / había cabido / decidió
   b. vivía / cabía / había decidido

7 «Mañana iré a tu casa y te ayudaré a hacer la cena». (Un día más tarde): _____.
   a. Ayer Antonio me comentó que hoy irá a mi casa y me va a ayudar a hacer la cena.
   b. Ayer Antonio me comentó que hoy vendría a mi casa y me ayudaría a hacer la cena.

8 Si tienes algún defecto óptico, necesitas _____.
   a. lentejas   b. espejuelos (español de América).

9 Anteayer, mi amiga Luisa me preguntó si me apetecía ir a hacer senderismo el sábado y el domingo. (Dos días antes): ¿_____?
   a. ¿Te apetece ir a hacer senderismo este fin de semana?
   b. ¿Si te apetece ir a hacer senderismo el próximo fin de semana?

10 Karl Marx: «La religión es el opio del pueblo». Hace muchos años Karl Marx dijo que _____.
   a. la religión fue el opio del pueblo
   b. la religión era el opio del pueblo

11 El viernes vino a mi empresa un experto en _____ para darnos consejos sobre cómo debemos sentarnos y a qué distancia debemos colocar el ordenador.
   a. opiniones sindicales   b. riesgos laborales

12 Me han hecho un regalo en el banco por domiciliar mi _____, ya no saben qué hacer para conseguir clientes.
   a. nómina   b. horario

13 ● ¿Quieres venir a mi casa? Doy una fiesta por _____ cumpleaños.
   ▼ Muchas gracias. Iré con mucho gusto con un regalo especial como _____ hada madrina.
   a. mi / un   b. mis / un

Unidades 10, 11 y 12 **Repaso**

14 ● ¡Qué guapo _____ anoche Eduardo con el traje gris y la corbata azul!
▼ Sí, _____ muy guapo. _____ Eduardo es guapísimo.
   a. era / era / Siempre
   b. estaba / estaba / Es que

15 ● ¡Aquí está mi móvil!
▼ Perdona, pero este es el mío, _____ es de la misma marca, _____ no tiene cámara de fotos.
   a. el suyo / es que   b. el tuyo / pero

16 ● ¿Qué te parece _____ nos vemos y comemos juntos?
▼ Muy bien, ¿dónde _____?
   a. si / quedamos   b. que / nos vemos

17 Las encuestas _____ que son las mujeres quienes se ocupan en un 100 % de cuidar a las personas mayores de su familia por lo que no _____ ni un euro.
   a. siguen diciendo / reciben   b. dicen / recibe

18 ● Nuestra profesora es más simpática que la vuestra.
▼ ¡Qué dices!
¡Qué dices!, significa:
   a. No estoy de acuerdo.   b. ¿Puedes repetir?

19 a. La aula está un poco desordenada; tenemos que dejarlo todo bien colocada.
   b. El aula está un poco desordenada; tenemos que dejarlo todo bien colocado.

20 ¿Cómo se llama este cuadro de la pintora mexicana Frida Khalo?
   a. El autobús.   b. El camión.

21 En muchos negocios _____ que los impuntuales tienen otros defectos como el desorden y la _____.
   a. creen / ineficacia   b. crees / desficiencia

22 ● ¿Cómo se llamaban los chicos que estaban en nuestro equipo de baloncesto de la Facultad? Por más que lo pienso, _____ sus nombres a la cabeza.
▼ No los recuerdo _____, ni a ellos ni sus nombres.
   a. no me van / de nada
   b. no me vienen / para nada

23 ● ¿Tienes internet en casa?
▼ ¡Qué va!
   a. Con la expresión en cursiva se niega.
   b. Con la expresión en cursiva se afirma.

24 La arroba @ es _____ que utilizan algunas personas para englobar los dos _____.
   a. una letra / números   b. un signo / géneros

25 Mi padre siempre me decía: «Encuentra un trabajo que _____ y no tendrás que trabajar _____ tu vida».
   a. te guste / un solo día de
   b. te gusta / un día solo en

26 ● _____ que su relación no puede durar mucho.
▼ Es verdad que se pasan la vida discutiendo, pero _____ siempre tan amigos.
   a. Sigo pensando / al final   b. Creo / por fin

27 ● Me parece que Marisa y Eric viven por aquí, ¿verdad?
▼ Pues no _____ muy bien.
● Yo recuerdo este parque, pero _____ de la calle.
   a. me recuerdo / se me ha olvidado
   b. me acuerdo / me he olvidado

28 _____ es _____ combinada en la que se describen las características físicas y psíquicas de la persona.
   a. El retrato / una descripción
   b. La descripción / una fotografía

29 Según los datos de FoodNet, los hombres prefieren _____ alimentos de origen animal _____ las mujeres se inclinan por la verdura.
   a. comer / sin obstante   b. consumir / mientras que

30 ● En este pueblo no hay nada que hacer.
▼ _____, ahora han abierto un gimnasio municipal y dan clases de baile gratis.
   a. A ver si   b. Bueno

Nuevo Avance Intermedio

Examen DELE nivel B1

1. Interpretación de textos escritos

Duración: 45 minutos

Parte número 1.

Lee el texto y contesta a las tres preguntas propuestas.

El veinte de junio, el Día del Español

Con motivo de la celebración del Día del Español, que se celebrará el 20 de junio en más de 40 países, el Instituto Cervantes ha puesto en marcha esta plataforma de la que saldrán las palabras sobre las que se desarrollará el programa de actos de El Día E.

En la web *www.eldiae.es* cualquier persona puede proponer su palabra favorita del español tecleándola o enviando un vídeo desde cualquier lugar del mundo. También se pueden votar las palabras que ya están propuestas. Hasta la fecha, la web ha recibido un total de 466 vídeos.

En otro apartado se propone inventar palabras. Son términos que cualquier persona puede inventarse para cubrir el vacío de las palabras que echa en falta en español. En estas dos semanas de funcionamiento de la web, los usuarios han propuesto 876 palabras inventadas.

Según datos del Instituto Cervantes, el español es la cuarta lengua del mundo por número de hablantes, el segundo idioma de comunicación internacional y el tercero más utilizado en la red. En concreto, lo utiliza el 8,2 % de los usuarios. El inglés ocupa la primera posición con el 29,1 % de los internautas, y el chino, la segunda, con el 20,1 %. El incremento del uso del español desde el año 2000 hasta el 2008 es de un 619 %, muy por encima del inglés, que ha aumentado un 226,7 % en ese periodo.

(Texto adaptado de elpais.com)

Según el texto:

1 Hay dos formas de proponer la palabra favorita del español.	V	F
2 No se pueden proponer palabras imaginarias.	V	F
3 El aumento del inglés en la red durante los últimos años ha sido superior al del español.	V	F

Parte número 2.

Ahora vas a leer siete textos cortos y vas a contestar una pregunta correspondiente a cada uno de ellos.

Texto a
Traspaso.

- Restaurante en San Telmo, a 50 m del mar, Mallorca.
- Local de unos 150 m² en una planta: cocina; una terraza grande de 100 m² y otra pequeña en la entrada con espacio para 2-4 mesas. Además, 70 m² para almacén.
- Amplio aparcamiento.
- Magníficamente decorado.
- Funciona hace un año y tiene muchos clientes.
- Motivo del traspaso: Vuelvo a mi país (Suiza), por razones personales, para atender a mis padres.
- El restaurante es ideal para una familia.
- Contactar con: vendorestaurantesantelmo@mixmail.com
- Preguntar por Pierre o Michelle.
- Teléfono: 971 16 17 20.

4 Se traspasa el local a una familia. | V | F

Texto b
Foro de novios.

INICIO | SOBRE NOSOTROS | SUSCRIBE: POST | COMENTARIOS

Hola,
Quiero ayudar a la gente necesitada, y mi novio y yo vamos a dar a los invitados de nuestra boda un regalo de comercio justo.
Voy a comprar unas bolsitas y unas cintas hechas por unos niños discapacitados y también voy a comprar en Intermón Oxfam paquetes de té. Vamos a llenar las bolsitas con el té para todos los invitados y vamos a poner una tarjeta de agradecimiento explicando qué es el comercio justo y por qué hacemos este regalo.

¿Qué os parece?
Un beso,
Claudia.

COMENTARIOS:

Hola Claudia,
Me encanta tu idea. Además, casi todo el mundo toma té.
Así ayudas a los demás. Es una idea estupenda.
Tere.

5 Las bolsas están hechas por niños del Tercer Mundo. | V | F

Examen DELE

Texto c
Arrocerías Las Islas.

Un sabor a Mediterráneo. Los mejores arroces de todas las Baleares.
Nuestra especialidad: Arroz de la huerta: arroz integral, guisantes, zanahorias, judías verdes y alcachofas con un toque perfecto de azafrán.
Una cocina mediterránea con más de 14 arroces tradicionales e innovadores, una decoración blanca y azul como nuestras islas y una carta de excelentes vinos.
Nuestros arroces son para dos personas, mínimo, y tardamos 25 minutos en servirlos.

6 Los vegetarianos pueden comer en este restaurante. V F

Texto d
Buscamos compañeras de viaje.

Somos dos jóvenes electricistas de Teruel de 25 y 27 años, Santiago y Gabriel. Buscamos dos chicas, más o menos de nuestra edad, para compartir viaje y gastos a Zaragoza, La Rioja, Navarra, País Vasco, Cantabria y Asturias. Tenemos coche, Citröen C3, quedan 2 asientos libres y también tenemos una estupenda tienda de campaña de 6 plazas. Somos personas formales, pero con muchas ganas de fiesta. Chicas, animaos y escribidnos a santigabri@hotmail.com
Mandadnos una foto también. Chao.

7 Los dos trabajadores ofrecen el mismo tipo de transporte y alojamiento durante todo el viaje. V F

Texto e
Se busca.

El 4 de julio **perdí a mi gato "POMBAL" en el barrio de Ciudad Jardín.**
Fecha: 8 de julio.
Raza: Persa blanco.
Zona: España, Málaga (Ciudad Jardín).
Contacto: Marina.
Detalles: Tiene los ojos verdes.
ES MUY CARIÑOSO. TIENE 10 AÑOS Y SE LLAMA POMBAL, TOMA MEDICACIÓN. ES MUY IMPORTANTE PARA MÍ. POR FAVOR, SI ALGUIEN LO HA VISTO O PUEDE DAR INFORMACIÓN, PUEDE LLAMARME A LOS NÚMEROS DE TELÉFONO: 676708755 / 952 001 002 O PUEDE CONTACTAR CONMIGO POR CORREO ELECTRÓNICO.
SE OFRECE RECOMPENSA

Contactar con Marina.

8 Marina dará dinero a la persona que le devuelva a Pombal. V F

Texto f
La tía Eugenia.

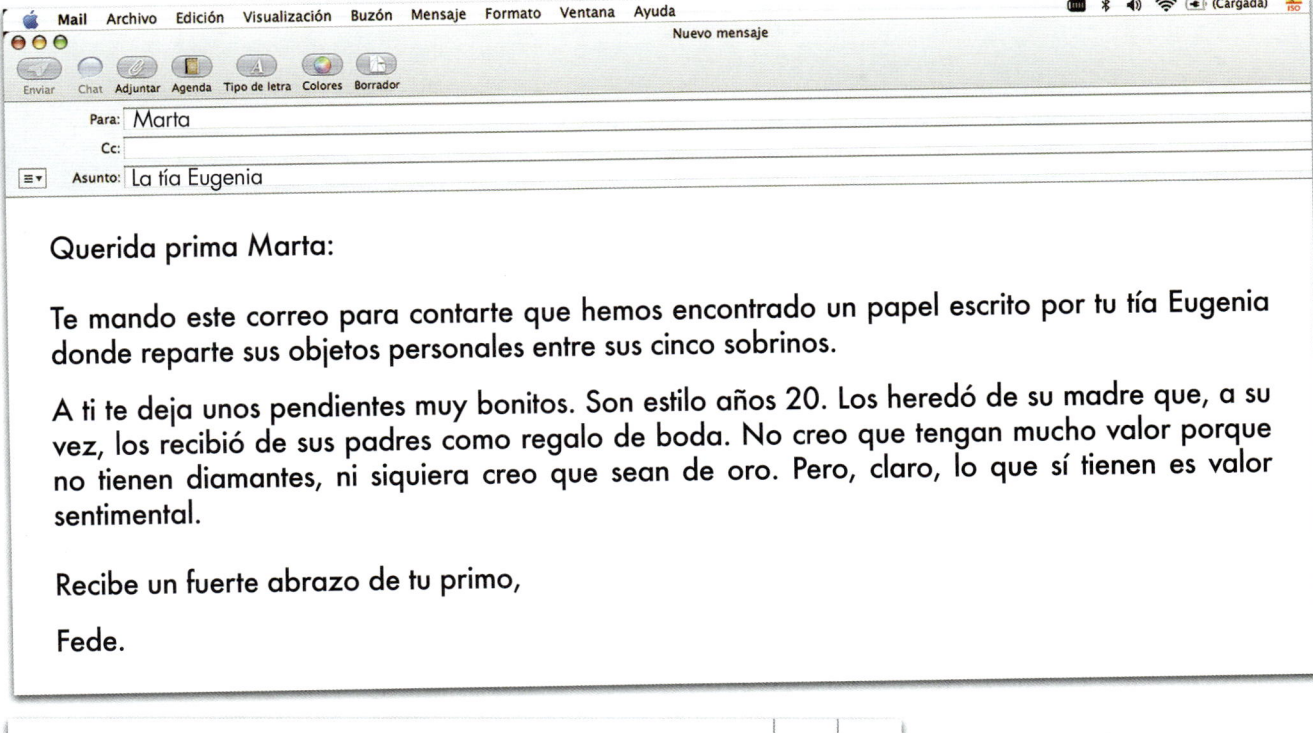

Querida prima Marta:

Te mando este correo para contarte que hemos encontrado un papel escrito por tu tía Eugenia donde reparte sus objetos personales entre sus cinco sobrinos.

A ti te deja unos pendientes muy bonitos. Son estilo años 20. Los heredó de su madre que, a su vez, los recibió de sus padres como regalo de boda. No creo que tengan mucho valor porque no tienen diamantes, ni siquiera creo que sean de oro. Pero, claro, lo que sí tienen es valor sentimental.

Recibe un fuerte abrazo de tu primo,

Fede.

9. Tía Eugenia ha expresado este deseo en el testamento. V F

Texto g
Clínica dental.

Máxima flexibilidad horaria, de lunes a sábado, 12 horas ininterrumpidamente.
Tecnología de vanguardia.
Hasta 5 años de financiación.
Todas las especialidades.

Clínicas Futur Dent es una red compuesta por **más de 400 clínicas** de servicios dentales integrales que lleva más de **15 años** poniendo al alcance de todos la **tecnología más avanzada e innovadora** en equipos, bioseguridad y tratamientos.

Un equipo compuesto por más de **3500 profesionales** sanitarios con un único objetivo: «**Hacerte sonreír**».

10. En esta clínica no tienes que pagar los servicios dentales inmediatamente. V F

Examen DELE

Parte número 3.
Visita a Ciudad de México.
Lee y responde a las 10 preguntas sobre estos textos.

El castillo de Chapultepec
Actualmente, es la sede del Museo Nacional de Historia. Al fondo de la avenida Paseo de la Reforma se levanta el cerro de Chapultepec, cubierto de bosque. Chapultepec ha sido durante siglos un punto de atracción, ya que una ciudad tan poblada necesita una gran zona verde. En este lugar también se encuentran importantes centros culturales, museos de primer orden como el Museo Nacional de Antropología, parques de diversiones, zoológico, lagos y vialidades que lo cruzan. Pero quienes más caminan por él son los innumerables paseantes de origen diverso y familias mexicanas.

En Chapultepec están los principales hoteles de la ciudad por su excelente situación frente al parque y su proximidad a los centros de negocios de la Avenida Reforma, la zona de Polanco, el Periférico y Santa Fe.

La Catedral Metropolitana
La catedral de México es una síntesis del arte de la Nueva España. Como parte del Zócalo, la catedral es el centro simbólico y cósmico, en torno al cual se desarrolla la vida cotidiana de la ciudad mexicana.

La catedral tiene cinco naves. Destacan el altar del Perdón y el magnífico retablo de los Reyes. Durante algunas ceremonias puede escucharse la música de uno de los órganos monumentales.

Últimamente, ha habido que hacer obras en la catedral para reforzarla.

El Paseo de la Reforma
Es una de las avenidas más importantes de la ciudad. Mientras se camina por él, pueden verse estupendos edificios, numerosos bancos y oficinas, antiguas casas señoriales (actualmente lugares de moda), embajadas, hoteles lujosos, galerías de arte y monumentos espectaculares.

Coyoacán
Es un encantador barrio colonial en el que se siente la tranquilidad y la magia del México antiguo. En Coyoacán se encuentran varios museos. Destacan el de Frida Kahlo y el de León Trotsky, ambos situados en las casas de estos personajes, y el Museo Anahuacalli, donde se exhiben una colección de pinturas de Diego Rivera y joyas de arte prehispánico.

Nuevo Avance Intermedio

La Zona Rosa

La llamada Zona Rosa ha sido durante más de veinte años un buen barrio para hospedarse, pasear e ir de compras. Situado entre el Centro Histórico y la zona del parque de Chapultepec, la Zona Rosa es un punto estratégico no solo para el paseante, sino también para las personas que tienen negocios en la Ciudad de México, ya que está atravesada por el Paseo de la Reforma, eje financiero y comercial de la ciudad.

El Ángel de la Independencia

Inaugurado en 1910 por Porfirio Díaz, el monumento a la Independencia es un símbolo ciudadano. La victoria con alas sobre la columna fue adoptada por los habitantes de la ciudad como su ángel protector. Tal vez por ello, es el lugar donde se dan variadas manifestaciones ciudadanas, tanto de alegría como de descontento.

El Centro Histórico

Las megalópolis como México se han formado por la fusión de varias ciudades y pueblos. En el caso de la Ciudad de México su origen está en el llamado Centro Histórico, zona que ocupa el trazado antiguo de la ciudad: se trata de un mapa cósmico de cuatro direcciones diseñado por los aztecas. Actualmente es un sitio vivo, bullicioso y contradictorio que sacude los sentidos. El problema son los numerosos coches que lo transitan.

El Zoológico de Chapultepec

El Zoológico de Chapultepec es una de las instituciones recreativas más populares de la Ciudad de México, tanto para los habitantes de esta como para los turistas nacionales y extranjeros. Es considerado un centro de integración social que forma parte de la historia mexicana, por lo que puede considerarse como el «Zoológico Nacional». Ha evolucionado a través de su historia y, a principios del siglo XXI, sus principales objetivos son: la educación, la investigación y la conservación. El logotipo del zoológico de Chapultepec es la representación prehispánica de un jaguar.

Examen DELE

Xochimilco, la Venecia mexicana

Así la llaman los propios mexicanos y es que el barrio de Xochimilco está construido alrededor de una serie de canales de agua por los que navegan enormes góndolas de vivos colores que hacen un recorrido por toda la zona. En cada góndola, que allí llaman «Trajinera», se encuentra una mesa en el centro y bancos a lo largo de cada lateral, porque está pensado para que las familias puedan pasar un día allí haciendo *picnic*.

A los lados de los canales hay mucho campo y granjas. Resulta muy curioso, porque todo eso está en pleno casco urbano.

La basílica de Nuestra Señora de Guadalupe

Es el segundo santuario católico más visitado del mundo (después de la Basílica de San Pedro en el Vaticano), con más de 14 millones de visitantes durante todo el año en innumerables peregrinaciones desde todas las partes del país, aunque en 2006 superó a la Basílica de San Pedro en número de visitantes, y, de este modo, se convirtió durante un año en el santuario católico más visitado del mundo.

Se encuentra en La Villa de Guadalupe (conocida popularmente como «La Villita»), en el norte de la ciudad de México.

11 Algunas de las antiguas casas señoriales de Ciudad de México se han convertido en...
a palacios.
b teatros.
c lugares de moda.

12 ¿Cuál de estos tres lugares es el recomendado para ir de compras?
a El cerro de Chapultepec.
b La Zona Rosa.
c Xochimilco.

13 ¿Dónde se puede hacer un *picnic* muy especial?
a En Xochimilco.
b En Guadalupe.
c En el Zócalo.

14 El Centro Histórico fue diseñado en primer lugar por...
a Hernán Cortés.
b los aztecas.
c Porfirio Díaz.

15 Si quieres ver las obras de Frida Kahlo debes ir al...
a Museo Anahuacalli.
b barrio de Coyoacán.
c Centro Histórico.

16 El centro cósmico de Ciudad de México es...
a la Catedral.
b la basílica de Guadalupe.
c el palacio de Chapultepec.

17 Si quieres ir a la principal zona verde de la ciudad, debes ir a...
a el Zócalo.
b la basílica de Guadalupe.
c el cerro de Chapultepec.

18 Cuando los mexicanos se manifiestan lo hacen en...
a la Zona Rosa.
b el Paseo de la Reforma.
c el Ángel de la Independencia.

19 El problema del Centro Histórico actualmente es...
a el tráfico.
b la delincuencia.
c los perros.

20 La Zona Rosa es un lugar estupendo para pasear y para...
a rezar.
b hospedarse.
c peregrinar.

Examen DELE

2. Prueba de producción de textos escritos   Duración: 20 minutos

Parte número 1.
Tienes que rellenar el siguiente formulario.

HOJA DE INSCRIPCIÓN

GIMNASIO *En forma*

SOCIO: SÍ _____ NO _____
NOMBRE: _____
DNI o PASAPORTE: _____
POBLACIÓN: _____
E-MAIL: _____
FECHA DE NACIMIENTO: _____
N.º DE CUENTA (20 dígitos) _____
ACTIVIDAD: _____
HORARIO: _____

N.º DE SOCIO: _____
APELLIDOS: _____
DIRECCIÓN: _____
TELÉFONO: _____

SEXO: M ____ F ____

1. ¿Qué deportes practicas normalmente y con qué frecuencia?

2. ¿Por qué has decidido apuntarte en este gimnasio?

3. ¿Cuidas tu alimentación? Dinos cuáles son tus alimentos favoritos y cuántas comidas haces al día.

4. Háblanos un poco de ti: cuánto pesas, cuánto mides, cómo es tu carácter.

5. ¿Te gusta practicar deporte en equipo? Si tu respuesta es afirmativa, dinos qué ventajas encuentras y qué deportes te gusta practicar en equipo.
Si tu respuesta es negativa, explícanos tus razones para no querer hacer deporte en grupo.

Gracias por tu atención.

Almudena Cervantes.
Directora del gimnasio *En forma*.

Nuevo Avance Intermedio

Examen DELE

Parte número 2.

Solo debes hacer uno de los dos ejercicios que aparecen a continuación. Elige el que quieras. Tienes que escribir entre 80-100 palabras, entre 8 y 10 líneas.

Opción 1

Has leído toda la información de México y te has acordado de tu antigua compañera de piso, Claudia, que es de Ciudad de México. Escríbele un correo electrónico diciéndole que has decidido ir a su país y a su ciudad y que te diga, por favor, cuál es el mejor momento para viajar, dónde hospedarse, qué lugares debes visitar, qué y dónde debes comer, etc.

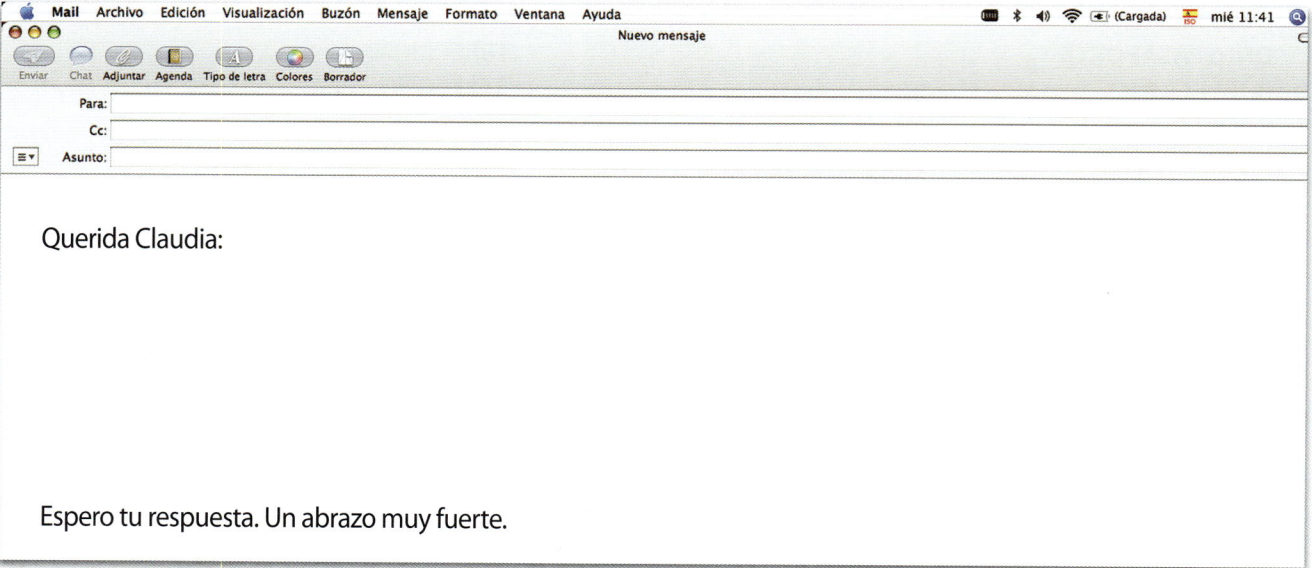

Opción 2

Ya estás de vuelta en tu país. Has pasado cuatro meses increíbles en España. Has conocido a Longfei, un estudiante chino amable y simpático. Escríbele un *e-mail* contando tu llegada a tu país, qué estás haciendo actualmente... Dile también que te acuerdas mucho de él y de los otros compañeros. Propón un plan para volver a veros y todo lo que quieras.

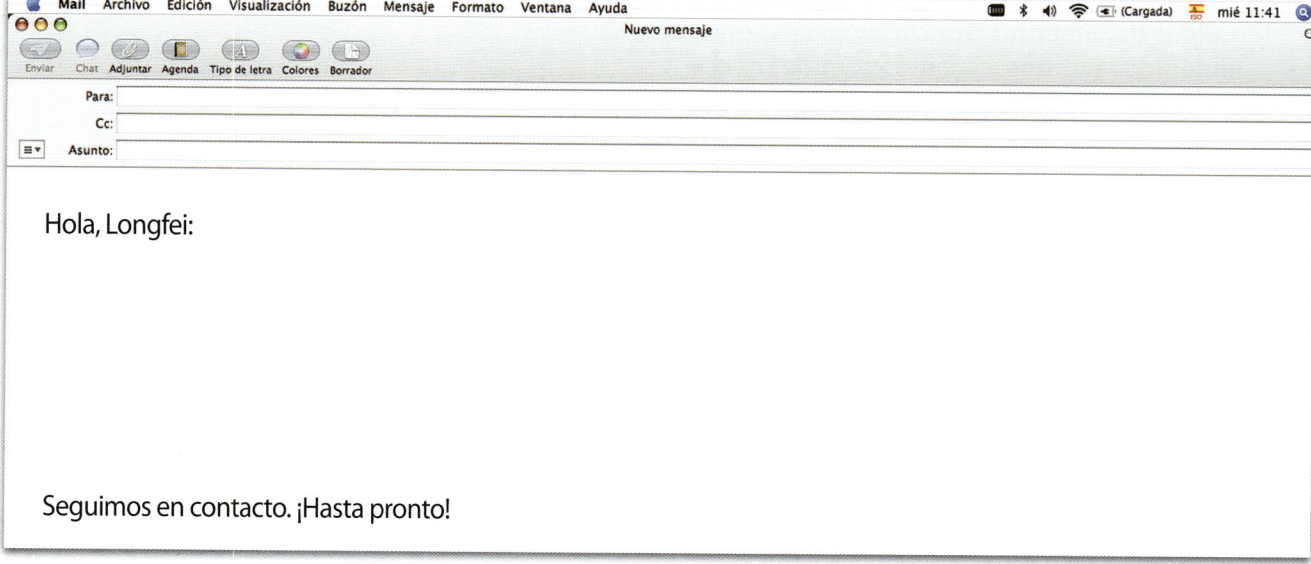

Examen DELE

3. Interpretación de los textos orales   *Duración: 25 minutos*

Parte número 1.

A continuación escucharás diez diálogos breves entre dos personas. La persona que responde lo hace de tres formas distintas, pero solamente una es adecuada. Oirás cada diálogo dos veces. Después de la segunda audición, marca la opción correcta.

1 **Diálogo número 1**
- HOMBRE: _____
- MUJER:
  - a El que juega sabe.
  - b ¡Que la suerte te acompañe!
  - c El juego es la mejor manera de tener amigos.

2 **Diálogo número 2**
- HOMBRE: _____
- MUJER:
  - a Ojalá pueda.
  - b ¡Qué suerte!
  - c ¿Y eso?

3 **Diálogo número 3**
- HOMBRE: _____
- MUJER:
  - a Porque su marido no comía en casa.
  - b Porque había demasiada gente en el mercado.
  - c Estaría de viaje.

4 **Diálogo número 4**
- HOMBRE: _____
- MUJER:
  - a ¡Que se mejore!
  - b Yo estuve allí tres veranos cuando era joven.
  - c El verano es estupendo.

5 **Diálogo número 5**
- HOMBRE: _____
- MUJER:
  - a Pues ahora hay buenas ofertas.
  - b Es su personalidad.
  - c ¡Que sea impaciente!

6 **Diálogo número 6**
- HOMBRE: _____
- MUJER:
  - a No lo apretaría.
  - b ¡Ay sí! Ya está. Gracias.
  - c No hay de qué.

7 **Diálogo número 7**
- HOMBRE: _____
- MUJER:
  - a ¿Hay que ponerle sal?
  - b Ya voy.
  - c ¡Qué listo eres!

8 **Diálogo número 8**
- HOMBRE: _____
- MUJER:
  - a No los he visto ayer.
  - b No, hace mucho que no las veo.
  - c ¡Siempre estás contestando!

9 **Diálogo número 9**
- HOMBRE: _____
- MUJER:
  - a ¿No debería ir?
  - b Lo bueno es que tengo que hacer muchas cosas en el despacho.
  - c Si no me encuentro mejor, iré, no te preocupes.

10 **Diálogo número 10**
- HOMBRE: _____
- MUJER:
  - a No seas tan pesimista.
  - b Los viejos son así.
  - c Sí, la verdad es que es muy divertido.

Nuevo Avance Intermedio

Examen DELE

Parte número 2.
Escucharás dos veces siete breves diálogos, marca la respuesta correcta.

11 ¿Adónde no le gustaba ir al hombre de pequeño?

a   b   c

12 ¿Dónde ha estado el hombre durante más de media hora?

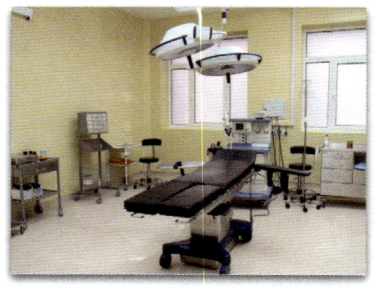      

a   b   c

13 ¿Qué le ha pedido?

a   b   c

14 ¿Qué cree que ve la mujer?

a   b   c

Examen DELE

15 ¿Qué le pide el hombre a la mujer?

 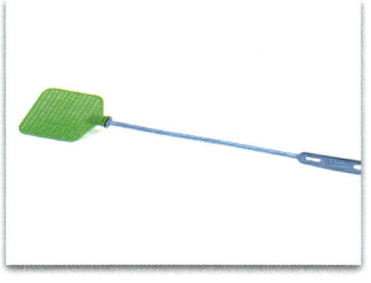 

a   b   c

16 ¿Cuál es la afición favorita de la mujer?

a   b   c

17 ¿Qué documento le da la mujer?

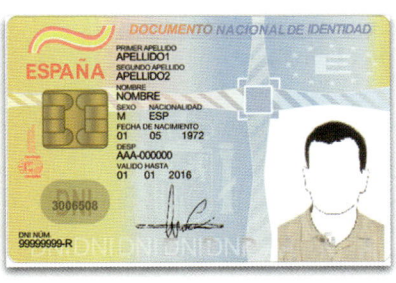  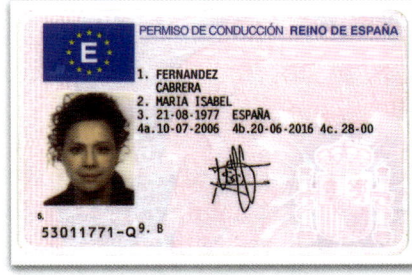

a   b   c

Parte número 3. 🎧 56

Vas a oír esta noticia radiofónica dos veces, después contesta a estas tres preguntas.

18 Teatralia se celebra en más de 60 escenarios.
   a Verdadero.
   b Falso.

19 No se presentan obras con lenguaje de signos para personas con discapacidad auditiva.
   a Verdadero.
   b Falso.

20 No hay ningún espectáculo infantil.
   a Verdadero.
   b Falso.

Nuevo Avance Intermedio

Examen DELE

Parte número 4
Oirás dos veces este diálogo y después contesta a estas dos preguntas.

21 **¿Por qué quiere cambiar de tema?**
   a Porque no le gusta hablar de cosas privadas con su amigo.
   b Porque ese tema ya lo ha estudiado muchas veces.
   c Porque Margarita está cerca del teléfono y no quiere que oiga lo que él está diciendo de ella.

22 **Van a verse esta noche en el *messenger* porque...**
   a mañana se van al lago de Como.
   b es mucho más barato que hablar por el teléfono móvil.
   c quiere hablar del trabajo en el bar para el próximo verano.

4. Conciencia comunicativa   Duración: 25 minutos

Parte número 1.
¿En qué situación dirías estas expresiones?
Señala la respuesta correcta.

1 **Sería estupendo vivir en un mundo sin contaminación, y con agua para todos.**
   Estás...
   a dando un consejo.
   b pidiendo disculpas.
   c expresando un deseo.

2 **Cuando llamaron para embarcar no oí la llamada.**
   En ese momento estabas en...
   a el aeropuerto.
   b un locutorio.
   c la parada del autobús.

3 **La casa de mis abuelos parecía un castillo, tenía muchas habitaciones y todo era misterioso.**
   Estás...
   a hablando de costumbres del pasado.
   b expresando la causa.
   c describiendo un lugar.

4 **Tengo dos entradas para el concierto de Nena Daconte. ¿Te apuntas?**
   Estás...
   a ofreciendo a tu interlocutor/a que vaya contigo al concierto.
   b pidiendo a tu interlocutor/a que te compre la entrada que te sobra.
   c Rechazando la invitación al concierto.

5 **Por favor, pásame el cazo.**
   Estás en...
   a la cola de un transporte público.
   b la cocina.
   c el supermercado.

Parte número 2.
En las siguientes oraciones aparece una palabra en negrita que no es correcta.
Cámbiala por una de las palabras que aparecen en la columna de la derecha.

6 ¿De qué mapas me hablas? Yo no **las** tengo.	A ve
7 Cuando vengo a la escuela, **compro** el diccionario.	B nada
8 Me alegro de **poder** seas feliz.	C les
9 Cuando puedas, **vas** a visitarnos.	D qué
10 No hay **mucho** de pan en la cocina.	E nadie
11 A mis padres **se** molesta el perro de los vecinos.	F ven
12 Si te duele la espalda **aconseja** al médico.	G llevo
13 Todos los viernes **toco** el saxofón a la clase de música.	H que
14 ¿No hay **persona** en casa?	I traigo
15 No me dijo **cosa** quería hacer.	J los

Nuevo Avance Intermedio

Examen DELE

Parte número 3.
Completa el hueco con la opción correcta.

> Bonifacio Ofogo es camerunés. Decidió viajar a España para completar sus estudios. Al principio le costó mucho comprender la manera de vivir de los españoles. Ahora Boni es un narrador de cuentos muy conocido en todo el mundo.
>
> ● Buenos días, Boni. Es un placer tenerte aquí con nosotros. ¿Cómo estás?
> ▼ Buenos días. Para mí es un honor (16) _____ en este programa. Estoy verdaderamente contento de poder (17) _____ mi nuevo libro.
> ● ¿De dónde eres?
> ▼ Soy de Omassa, una pequeña aldea (18) _____ unos kilómetros de Yaundé, la capital de Camerún, en África.
> ● ¿Por qué (19) _____ a España?
> ▼ Es una larga historia: En Camerún (20) _____ muy buen estudiante y (21) _____ conseguí una beca para estudiar en España, a principios de los años noventa.
> ● ¿Fue difícil adaptarte a la vida en España?
> ▼ Sí, las únicas referencias que (22) _____ de Europa eran de las lecturas y de las películas del colegio. No sabía qué había que hacer (23) _____ hacer amigos, a quién pedir ayuda en caso de necesidad, y mi español no era muy bueno...
> ● ¿Te sentiste muy solo?
> ▼ Un poco..., en esos años (24) _____ pocos africanos en Madrid. Al llegar al aeropuerto, el taxista me (25) _____ a una pensión del centro que se llamaba «La Soledad». Era un mal comienzo, (26) _____.
> ● Pero después, ¿(27) _____ te convertiste en un cuentacuentos tan reconocido?
> ▼ Bueno, en mi país la tradición de contar cuentos (28) _____ muy antigua. Mi abuelo, mi padre, ahora yo... Y empecé a contar cuentos africanos en colegios en España, para ganar un poco de dinero, luego (29) _____ pidieron cuentos para adultos... y ahora es mi profesión (30) _____ muchos años.
> ● ¡Y ahora hablas perfectamente español!

16	a ser	b tener	c estar
17	a presentaros	b recitarle	c contarnos
18	a de	b a	c en
19	a viniste	b llegabas	c fuiste
20	a estaba	b estuve	c era
21	a por eso	b ya que	c para que
22	a necesité	b tenía	c había
23	a en	b para	c por
24	a había	b hubieron	c habían
25	a traía	b conduje	c llevó
26	a ¿verdad?	b ¡no me digas!	c ¿y eso?
27	a ¿cuál?	b quién	c cómo
28	a es	b está	c no está
29	a les	b le	c me
30	a desde	b desde hace	c hasta

Nuevo Avance Intermedio

Examen DELE

5. Expresión oral

Duración: 10 minutos

> *Instrucciones:*
> *Tienes 10 minutos para preparar la interacción y la historieta. En ese tiempo puedes escribir todo lo que quieras, pero recuerda que durante el examen no puedes leerlo.*
>
> *Saludo:*
> *Tu profesor/a te saluda y te hace dos o tres preguntas que no puntúan, sirven para tranquilizarte.*

Parte número 1.

Contesta a estas preguntas, recuerda que no debes responder de una forma excesivamente breve ni excesivamente larga:

1 ¿Piensas que hablar una lengua extranjera es más importante que leer o escribir en ella?
2 ¿Es la educación una de las mayores preocupaciones de la gente de tu país?
3 ¿Piensas que los buenos modales son importantes?
4 ¿Cómo es tu alimentación?
5 ¿Por qué estudias español? ¿Te interesa la cultura hispanoamericana?
6 ¿Qué tipo de trabajo te gusta? ¿Qué es lo más importante para ti en un trabajo?

Parte número 2.

Situación simulada.
(Atención: Es muy importante repasar antes del examen las nueve situaciones de Nuevo Avance 2, nivel A2).
Estás en Madrid y quieres ir al parque del Retiro, pregunta a un policía municipal.

Tú:	(Saluda al policía y pregunta por el parque).
El policía:	Buenos días, está a 15 o 20 minutos andando, pero, si prefiere, puede ir en autobús.
Tú:	(Crees que vas a ir andando, pero, por si acaso le preguntas por el número del autobús y la parada más cercana).
El policía:	Sí, puede tomar el autobús número 4. La parada está en la acera de enfrente. ¿La ve? Ahí donde hay una cola.
Tú:	(Dices que sí ves la cola, que has comprendido todo y das las gracias al policía).
El policía:	De nada, para eso estamos.
Tú:	Por cierto (le preguntas sobre lo más bonito del Retiro).
El policía:	Todo el parque es bonito, pero mi parte favorita es el estanque.
Tú:	(Das las gracias de nuevo por la información y te despides).

Examen DELE

Parte número 3.

Describe y narra lo que ves en la historieta:

Mara

Y ahora contesta a estas preguntas:

a ¿Quién te llevaba a la guardería o al colegio? _____
b ¿Han vivido alguna vez tus abuelos con tus padres? _____
c ¿Con qué frecuencia visitas o visitabas a tus abuelos? _____

Despedida: Tu profesor/a y tú os despedís.

Nuevo Avance Intermedio

Apéndice gramatical

1 LOS SUSTANTIVOS

a El género

1 En general son masculinos:
- los sustantivos terminados en **-o**: *el libro, el viento,*
- los sustantivos terminados en **-or**: *el amor, el motor, el color, el despertador* (excepción: *la flor*),
- los sustantivos terminados en **-aje**: *el equipaje, el viaje, el maquillaje,*
- los nombres de ríos, mares, océanos y montañas: *el Guadalquivir, el Ebro, el Cantábrico, el Pacífico, los Andes, los Pirineos,*
- los nombres de colores: *el rojo, el verde, el gris, el rosa,*
- los nombres de los números: *el uno, el dos.*

Sustantivos masculinos terminados en -a:
- algunos nombres que terminan en **-ma**: *el clima, el idioma, el tema, el problema, el sistema, el programa…,*
- ciertos nombres como: *el día, el mapa, el planeta* y *el cura.*

2 En general son femeninos:
- los sustantivos terminados en **-a**: *la silla, la caja, la vela, la cama, la chaqueta,*
- los sustantivos que terminan en **-dad**: *la nacionalidad, la verdad, la edad,*
- los sustantivos terminados en **-ción**, **-sión**, **-zón**, **-dez**: *la nación, la pasión, la razón, la madurez,* (excepción: *el corazón, el buzón*),
- los nombres de las letras: *la a, la be, la ce, la de.*

Sustantivos femeninos terminados en -o:
- algunos sustantivos para la profesión: *la modelo, la soprano,*
- *la mano.*

Son femeninas, aunque en singular llevan el artículo el: *agua, alma, aula, águila, hada.*
La regla es: En singular llevan el artículo **el** todos los nombres que empiezan por **a-** / **ha-** tónica (con tilde o sin ella).

3 Sustantivos con dos géneros:
Algunos sustantivos tienen la misma terminación tanto para el masculino como para el femenino:
- los nombres terminados en **-ista**: *el / la periodista, el / la dentista, el / la pianista,*
- los nombres que terminan en **-nte**: *el / la estudiante, el / la cantante,*
- los sustantivos de nacionalidad terminados en **-e**, **-í** o **-ú**:
  el / la canadiense,   *el / la israelí, el / la iraquí,*
  el / la estadounidense,   *el / la hindú.*

b Formación de sustantivos nuevos (verbo + sustantivo)

Un recurso del español para crear nuevas palabras es la unión de un verbo en tercera persona de singular y un sustantivo.

Seguro que ya conoces muchos:

Abre + latas → *abrelatas*   *Saca + corchos* → *sacacorchos*   *Cumple + años* → *cumpleaños*

Estos sustantivos son masculinos y no cambian en plural:
Singular: el abrelatas; el sacacorchos; el cumpleaños. **Plural**: los abrelatas; los sacacorchos; los cumpleaños.

2 Posesivos con artículo

El posesivo con artículo se usa para contrastar con cosas, ideas, etc., de otras personas. Para usarlo, la palabra a la que se refiere el posesivo con artículo tiene que haber aparecido antes.

MASCULINO		FEMENINO	
Singular	**Plural**	**Singular**	**Plural**
el mío	los míos	la mía	las mías
el tuyo	los tuyos	la tuya	las tuyas
el suyo	los suyos	la suya	las suyas
el nuestro	los nuestros	la nuestra	las nuestras
el vuestro	los vuestros	la vuestra	las vuestras
el suyo	los suyos	la suya	las suyas

- ¿Es vuestro ese coche?
- ▼ No, ese coche es **el suyo**.

- ¿Necesitas mi libro?
- ▼ No, gracias, he traído **el mío**.

- Estas gafas no son **las mías**. No veo bien con ellas.
- ▼ Pues **las mías** tampoco.

3 Los demostrativos

Sirven para señalar en el espacio e indicar proximidad o lejanía.

*Usted está **aquí**. → Usted está en **este** lugar.*

Los demostrativos pueden funcionar como adjetivos (*¿Esta camisa?*) o como pronombre (*Sí, esta*).
Los pronombres demostrativos señalan de la misma forma que lo hacen los adjetivos.
Se usan sin el sustantivo, que tiene que haber aparecido previamente.

Este / Esta / Estos / Estas se refieren a lo que está cerca de la(s) persona(s) que habla(n).
Los adverbios de lugar **aquí / acá** indican la cercanía.
***Estas personas** que viven **aquí** al lado son muy amables.*
- *Mira, **aquí** hay camisas rebajadas.*
- ▼ *Sí, voy a probarme **esta**.*

Ese / Esa / Esos / Esas se refieren a lo que está más cerca de la(s) persona(s) que escucha(n). Establece una distancia intermedia.
El adverbio de lugar **ahí** indica la distancia.
*Por favor, ¿me pone un kilo de **esos tomates**?*
- *¿Qué corbata me pongo?*
- ▼ ***Esa** que está en el armario.*

Aquel / Aquella / Aquellos / Aquellas se refieren a lo que está lejos de la(s) persona(s) que habla(n).
Los adverbios de lugar **allí / allá** indican la lejanía.
- *¿De quién es **aquel** coche?*
- ▼ *¿**Aquel** coche? Es mío. Si quieres te llevo a casa.*

Los neutros **Esto / Eso / Aquello** indican las mismas relaciones espaciales.
Se usan para referirse a un conjunto de cosas indeterminadas, a una idea o a algo desconocido.
- *¿Qué es **aquello**?* (algo desconocido).
- ▼ *No sé. Parece un platillo volante.*

*Chicos, hay que guardar **todo esto** (conjunto de cosas indeterminadas) que habéis dejado **ahí** (conjunto de cosas indeterminadas).*

4 Los pronombres de objeto directo e indirecto agrupados

a Verbos que pueden construirse con dos elementos

Hay verbos que llevan un objeto indirecto de persona y un objeto directo de cosa. Algunos de estos verbos son:

Comprar	Decir	Explicar	Prestar	a alguien	algo
Contar	Enseñar	Mandar	Regalar	algo	a alguien
Dar	Escribir	Pedir			

Apéndice gramatical

b ¿En qué orden aparecen los pronombres de objeto directo e indirecto?

  a Primero el pronombre de objeto indirecto y después el pronombre de objeto directo.
   - ¿Te han dado ya tu regalo?
   - No, dicen que <u>me lo</u> darán esta noche.
                OI OD
   - Quiero una videoconsola, mamá.
   - Bueno hijo, <u>te la</u> compraremos por tu cumpleaños.
              OI OD

  b Este orden aparece también cuando se trata de verbos reflexivos.
   - ¿Te has lavado las manos?
   - Sí, ya <u>me las</u> he lavado.
           OI OD

c ¿Qué transformaciones ocurren cuando se encuentran?

> Le
> Les + lo, la, los, las → se lo, se la, se los, se las

- No puedo esperar más, quiero darle la noticia a Francisco.
- Pues aquí está. Ya puedes *dárlela → **dársela**.

- ¿Les has enseñado a tus padres las notas?
- No, ahora voy a *enseñárlelas → **enseñárselas**.

d ¿Dónde se colocan?

  a Delante del verbo en forma conjugada.
   ¿Que no sabéis dónde están las ilustraciones? **Os las mandé** por e-mail la semana pasada.

  b Detrás del imperativo afirmativo, formando una sola palabra.
   Pues no las encontramos. Por favor, **mándanoslas** otra vez.

  c Con los infinitivos y gerundios pueden ir delante del verbo en forma conjugada o detrás del infinitivo o gerundio, formando una sola palabra.
   ¿Te llegó el libro o tengo que **enviártelo** otra vez / **te lo tengo** que enviar otra vez?

   (Hablando por el móvil)
   - Por favor recuerda que tienes que darle mi recado a Lola.
   - Precisamente en este momento **se lo estoy dando** / **estoy dándoselo**.

   - ¿Vas a **secarte el pelo** ahora?
   - Sí, voy a **secármelo** ahora mismo / Sí, **me lo** voy a **secar** ahora mismo.

Apéndice gramatical

5 Adverbios y locuciones adverbiales

DE LUGAR	DE MODO	DE CANTIDAD	
aquí, ahí, allí arriba / abajo cerca / lejos delante / detrás encima / debajo enfrente	bien, regular, mal despacio / deprisa la mayoría de los terminados en -mente*	más / menos todo, algo, nada poco, bastante = mucho, demasiado, casi, solo	
DE TIEMPO	**DE DUDA**	**DE AFIRMACIÓN**	**DE NEGACIÓN**
ayer, hoy, mañana antes, ahora, después pronto = temprano / tarde siempre / nunca = jamás anteayer / pasado mañana anoche	quizá = quizás posiblemente, probablemente, tal vez, a lo mejor seguramente…	sí también cierto sin duda	no jamás = nunca tampoco

*Formación de los adverbios en *-mente*:

- La terminación *-mente* se añade directamente a los adjetivos que terminan en consonante o en -e:
  fácil → **fácilmente**. *Inteligente* → **inteligentemente**.
- Para los adjetivos que tienen forma masculina y femenina, la terminación *-mente* se añade a la femenina:
  claro → *clara* → **claramente**.

> **ATENCIÓN**
> Cuando aparecen seguidos varios adverbios en *-mente*, solo lleva la terminación el último.
>
> *Has explicado las dudas que teníamos **clara** y **brevemente**.*
> *Se esfozaron **física** y **mentalmente** para llegar a la final.*

6 Preposiciones

TIEMPO

a + horas. *Te espero **a** la una en la puerta de la oficina.* **Frases fijas:** *al amanecer, al atardecer, al anochecer, al día siguiente, a la semana siguiente. Mi suegra se levantaba siempre **al amanecer**. Lo operaron de la vista y **al día siguiente** ya pudo volver a casa.*

Estamos a + fecha.
*Estamos **a** 26 de junio.*

en + años, periodos, estaciones, temporadas.
Estamos en + mes, estación, año, siglo.
***En** primavera se llenan los gimnasios.*

entre se utiliza para expresar un momento no determinado entre dos límites. *Te llamaré **entre** las 8:00 h y las 10:00 h.* → en cualquier momento situado entre las 8:00 h y las 10:00 h.

desde expresa el principio de un hecho de una acción. *No he visto a Juan **desde** el sábado pasado. Vivo aquí **desde** el 15 de septiembre de 1983.*

desde + sustantivo (no temporal). ***Desde** la muerte de su marido está muy triste. **Desde que** lo vio, supo que era el amor de su vida.*

desde + artículo… **hasta** + artículo.
Las usamos para expresar el principio y el fin.
*Trabajo **desde** las 9:00 h **hasta** las 14:00 h.*
*Tengo clase **desde** el lunes **hasta** el viernes.*
El artículo aparece delante de las horas y de los días de la semana.

hasta tiempo límite. *No tendré su coche arreglado **hasta** el miércoles.*

tras después de. ***Tras** mucho esfuerzo consiguió abrir la puerta.*

hacia expresa tiempo aproximado. *Saldré de casa **hacia** las 21:00 h.*

sobre sirve para expresar tiempo aproximado. Significa lo mismo que *hacia*. *Llegó **sobre** las 11:00 h.*

Nuevo Avance Intermedio

Apéndice gramatical

para	señala el límite antes del cual debe ocurrir algo. *Estos deberes son **para** el lunes.*	**de**	sirve para referirse a una etapa de la vida: *de niño, de adolescente, de joven, de mayor.* ***De** adolescente discutía mucho con mis padres.* **Momentos del día:** *de día, de noche, de madrugada. El padre de Emi trabaja **de** noche.*
por	expresa tiempo aproximado. **ATENCIÓN** nunca se usa con las horas. *Siempre nos visita **por** Navidad.* **Frases fijas:** *por la mañana, por la tarde, por la noche.*		**De ... a:** las usamos para expresar el principio y el fin.

ATENCIÓN
Ni las horas ni los días de la semana llevan artículo.
*Trabaja **de** 9:00 h a 14:00 h, **de** lunes a viernes.*

EDAD
a	Edad a la que se hace algo. *Emigró a Argentina **a** los 15 años.* (Con la edad siempre lleva artículo.)
con	Edad a la que se hace algo. *Emigró **con** 15 años.* (Nunca lleva artículo.)
de	(= QUE TIENE) *Tengo un hijo **de** 35 años.*

PRECIO
a	Precio variable. *¿**A** cuánto está hoy el dólar?*
de	(= QUE VALE) *Tiene una finca **de** más de un millón de euros.*
por	(= A CAMBIO DE) *He pagado poquísimo **por** este coche de segunda mano.*

para	Finalidad, destino. *Estoy ahorrando **para** comprarme una moto. Este regalo es **para** Joaquín.* En opinión de. ***Para** Luis sus hijos son los mejores en todo.* Comparación. *Tu sobrino está muy alto **para** su edad.*
por	Causa. *Lo echaron del examen **por** copiar.* En lo que a una persona se refiere. • *¿Quitamos la refrigeración?* ▼ ***Por** mí, sí.* Agente de los verbos en pasiva. *La Alhambra fue construida **por** los árabes.*

LOCALIZACIÓN: dirección, lugar.
a	Dirección. *Vamos **a** la estación de tren.*
ante	Delante de. *Se reunieron **ante** el Ayuntamiento.*
bajo	Debajo de. *Han encontrado unas ruinas romanas **bajo** el edificio de Correos.*
de	Origen. *Evanthía es **de** Grecia. Vengo **de** la biblioteca.*
desde	Expresa el origen de un recorrido espacial. *Todas las mañanas viene **desde** su casa andando al trabajo.*
en	Sobre, encima de. *El diccionario está **en** la mesa de tu cuarto.* Dentro de. *He metido tus calcetines **en** el tercer cajón.*
entre	Lugar en medio. *En clase siempre me siento **entre** Fernando e Íñigo.*
hacia	Dirección. *Vamos **hacia** el centro, ¿vienes?*
hasta	Fin en el espacio. *Se fue **hasta** Marbella en moto.*
para	Dirección. *Es tarde. Me voy **para** casa.*
por	Lugar aproximado (alrededor de). *Sabina vive **por** el centro.* A lo largo de. *Me encanta pasear **por** la playa.* A través de. *El ladrón entró **por** la ventana.*
sobre	Encima de. *He puesto la bandeja **sobre** la mesa del comedor.*
tras	Detrás de. *El niño escuchó la conversación escondido **tras** la cortina.*

Nuevo Avance Intermedio

7 CONECTORES

- **Porque** y **es que**
Sirven para expresar la causa.
- **Como**
Va siempre en la primera oración. Expresa la causa.
Como no se encontraba bien, no fue a trabajar.
Como no oye bien, hay que hablarle despacio.
Como tengo el carné de estudiante, tengo descuento en transportes, museos y espectáculos.

La misma oración puede expresarse con **como** o **porque**, pero el orden en que aparecen no es el mismo.
*No fue a trabajar **porque** no se encontraba bien.*
***Como** no se encontraba bien, no fue a clase.*

- **Por eso** y **así que**
Sirven para expresar la consecuencia de un hecho anterior.

Me gusta mucho la fotografía. Voy a hacer un cuaderno de viaje. → *Me gusta mucho la fotografía **así que** voy a hacer un cuaderno de viaje.*

Las Navidades son muy importantes para mis amigos y preparan una mesa muy elegante para la cena. → *Las Navidades son muy importantes para mis amigos, **por eso** preparan una mesa muy elegante para la cena.*

- **Si** y **si no**
Si / Si no + presente, + presente / futuro / imperativo.
Expresan una condición real o posible.

***Si no** entendéis alguna palabra, podéis usar el diccionario.*
***Si** el examen es muy difícil, no va a aprobar nadie / no aprobará nadie.*
***Si** queréis estar en forma, haced ejercicio todos los días.*

8 EL VERBO

Contraste pretérito perfecto y pretérito indefinido.

ATENCIÓN

Recuerda que en algunas regiones de España y en Hispanoamérica no se usa el pretérito perfecto y, por tanto, no existe el contraste.

Pretérito perfecto	Pretérito indefinido
Usamos el pretérito perfecto para referirnos a hechos acabados (representados por el participio) en un tiempo que no ha terminado (representado por el presente del verbo *haber*). Presente de *haber* + participio de un verbo → acción acabada en tiempo no acabado. ***Este año he viajado** poco.* ***Hasta ahora no he ido** a Japón.*	**Usamos el pretérito indefinido** para referirnos a acciones y hechos acabados en un tiempo que ya ha terminado. ***El año pasado viajé** mucho.* *Yo **estuve** en Japón **en 2006**.*

Apéndice gramatical

Coincidencias	Diferencias
• Los dos presentan las acciones / los hechos terminados. *Nuestra ciudad **ha cambiado** mucho.* *En aquella época nuestra ciudad **cambió** mucho.* (Los cambios han ocurrido en los dos casos.) • Los dos sirven para hacer avanzar las acciones en contraste con la descripción del pretérito imperfecto. *Me **he levantado**, me **he vestido** y **he salido** a buscar trabajo. Y **he encontrado** uno de repartidor en un supermercado.* *Cuando **perdí** el trabajo, no **perdí** la ilusión: **preparé** un CV, **salí** a buscar otro empleo y lo **encontré** en una oficina.*	• **El pretérito perfecto** pone el límite temporal en el presente del hablante (= hasta ahora). *Nuestra ciudad **ha cambiado** mucho.* • **El pretérito indefinido** pone el límite temporal fuera del presente del hablante. *En aquella época nuestra ciudad **cambió** mucho.*

El caso especial de *nunca*, *siempre* y *alguna vez*.

Con pretérito perfecto	Con pretérito indefinido
Se sitúan en cualquier momento del pasado y llegan 'hasta ahora'. *¿Por qué tenemos que cambiar? **Siempre hemos actuado** así (hasta ahora).* *Yo, **nunca** (hasta ahora) **he ido** a Japón.* *¿**Has comido alguna vez** (hasta ahora) guacamole?*	Se sitúan en cualquier momento del pasado y cortan con el presente. ***Siempre actué** con buena voluntad (mientras fui jueza).* *Yo **nunca dije** una cosa así (en aquella reunión).* *¿**Comiste alguna vez** guacamole (cuando estuviste en México)?*

Los pasados y los marcadores temporales.

Pretérito perfecto	Pretérito indefinido
Sitúa un hecho terminado en cualquier momento del pasado que incluya el 'hoy' del hablante. Por eso, los marcadores que mejor combinan con este tiempo son los que indican la misma idea temporal. ***En estos últimos años ha aumentado** el número de estudiantes de español.* ***Este verano han venido** muchos estudiantes de todo el mundo.* ***Hasta ahora hemos recibido** treinta matrículas.* ***Hoy he matriculado** a tres alumnas más.*	Sitúa un hecho en cualquier momento pasado que no incluya el 'hoy' del hablante. Por eso, los marcadores que mejor combinan con este tiempo son los que indican un corte con el presente. ***Entre 2000 y 2007 aumentó** el número de estudiantes de español.* ***El verano pasado vinieron** muchos estudiantes de todo el mundo.* ***La semana pasada recibimos** treinta matrículas.* ***Ayer matriculé** a tres alumnas más.*

Apéndice gramatical

PRETÉRITO IMPERFECTO

1 Presenta las acciones, los hechos en su desarrollo, ocurriendo, sin informar de si han llegado o no hasta el final.

> *Pensaba hacer los deberes.*
> *Cuando te vi, iba al cine.*
> *En el calendario maya, el año 2001 aparecía como 5117.*

Si queremos saber más, tenemos que preguntar:

> *Y al final, ¿hiciste los deberes o no?*
> *Por fin, ¿fuiste o no fuiste al cine?*

En el tercer ejemplo, se presenta el hecho de aparecer sin informar del final.

2 Sirve para presentar el decorado, el escenario, el ambiente que rodea a los hechos. Por eso la acción no avanza.

> *Esta mañana no he ido a trabajar porque no me sentía bien, tenía fiebre, me dolía todo el cuerpo.*
>
> *Aquel día no me sentía bien, tenía fiebre, me dolía todo el cuerpo, por eso llamé al médico.*

La acción es 'no ir a trabajar' y 'llamar al médico'. El imperfecto presenta el decorado, la escena.

3 Como consecuencia de todo lo anterior, el imperfecto se utiliza para hablar de costumbres y para describir, es decir, para hacer presente el pasado.

> *En aquella época las mujeres no llevaban pantalones, estaba mal visto.*
> *Mira, en esta foto estábamos en Iguazú.*
> *Había mucha gente, pero en la foto no se ve a nadie.*

El imperfecto acompaña al perfecto y al indefinido para expresar el decorado, la escena.

> *Cuando me desperté, el dinosaurio todavía estaba allí.*
> *Cuando me he levantado, no había nadie en casa.*

Y NO OLVIDES

La diferencia fundamental entre el perfecto y el indefinido está en el límite temporal:

- El perfecto lo coloca en el presente del hablante con un 'hasta ahora'.
- El indefinido lo coloca fuera del presente del hablante.

PRETÉRITO PLUSCUAMPERFECTO

Forma	Uso
había habías había habíamos habíais habían + participio → hablado / comido / vivido	Imagina que estás contando una serie de hechos pasados: 1, 2, 3, 4..., como en el Pretexto. Si hablas del 1, del 3 y del 4 y quieres volver al 2, **tienes que usar el p. pluscuamperfecto** porque **sirve para expresar una acción pasada anterior a otra también pasada**. Con él decimos que algo había ocurrido (o no) antes de ese momento.

FÍJATE

- La anterioridad puede establecerse con el pretérito perfecto y con el pretérito indefinido.

  ● *¿Por qué no has traído el informe?*
  ▼ *Porque lo había metido en un cajón y al salir de casa lo he olvidado.*

  ● *¿Por qué llegaste tarde al examen?*
  ▼ *Porque no había puesto el despertador y me dormí.*

- La relación de anterioridad puede expresarse con otros recursos, no solo con un verbo.

  Ayer, a las siete de la mañana, ya me había levantado. (Significa que me levanté antes de las siete.)

  Era una superdotada. A los cuatro años ya había aprendido a leer. (Significa que aprendió a leer antes de los cuatro años.)

Nuevo Avance Intermedio

Apéndice gramatical

EL FUTURO

Se forma con el infinitivo + las terminaciones -é, -ás, -á, -emos, -éis, -án.

a Verbos regulares.

Hablar	Comer	Subir
Hablar-**é**	Comer-**é**	Subir-**é**
Hablar-**ás**	Comer-**ás**	Subir-**ás**
Hablar-**á**	Comer-**á**	Subir-**á**
Hablar-**emos**	Comer-**emos**	Subir-**emos**
Hablar-**éis**	Comer-**éis**	Subir-**éis**
Hablar-**án**	Comer-**án**	Subir-**án**

b Verbos irregulares.

Querer [1]	Hacer [2]	Poner [3]
Quer**ré**	Ha**ré**	Pon**dré**
Quer**rás**	Ha**rás**	Pon**drás**
Quer**rá**	Ha**rá**	Pon**drá**
Quer**remos**	Ha**remos**	Pon**dremos**
Quer**réis**	Ha**réis**	Pon**dréis**
Quer**rán**	Ha**rán**	Pon**drán**

Otros irregulares
[1] Se conjugan igual: *saber, caber, poder* y *haber*.
[2] Se conjuga igual: *decir*.
[3] Se conjugan igual: *tener, valer, salir* y *venir*.

c Usamos el futuro para:

1. Hablar de una acción futura.
Iré a Barcelona dentro de unos días.
Podremos seguir en contacto por Internet.

2. Predecir.
A finales del siglo XXI la gente se marchará de la ciudad y volverá al campo.
Si su hijo sigue cantando así de bien, será un gran tenor.

3. Expresar inseguridad/probabilidad referida al presente.

	SEGURIDAD	PROBABILIDAD
¿Dónde está Armando?	*Está tomando café.*	**Estará** *tomando café.*
¿Qué hora es?	*Las once y media en punto.*	**Serán** *las once o las once y media, no tengo reloj.*

Para expresar duda o inseguridad también podemos usar estos recursos:

Creo que / Me parece que + presente / futuro
● *¿Dónde está Armando?*
▼ *Creo que / Me parece que está/estará tomando café.*

Quizá(s), a lo mejor + presente / futuro
● *No encuentro a Armando.*
▼ *Quizá / A lo mejor está/estará tomando café en la cafetería.*

4. Para formar una oración condicional, el futuro aparece en la oración que no lleva *si*.

Si no te das prisa, perderemos el tren.
Si no come menos grasas, tendrá problemas de salud.

Nuevo Avance Intermedio

Apéndice gramatical

CONDICIONAL

Forma.

Se forma con el infinitivo + las terminaciones -ía / -ías / -ía / -íamos / -íais / -ían

Condicionales regulares.

Hablar	Comer	Subir
hablaría	comería	subiría
hablarías	comerías	subirías
hablaría	comería	subiría
hablaríamos	comeríamos	subiríamos
hablaríais	comeríais	subiríais
hablarían	comerían	subirían

Condicionales irregulares. Son los mismos que en futuro.

Pierden la -e:	Pierden una vocal y una consonante:	Pierden una vocal y añaden una -d:
Querer: querría	Hacer: haría	Poner: pondría
querrías	harías	pondrías
querría	haría	pondría
querríamos	haríamos	pondríamos
querríais	haríais	pondríais
querrían	harían	pondrían

Usos.

Usamos el condicional para:

✔ **Dar consejos con fórmulas de obligación.**
Deberías trabajar menos y salir más.
Tendrías que contar a la policía lo que ha ocurrido.

✔ **Expresar deseos.**
Sería estupendo vivir en un mundo sin contaminación y con agua para todos.
Nos apetecería hacer un largo viaje por toda Hispanoamérica.

✔ **Hablar con cortesía.**
¿Podría explicar este ejercicio de nuevo?
¿Le importaría volver más tarde?

RECUERDA

El imperfecto también se usa para ser más amables.
(En una tienda)
● Buenos días, ¿qué **deseaba**?
▼ **Quería** probarme ese vestido.

✔ **Expresar inseguridad/probabilidad cuando la acción está en pretérito imperfecto o en pretérito indefinido.**

Para expresar inseguridad y probabilidad en presente usamos el futuro.

	Inseguridad/Probabilidad
¿Cuándo es el cumpleaños de Analía?	**Será** el mes que viene porque es Acuario.
¿Por qué llora Lucía?	Porque **tendrá** hambre.
¿Dónde está mi paraguas?	**Estará** en el cuarto de baño.

Nuevo Avance Intermedio

Apéndice gramatical

Y ahora, mira cómo funciona con los pasados.

	Seguridad	Inseguridad/Probabilidad
¿A qué hora te llamaron?	**Me llamaron** a las 10:00 h.	**Me llamarían** a las 10:00 h.
¿Qué le pasaba ayer a Ana?	Le **dolía** la espalda.	Le **dolería** la espalda.

RECUERDA			
Seguridad	Presente	Pretérito imperfecto	Pretérito indefinido
Inseguridad/Probabilidad	Futuro	Condicional	Condicional

PRESENTE DE SUBJUNTIVO

Forma.

El presente de subjuntivo tiene una vocal característica para todas las personas. Los verbos en -er, y en -ir tienen las mismas terminaciones.

Verbos regulares en -ar	Verbos regulares en -er	Verbos regulares en -ir
vocal característica: *e*	vocal característica: *a*	vocal característica: *a*

Hablar	**Comer**	**Vivir**
habl**e**	com**a**	viv**a**
habl**es**	com**as**	viv**as**
habl**e**	com**a**	viv**a**
habl**emos**	com**amos**	viv**amos**
habl**éis**	com**áis**	viv**áis**
habl**en**	com**an**	viv**an**

Para formar el presente de subjuntivo de los verbos irregulares tienes que tener en cuenta la primera persona del singular (yo) del presente de indicativo.

Hacer	**Venir**	**Salir**	**Oír**	**Poner**	**Traer**
haga	**veng**a	**salg**a	**oig**a	**pong**a	**traig**a
hagas	vengas	salgas	oigas	pongas	traigas
haga	venga	salga	oiga	ponga	traiga
hagamos	vengamos	salgamos	oigamos	pongamos	traigamos
hagáis	vengáis	salgáis	oigáis	pongáis	traigáis
hagan	vengan	salgan	oigan	pongan	traigan

Verbos irregulares

Verbos que cambian E > IE. Terminan en -ar: cerrar o en -er: entender.

Cerrar	Entender
cierre	entienda
cierres	entiendas
cierre	entienda
cerremos	entendamos
cerréis	entendáis
cierren	entiendan

ATENCIÓN
Las personas *nosotros/as* y *vosotros/as* son regulares.

Verbos que cambian O > UE. Terminan en -ar: contar o en -er: poder.

Contar	Poder
cuente	pueda
cuentes	puedas
cuente	pueda
contemos	podamos
contéis	podáis
cuenten	puedan

ATENCIÓN
Las personas *nosotros/as* y *vosotros/as* son regulares.

Otros verbos en -ar: *comenzar, despertar(se), empezar, pensar, sentar(se)...*
Otros verbos en -er: *encender, perder, querer...*

Otros verbos en -ar: *encontrar, probar, recordar, soñar, volar...*
Otros verbos en -er: *doler, mover(se), oler, volver...*

Otros verbos.

Ir	Ser	Caber	Saber
vaya	sea	quepa	sepa
vayas	seas	quepas	sepas
vaya	sea	quepa	sepa
vayamos	seamos	quepamos	sepamos
vayáis	seáis	quepáis	sepáis
vayan	sean	quepan	sepan

Más verbos irregulares.

Verbos como CONOCER	
Presente de indicativo	**Presente de subjuntivo**
conozco	conozca
conocemos	conozcas
	conozca
	conozcamos
	conozcáis
	conozcan

Otros verbos que se conjugan igual: *conducir, producir, reducir, traducir.*

Verbos como CONSTRUIR	
Presente de indicativo	**Presente de subjuntivo**
construyo	construya
construimos	construyas
	construya
	construyamos
	construyáis
	construyan

Otros verbos que se conjugan igual: *contribuir, destruir, disminuir, sustituir.*

Verbos como SENTIR	
Presente de indicativo	**Presente de subjuntivo**
siento	sienta
sentimos	sientas
	sienta
	sintamos
	sintáis
	sientan

ATENCIÓN
Estos verbos cambian E > I en las personas *nosotros/as* y *vosotros/as.*

Otros verbos que se conjugan igual: *divertir(se), convertir(se), preferir, sugerir.*

Verbos como REPETIR	
Presente de indicativo	**Presente de subjuntivo**
repito	repita
repetimos	repitas
	repita
	repitamos
	repitáis
	repitan

Otros verbos que se conjugan igual: *pedir, seguir, conseguir, elegir, medir, servir, vestir(se), reír(se), sonreír, freír.*

Apéndice gramatical

Usos de subjuntivo

a Detrás de los **verbos de influencia**. Estos verbos expresan la influencia de un sujeto sobre otro. Tienen este significado: aconsejar, dejar, desear, ordenar, pedir, permitir, querer, recomendar, sugerir...

Con el mismo sujeto Verbo de influencia + infinitivo	**Con distinto sujeto** Verbo de influencia + *que* + subjuntivo
● ¿*Quieres* (tú) *venir* (tú) al concierto con nosotros? ▼ ¡Me encantaría!	● ¿*Quieres* (tú) que **compremos** nosotros las entradas? ▼ ¡Estupendo!

b Detrás de los **verbos que expresan sentimiento**. El subjuntivo aparece cuando el sentimiento sale hacia otra(s) persona(s).

Son verbos de este grupo: *alegrarse de, apetecer, encantar, gustar, importar, molestar, odiar, preferir, sentir, no soportar, sorprender*...

> **ATENCIÓN**
> Los verbos subrayados se utilizan en **tercera persona del singular y del plural** y se construyen como *gustar*.

Cuando el sentimiento no sale hacia otra(s) persona(s) Verbo de sentimiento + infinitivo	**Cuando el sentimiento sale hacia otra(s) persona(s)** Verbo de sentimiento + *que* + subjuntivo
● ¿Por qué no vamos a la bolera? ▼ A mí **no me gusta jugar** a los bolos. Prefiero (yo) ir (yo) a bailar.	● ¿Estás enfadado con Jaime? ▼ Sí. Es que **no me gusta que me hable** (él) así delante de la gente.

c La expresión del deseo.

● ***Que* + presente de subjuntivo**
 – Se sobrentiende el verbo *desear* delante de *que*: (**Deseo**) *que tengan buen viaje.*
 – Usamos esta estructura para expresar deseos.
   ● *Nos vamos de vacaciones la semana que viene.*
   ▼ **¡Que lo paséis** bien!
   ● *No me encuentro muy bien.*
   ▼ *Pues vete a casa y...*, **¡que te mejores!**
	● ***Ojalá (que)* + presente de subjuntivo**
	 – Con esta fórmula también expresamos deseos para los demás y para nosotros mismos.
	 – *Ojalá* procede del árabe y ha pasado al español con el significado de «Dios quiera que». Los deseos expresados con *ojalá* presuponen alguna dificultad para su realización.
	 ¡Que duermas bien! / *¡Ojalá duermas bien!*
	   ● *Hace mucho tiempo que no llueve.*
	   ▼ **¡Ojalá llueva** pronto!
	   ● *Hemos preparado todo perfectamente para la fiesta.*
	   ▼ **¡Ojalá salga** todo bien!

Contraste:
1 *¡**Que** duermas bien!*
2 *¡**Ojalá** duermas bien!*

En el ejemplo (1) expresamos un deseo cotidiano, de cortesía. Es lo que decimos cuando alguien se va a la cama.

En el ejemplo (2) parece que la persona a quien se lo decimos tiene problemas para dormir; por eso nuestro deseo implica una dificultad.

Apéndice gramatical

APARICIÓN DEL INDICATIVO O INFINITIVO Y EL SUBJUNTIVO

a **Verbos que expresan entendimiento, percepción y lengua (verbos «de la cabeza»):
creer, pensar, parecer, oír, decir…**

Con indicativo	Con subjuntivo
En forma afirmativa e interrogativa. *Marta **cree que** Alejandro no ganará el campeonato de ajedrez.* *¿**Has pensado que** faltan dos días para el cumpleaños de Elisa y todavía no le hemos comprado nada?* *¿**No te parece que** Julio está muy extraño últimamente?* *La directora **ha dicho que** mandará un informe sobre los nuevos contratos.*	**En forma negativa.** *Marta **no cree que** pueda viajar a Barcelona este fin de semana.* ***No he oído que** Juan vaya a divorciarse.* *Yo **no he dicho que** Alfredo sea vago.*

b Construcciones de ser o estar con adjetivos o sustantivos.

Con indicativo	Con subjuntivo

• *Es* + **verdad, evidente, seguro** + *que*
  Es cierto *que el español es la segunda lengua de uso internacional.*
  *¿**Es verdad** que Antonio y Ana van a cerrar su empresa?*
  Otros: *obvio; cierto; indudable.*
  Es indudable *que el Sol sale por el Este y se pone por el Oeste.*
• *Está* + **claro, demostrado, comprobado, visto** + *que*
  Está demostrado *que la Tierra es casi redonda.*
  Está claro *que, con la integración, todos ganamos.*
	• *No es* **verdad, evidente, cierto, seguro, obvio, indudable** + *que*
	  No es verdad *que Alberto tenga problemas con el jefe.*
	• *No está* **claro, comprobado, demostrado, visto** + *que*
	  No está demostrado *que haya vida inteligente en otros planetas.*
	• *Es* + **adjetivo/sustantivo** que no significa *verdad, evidente, seguro* + *que*
	  Es un problema *que no encuentre trabajo.*
	  Es bueno *que todos hagamos un esfuerzo por la integración.*

> **ATENCIÓN**
>
> *Lógico, natural y normal* + *que* se construyen con subjuntivo.
> ***Es normal*** *que Angélica quiera volver a su país;
> lleva mucho tiempo sin ver a su familia.*

Apéndice gramatical

c **La expresión de la duda.**

- ***Quizá(s); Tal vez***

  Delante del verbo
  - Se construyen con indicativo o subjuntivo dependiendo del grado de seguridad que queramos expresar.
  - ¿Sabes que hay un concierto gratis en la plaza de la Constitución?
  - Sí, ya lo sabía. **Quizá(s)** iré / vaya con Pedro porque le apetece mucho.
  - ¡Qué raro! Pedro no ha venido al concierto.
  - **Quizá(s) / Tal vez** esté / estará enfermo.

  Detrás del verbo
  - En este caso el verbo va en indicativo.
    Vendrán, **quizá**, para la boda de Verónica y Fernando.
    Se lo compró, **tal vez**, pero no se lo contó a nadie.

- ***A lo mejor***
  - Se construye siempre con indicativo.
    A lo mejor voy a visitarte en junio.
  - ¿Por qué no fue al concierto?
  - Porque **a lo mejor** se puso enfermo.

- ***Puede (ser) que***
  - Se construye siempre con subjuntivo.
    Puede (ser) que Luis no venga a Santiago con nosotros.
  - Se puede usar como respuesta.
  - ¿Crees que sobrará comida?
  - **Puede (ser).** Hemos hecho mucha.

d **Oraciones finales.**

Para y para que expresan finalidad y propósito.

Con el mismo sujeto ***Para*** + infinitivo	Con distinto sujeto ***Para*** + ***que*** + subjuntivo
• Estoy ahorrando (yo) **para viajar** (yo) este verano a Costa Rica. ▼ ¡Ojalá ahorres mucho!	• Estoy ahorrando (yo) **para que** mi hijo **vaya** este verano a Inglaterra. ▼ Yo estuve allí tres veranos cuando era joven.

e **Oraciones temporales con *cuando*.**

Cuando + indicativo	***Cuando*** + subjuntivo
Presente de indicativo + *cuando* + presente de indicativo Pasado de indicativo + *cuando* + pasado de indicativo 1 • Miguel **se trasladó** a Barcelona **cuando se casó**, ¿verdad? ▼ Sí, es que encontró un buen trabajo allí. 2 • **Cuando llego** a casa, **me quito** los zapatos de tacón. ▼ Yo, también.	Futuro + *cuando* + presente de subjuntivo 1 • **Me acostaré cuando lleguemos** al hotel. ¡Estoy muy cansado! ▼ Sí, es que hemos andado muchísimo. 2 • **Cuando apruebe** el carné de conducir, **se va a comprar** un coche. ▼ Pues ahora hay buenas ofertas.

Fíjate en el orden en el que se construyen las oraciones. La oración con *cuando* puede ir detrás de la principal, como en 1, o delante, como en 2.

f Oraciones de relativo con *que*.

Oraciones de relativo con indicativo	Oraciones de relativo con subjuntivo
El relativo *que* se refiere a una palabra anterior que se llama antecedente (un sustantivo o un pronombre). *Juan está haciendo cestas. La gente usa las cestas para poner la fruta.* → *Juan está haciendo **cestas** **que** la gente usa para poner la fruta.* Cestas + que + la gente usa... Antecedente + que + oración. *Hay **alguien** (en la puerta) **que** pregunta por ti.* Alguien + que + pregunta por ti. Antecedente + que + oración. En las oraciones anteriores, los antecedentes **son conocidos**, por eso los verbos que van detrás del relativo van en **indicativo**.	Cuando el antecedente **es desconocido**, detrás del relativo *que* el verbo está en presente de **subjuntivo**. *Necesito un chico au pair **que hable** alemán y **que tenga** carné de conducir.* Un chico au pair + que + la gente usa... Antecedente + que + subjuntivo. ● *¿Qué preparo para la cena de mañana?* ▼ *Prepara algo **que no tenga** queso. Ya sabes que a Carlos no le gusta.* Algo + que + no tenga... Antecedente + que + oración. *Buscan para un proyecto una arquitecta **que tenga** cinco años de experiencia.* Una arquitecta + que + tenga cinco años... Antecedente + que + oración.

El imperativo

1 Todas las formas de imperativo son iguales a las del subjuntivo, excepto las formas afirmativas de *tú* y de *vosotros/as*.
Aquí tienes un esquema que te puede ayudar.

Persona	Afirmativo		Negativo	
Tú	*come*	= a la 3.ª persona del singular del presente de indicativo	*no comas*	presente subjuntivo
Usted	*coma*	presente subjuntivo	*no coma*	presente subjuntivo
Nosotros/as	*comamos*	presente subjuntivo	*no comamos*	presente subjuntivo
Vosotros/as	*comed*	infinitivo: -r > -d	*no comáis*	presente subjuntivo
Ustedes	*coman*	presente subjuntivo	*no coman*	presente subjuntivo

2 Las formas más usadas en España son las de *tú* y *vosotros/as* en un contexto informal y las de *usted* y *ustedes* en un contexto más formal.

3 En Hispanoamérica usan menos el imperativo que en España porque lo consideran poco cortés. En su lugar usan otras fórmulas, como la pregunta *¿te importa?*

*¿**Me dejas** tu encendedor?*   *¿**Te importa** hablar más bajo?*

El imperativo y los pronombres.

- Con la forma afirmativa, los pronombres van detrás del verbo, formando una sola palabra:
  ***Escríbemelo**, por favor, que no lo entiendo.*
- Con el imperativo negativo, los pronombres van delante del verbo y separados de él:
  ***No me lo digas** otra vez. ¡Qué pesado eres!*

Apéndice gramatical

Usos del imperativo.

> **El imperativo sirve para:**
> - Prohibir algo: *No **jueguen** a la pelota en la piscina.*
> - Dar órdenes: ***Sal** inmediatamente de esta habitación.*
> - Hacer sugerencias: *Si vas a Cuenca, **visita** el Museo Arqueológico.*
> - Dar instrucciones: ***Aprieta** fuerte el botón y **da** media vuelta a la derecha.*
> - Dar permiso: *Vale, **sal** esta noche, pero no vuelvas tarde.*
> - Hacer una petición: ***Dame** un folio, por favor.*
> - Dar un consejo: ***Estudia** informática, tiene más salidas profesionales.*

9 ESTILO INDIRECTO

A Estilo indirecto introducido por presente de indicativo

No se cambia de situación temporal, pero sí de persona y también se puede cambiar de espacio.
Por eso las transformaciones afectan a:
- las personas del discurso y todos los elementos referidos a ellas: pronombres sujeto, los posesivos, otros pronombres (OD y OI)...
- los marcadores espaciales.

Sofía
Estoy muy bien. La gente aquí es muy amable.

Tomás a Carmen
*Sofía **cuenta** que **está** muy bien, que la gente **allí** es muy amable.*

Sofía
Yo hablé con Maite el jueves, pero de Mercedes no sé nada. Me llamó el día que llegué pero no me ha vuelto a llamar.

Tomás a Carmen
*Sofía **cuenta** que **habló** con Maite el jueves **pasado**, pero que no **sabe** nada de Mercedes desde que **la llamó** el día que **llegó**, pero que no **la ha vuelto** a llamar.*

B Estilo indirecto introducido por pretérito perfecto de indicativo

Como sabes, este tiempo marca un pasado que llega «hasta ahora», por eso los cambios pueden afectar o no a los tiempos verbales. Pero sí hay que cambiar, como en el caso del presente:
- las personas y todos los elementos referidos a ellas: pronombres sujeto, los posesivos...
- los marcadores espaciales.

Sofía
Yo hablé con Maite el jueves, pero de Mercedes no sé nada. Me llamó el día que llegué pero no me ha vuelto a llamar.

Tomás a Carmen
*Sofía **me ha contado** que **habló** con Maite el jueves **pasado**, que no **sabe** nada de Mercedes desde que **la llamó** el día que llegó, pero que no **la ha vuelto** a llamar.*

C Estilo indirecto introducido por pretérito indefinido

En este caso, se producen cambios de espacio y de tiempo, por eso todos los elementos de la oración quedan afectados.

Sofía
Yo hablé con Maite el jueves, pero de Mercedes no sé nada. Me llamó el día que llegué pero no me ha vuelto a llamar.

Tomás a Mercedes
Sofía contó que había hablado con Maite el jueves pasado, pero que no sabía nada de Mercedes desde que la había llamado el día que llegó pero que no la había vuelto a llamar.

Cambios en los tiempos verbales de indicativo.

ESTILO DIRECTO	ESTILO INDIRECTO
Presente. *Estoy muy bien.*	→ **Imperfecto.** *Sofía contó que estaba muy bien.*
Futuro simple. *Iré a verte muy pronto.*	→ **Condicional simple.** *Me dijo que vendría a verme muy pronto.*
Pretérito perfecto. *No ha vuelto a llamarme desde el jueves.*	→ **Pretérito pluscuamperfecto.** *Me contó que no había vuelto a llamarla desde el jueves pasado.*
Pretérito indefinido. *Hablé con Maite el jueves.*	→ **Pretérito pluscuamperfecto o no cambia.** *Me dijo que había hablado / habló con Maite el jueves pasado.*
Pretérito imperfecto, pretérito pluscuamperfecto o condicional. *Allí no había nadie.* *Perdona, no te había visto.* *Me gustaría hablar contigo.*	→ **Los tiempos no cambian, pero sí otros elementos de la oración.** *Me contó que allí no había nadie.* *Me dijo que no me había visto.* *Me dijo que le gustaría hablar conmigo.*

D Cuando se cambia de lugar se producen los siguientes cambios:

Los verbos
Venir → Ir / Ir → Venir
Traer → Llevar / Llevar → Traer
(Por teléfono)
● *Iré a verte muy pronto.*
▼ *¿En serio que vendrás a verme pronto?*
● *Sí, y te llevaré un regalo.*
▼ *No, no, de verdad, no tienes que traer nada.*

Las expresiones de lugar
Aquí / Acá → Ahí / Allí / Allá /
Ahí / Allí / Allá → Aquí / Acá
(Por teléfono)
● *¿Estás contenta allí?*
▼ *Sí, aquí la gente es muy amable.*

E Cuando se cambia de tiempo y lugar también cambian:

Las expresiones de tiempo
Hoy → Ese / aquel día
Ayer → El día anterior
Mañana → Al día siguiente
Hoy mismo te envío la información por e-mail.
Me dijo que ese mismo día me enviaba la información por e-mail.

Los demostrativos
Esta, este, esto → Esa / aquella, ese / aquel, eso / aquello
Esta mañana no voy a ir a trabajar.
Me dijo que esa / aquella mañana no iba a ir a trabajar.

Apéndice gramatical

10 LA IMPERSONALIDAD

Se puede expresar de las siguientes formas:

- Cuando el hablante presenta lo que dice como algo impersonal, general, pero al mismo tiempo quiere incluir a la persona con la que está hablando, se usa *la segunda persona del singular*.

    *Viajando solo **tienes** más independencia y **puedes** ver más cosas que si **vas** en grupo, por eso me decidí a hacer el viaje por mi cuenta.*

- Cuando el hablante no conoce al sujeto o no le interesa nombrarlo, se usa *la tercera persona del plural*.

    *Me **han dicho** que **van a abrir** una discoteca cerca de la playa. Nos **han invitado** a ir a una fiesta.*

- Cuando el hablante quiere presentar una información de tipo general en la que puede estar incluido él mismo, se usa *se + la tercera persona del singular*.

    *Antes de entrar, **se llama** a la puerta.*
    *¿Cuánto **se tarda** de Santander a Madrid?*

    Como ves, estas oraciones pueden referirse al hablante, pero si decimos *llaman, tardan*, automáticamente el hablante se refiere a los demás, a la gente.

11 SER Y ESTAR

Usamos *estar* para:

- Hablar del estado físico y anímico:
    - ● *Buenos días, señora Enríquez, ¿qué tal **está** usted?*
    - ▼ ***Estoy** bien, gracias.*

    - ● *Hola, Pedro, ¿qué tal **estás**?*
    - ▼ *Regular.*

    En este caso el verbo *estar* significa *sentirse, encontrarse*.

- Decir la localización: *La casa **estaba** en un pueblecito en las afueras de Quito.*
- Decir la fecha:
    - *estamos en* + mes, año, estación…: ***Estamos en** abril.*
    - *estamos a* + día: ***Estamos a** lunes, 28.*
- Decir la temperatura: ***Estamos a** 17 °C.*
- Expresar una acción en proceso (*estar* + gerundio):
    - ● *¿Qué **estáis** haciendo?*
    - ▼ ***Estamos** viendo los resultados deportivos.*
- Expresar el resultado (*estar* + participio): *Ha llovido mucho y la carretera **está** mojada.*

Usamos *ser* para:

- Decir quiénes somos: *Hola **soy** María, la chica que estabais esperando.*
- Decir qué somos: *Julia quiere **ser** cirujana.*
- Expresar la ideología (religiosa, política, artística…): *El pintor Antonio López **es** hiperrealista.*
- Decir la hora y expresar tiempo: *¡Qué tarde **es**! Pero si **son** ya las 12:00 h.*
- Expresar la cantidad: ***Son** tres invitados. **Son** 5 euros.*
- Expresar que un hecho tiene lugar: *La manifestación **es** en Correos a las 19:00 h.*
- Expresar posesión, relación: *Mira, este coche **es** de mi vecino.*
- Expresar origen: *Esta carne **es** de Argentina.*
- Expresar material (seguido de la preposición *de*): *La mesa **era** de cristal.*

12 Perífrasis verbales

- **Llevar** + gerundio
  Expresa el tiempo que dura una acción. Con este sentido se usa en presente e imperfecto. Va acompañada de una expresión de tiempo que puede ir entre el verbo y el gerundio o detrás del gerundio.
  __Llevamos estudiando tres horas__. Vamos a descansar un poco, ¿no?
  __Llevaba un año trabajando__ en Brasil cuando conocí al que ahora es mi marido.

- **Seguir** + gerundio
  Indica que una acción empezada no ha terminado todavía.
  Empecé a estudiar a las diez de la mañana. Son las siete de la tarde y __sigo estudiando__.
  A pesar de la ley antitabaco mucha gente __sigue fumando__ en los lugares públicos.

- **Seguir sin** + infinitivo
  Es la forma negativa de la construcción anterior.
  Decidí no estudiar a los 16 años. Tengo 25 y __sigo sin estudiar__.
  Dejé el tabaco hace 30 años y __sigo sin fumar__.
  __Se ha puesto a llover__ de repente.

- **Ponerse a** + infinitivo
  Expresa el principio de una acción. Alterna con *empezar a* + infinitivo, pero *ponerse a* transmite una idea de esfuerzo o voluntad cuando el sujeto es una persona.
  Si todos __nos ponemos a limpiar__, terminaremos antes.
  __Ponte a preparar__ tus cosas ya o luego no tendrás tiempo.

- **Volver a** + infinitivo
  Indica que una acción se hace otra vez.
  Dejé los estudios a los 16 años y ahora quiero __volver a estudiar__. Nunca es tarde, ¿no?
  Desde que se fueron de aquí __no he vuelto a verlos__.

- **Llevar sin** + infinitivo
  Es la forma negativa de la construcción anterior.
  __Llevamos sin estudiar__ toda la semana. Deberíamos empezar ya, ¿no os parece?
  __Llevaba un año sin trabajar__ cuando me ofrecieron ir a Brasil a dar clases.

13 Ortografía y fonética

No se pronuncia la '**u**' que va en '**gue**' y en '**gui**': **guerra, guitarra**; ni la que va en '**que**' y en '**qui**': **queso, quiero**. Sí se pronuncia la '**u**' cuando va escrita así: **ü, pingüino, vergüenza**.	La '**h**' nunca se pronuncia. **Alcohol** se pronuncia *alcool, **hospital** se pronuncia *ospital.	La '**b**' y la '**v**' se pronuncian igual (el sonido es el de la '**b**'): **botella, vaso**.
Za / ce / ci / zo / zu se pronuncian como θ en toda España excepto en algunas zonas de Andalucía, en Canarias y en Hispanoamérica donde se pronuncian como '**s**'.	Detrás de L, N y S se escribe '**r**' pero suena '**rr**': **Israel, Enrique, alrededor**.	Hoy en día tampoco hay diferencia entre la '**ll**' y la '**y**', excepto en algunas zonas del norte de España: **llave, yo**.
En español hay solo cuatro consonantes que pueden duplicarse. Para recordarlo tienes la palabra CaRoLiNa: **acción, perro, lluvia, innecesario**.	No existe diferencia de pronunciación entre '**ge**' y '**je**', ni entre '**gi**' y '**ji**': **general, jefa, gitano, jirafa**.	La '**ph**' no existe en español, siempre se escribe '**f**'.

14 La acentuación

a Reglas generales

Llevan tilde (´) acento ortográfico:

1. Las palabras **agudas** (acentuadas en la última sílaba) que acaban en *vocal, -n* y *-s*: *sofá, jamón, compás*.

2. Las palabras **graves** o **llanas** (acentuadas en la penúltima sílaba) que no acaban en *vocal, -n* o *-s*: *Pérez, césped, inútil, árbol*.

3. Todas las palabras **esdrújulas** (acentuadas en la antepenúltima sílaba): *léxico, político, quirófano, sábana*.

4. Todas las palabras **sobreesdrújulas** (acentuadas en la sílaba anterior a la antepenúltima): *arréglasela, comunícaselo*.

b Acentuación especial:

- Cuando el acento recae en una sílaba con **diptongo**, y según las reglas anteriores, la tilde debe ir sobre la A (*andáis*), la E (*coméis*), la O (*adiós*). Cuando el diptongo lo forman la I y la U, se acentúa la que aparece en la última posición (*construí, veintiún*). Lo mismo ocurre cuando el acento recae en una sílaba con **triptongo**: *averiguáis*.

- Cuando el compuesto está formado por dos o más palabras que no llevan tilde, esta se coloca si el compuesto resulta **esdrújulo** o **sobreesdrújulo**: *diciéndole, búscala*.

- Los relativos *que, cual, quien,* y los adverbios *cuando, cuan, cuanto, como* y *donde*, llevan tilde en las oraciones interrogativas y exclamativas: *¿Cómo lo has hecho?, ¡Cuánto lo quiere!*

- Los adverbios en *–mente* mantienen la tilde, si les corresponde, en el primer elemento: *lícitamente, dócilmente*.

- Cuando una palabra simple pasa a formar parte de una compuesta en primer lugar, pierde el acento ortográfico: *baloncesto, decimonono, decimoséptimo*.

- Los **monosílabos** (palabras que solo tienen una sílaba) no llevan tilde, salvo cuando existen dos con la misma forma, pero con distinta función gramatical.

- La partícula *aún* lleva tilde cuando puede sustituirse por *todavía*. Se escribe *aun* cuando puede sustituirse por *incluso*.

- Las mayúsculas deben ir acentuadas de acuerdo con las reglas generales: *África*.

15 LA PUNTUACIÓN

A La coma (,) reproduce las pausas que se hacen dentro de una oración, pero su colocación también depende de ciertas reglas gramaticales.
Se separan con coma:

a Los elementos de una serie de palabras o de grupos de palabras, incluso oraciones, cuando no van unidos por conjunción:
Los discos, las revistas, los libros estaban tirados.
Llegó, se duchó, se maquilló, cogió dinero y se marchó.

b Los vocativos:
Señor, ¿me puede dejar paso, por favor?

c Los incisos que interrumpen momentáneamente el curso de una oración:
No seas tan ambicioso, te lo digo en serio, y vivirás más tranquilo.

B El punto y coma (;) marca una pausa menor que el punto y mayor que la coma.
Elena vive a las afueras, pero no le importa conducir; vale la pena ese tiempo al volante para poder respirar aire puro al volver a casa.

C Los dos puntos (:) se utilizan en los siguientes casos:

a Tras el encabezamiento de las cartas:
Querido Eduardo:

b Para anunciar una frase en estilo directo:
Emilia contestó: Ni hablar, no pienso hacerlo.

c Para anunciar una enumeración:
Esta semana hemos ido dos días al cine: una el miércoles y la otra el sábado.

D El punto (.) señala las pausas que se producen entre dos oraciones independientes:
Ven a casa. Manuel quiere verte.

a El punto se pone al final de las abreviaturas:
Sr. / etc.

b El punto y aparte marca el final de un párrafo.
El móvil debe estar desconectado en lugares públicos como el cine, el teatro, un concierto, en misa, etc. y, por favor, cuando viaje en tren.

La melodía del móvil debe ser discreta y su volumen debe ser el adecuado para que pueda ser oído por su propietario, sin que sea necesario que se oiga en 100 metros a la redonda.

E Los puntos suspensivos (…) sirven para señalar que el hablante se interrumpe o que la enumeración podría prolongarse.
Le expliqué que había problemas, que la situación era difícil, que…, pero no me escuchó.

F Las comillas (« ») las usamos para citar algo literalmente.
Recuerdo perfectamente el principio de Cien años de soledad: *«Muchos años después, frente al pelotón de fusilamiento, el coronel Aureliano Buendía había de recordar aquella tarde remota en que su padre lo llevó a conocer el hielo».*

G Los paréntesis ( ) permiten introducir una observación dentro de una oración.
En lugar del paréntesis puede emplearse la raya (–).
Las vacaciones (un poco más largas de lo previsto) me sentaron de maravilla.

H Los signos de interrogación (¿ ?) se utilizan en las oraciones interrogativas directas. Recuerda que en español se ponen al principio y al final de la oración.
¿A quién le toca fregar los platos hoy?

I Los signos de exclamación (¡ !) se usan en oraciones que expresan alegría, dolor, admiración, mandato… Al igual que los signos de interrogación se ponen al principio y al final de la oración.
● *¡Sopa otra vez! ¡Qué asco!*
▼ *Pero, ¡qué va! ¡Está buenísima!*

Glosario

el abdomen (U9)
el abrebotellas (U11)
el abrelatas (U11)
el abrigo (U3)
abrochar (U6)
el absurdo (U5)
abundante (U7)
acalorado, acalorada (U9)
la acera (U11)
actuar (U1)
acuerdo de, acuerdo (U6)
adaptar (U5)
adivinar (U10)
la afición (U12)
aficionado, aficionada (U12)
agradecer (U9)
el águila (U2)
el ahorro (U6)
el ajiaco (U6)
el ajo blanco (U5)
la alfombra (U7)
la almohada (U7)
el alojamiento (U3)
alquilar (U1)
la alubia (U7)
el ámbito (U10)
la angustia (U8)
anoche (U1)
anteayer (U5)
anteojos (U11)
anunciar (U8)
añadir (U7)
añorar (U7)
apetecer (U2)
apuntes (U8)
aquello (U3)
aretes (U11)
aros (U11)
el artículo (U6)
asar (U2)
asegurar (U8)
así que (U8)
aspirar (U10)
el astrónomo, la astrónoma (U1)

asustarse (U10)
la atención al cliente (U2)
el aumento (U2)
el auto (U11)
el autobús (U11)
avanzar (U1)
el bachillerato (U8)
baja, de baja (U12)
el balcón (U5)
la ballena (U3)
la banqueta (U11)
el bañador (U2)
el beneficio (U3)
la bici (U10)
el billete (U11)
el biquini (U2)
la bitácora (U6)
el bizcocho (U1)
el boleto (U11)
la botella (U3)
el botellón (U1)
el brik (U3)
brindar (U9)
la bufanda (U5)
la butaca (U6)
el buzón de sugerencias (U8)
el cacao (U7)
el cacillo (U2)
el cajero automático (U3)
el calcetín (U3)
el cálculo (U9)
el camión (U11)
la camiseta (U3)
el camisón (U1)
la canoa (U7)
capaz (U7)
el capricho (U9)
cariñoso, cariñosa (U10)
el carril (U5)
el carro (U11)
la cartelera (U6)
el cascanueces (U11)
el cate (U8)
la cátedra (U10)
el catedrático, la catedrática (U10)

el cazo (U6)
la cazuela (U3)
el centro de enseñanza (U8)
la chaqueta (U3)
el chillón, chillona (U9)
chivarse (U8)
la chuleta (U8)
el ciclo (U5)
el ciclo formativo (U8)
cierto, cierta (U6)
el circo (U1)
circular (U3)
la cita (U7)
claro, clara (U6)
la coartada (U6)
cobarde (U10)
cobrar (U12)
el coche (U11)
el cochinillo (U6)
el cocido (U6)
cocinar (U5)
la cola (U1)
el cole (U8)
el colectivo (U11)
el comercio (U5)
como (U8)
el cómodo (U2)
compartir (U3)
el comportamiento (U9)
comprobado, comprobada (U5)
comprometido, comprometida (U8)
conceder (U1)
concertar (U10)
concienciar (U5)
el concierto (U1)
la conclusión (U10)
el concurso (U6)
la condición (U1)
el condicional (U2)
el conector (U8)
confidencial (U9)
conseguir (U1)
consumir (U1, U10)
el consumo (U1)
contaminar (U1)

Glosario

el contenedor (U3) _____
la contradicción (U8) _____
la contraposición (U12) _____
contraria,
   la contraria (U6) _____
contrario,
   lo contrario (U10) _____
contrastar (U12) _____
conveniente (U6) _____
la convivencia (U12) _____
copiar (U9) _____
el cordero (U1) _____
el cortaúñas (U11) _____
la cortesía (U3) _____
la cortina (U10) _____
coser (U6) _____
la costa (U3) _____
el coste (U12) _____
la costumbre (U6) _____
cotidiano,
   cotidiana (U9) _____
la crema (U1) _____
el cristal (U3) _____
el criterio (U3) _____
cuenta, darse
   cuenta (U6) _____
la cuestión (U10) _____
cuidado,
   cuidada (U7) _____
culto, culta (U10) _____
dar, dar la mano (U9) _____
deberes (U8) _____
el decálogo (U9) _____
dejar (U7) _____
la demanda (U8) _____
el demostrado (U2) _____
depender (U1) _____
deprisa (U6) _____
desde luego (U5) _____
el deseo (U4, U7) _____
el desierto (U1) _____
despacio (U2) _____
despedirse (U9) _____
destruir (U2) _____
el detalle (U10) _____
el diminutivo (U7) _____
directo, directa (U1) _____
disculparse (U9) _____
disponer (U6) _____
la diversidad (U1) _____
divertido,
   divertida (U10) _____

la duda (U7) _____
sin duda (U6) _____
el dulce de leche (U1) _____
duplicar (U10) _____
ecológico,
   ecológica (U2) _____
el edificio (U5) _____
educado,
   educada (U10) _____
elaborar (U10) _____
el elefante (U6) _____
el emigrante,
   la emigrante (U1) _____
el empollón,
   la empollona (U8) _____
encantado,
   encantada (U7) _____
la encuesta (U10) _____
la energía (U6) _____
engordar (U7) _____
enriquecer (U6) _____
la ensaimada (U3) _____
enterarse (U5) _____
el entorno (U10) _____
la entrada (U1) _____
el envase (U3) _____
la época (U4) _____
érase una vez (U2) _____
es que (U8) _____
el escáner (U5) _____
el escenario (U6) _____
el escepticismo (U8) _____
el escurridor (U2) _____
esforzarse (U12) _____
eso (U2) _____
la ESO (U8) _____
la especialidad (U10) _____
espectacular (U5) _____
el espectáculo (U2) _____
espejuelos (U11) _____
el esquema (U8) _____
estable (U4) _____
la estampilla (U11) _____
el estanco (U10) _____
esto (U3) _____
el estrés (U12) _____
estresado,
   estresada (U8) _____
estupendo,
   estupenda (U5) _____
la estupidez (U6) _____
evidente (U2) _____

evolucionar (U3) _____
el exceso (U10) _____
expresar (U8) _____
extraer (U10) _____
extrañar (U8) _____
la extrañeza (U8) _____
la falda (U6) _____
fastidiar (U8) _____
favorito, favorita (U5) _____
ficticio, ficticia (U10) _____
el fideo (U5) _____
la fila (U6) _____
la fluidez (U7) _____
el folio (U7) _____
la formación continua
   (U12) _____
fregar (U10) _____
el frigidaire (U11) _____
el frigorífico (U11) _____
la fritada (U6) _____
la fuente (U5) _____
la función (U6) _____
la gastronomía (U6) _____
el gazpacho (U2) _____
genial (U5) _____
la globalización (U12) _____
la golondrina (U5) _____
la gracia (U4) _____
el grado (U8) _____
granizar (U4) _____
el granizo (U6) _____
la grasa (U10) _____
grave (U7) _____
el guacamole (U3) _____
el guante (U4) _____
guay (U8) _____
hacerse (U10) _____
la hamaca (U7) _____
la heladera (U11) _____
helar (U4) _____
el hielo (U3) _____
la hierba (U7) _____
histórico,
   histórica (U8) _____
la historieta (U6) _____
el horario (U8) _____
el horno (U5) _____
el humorista,
   la humorista (U3) _____
idea, ni idea (U6) _____
la ilusión (U7) _____
impedir (U1) _____

Glosario

importar (U3)	marcha (U6)	el organismo (U10)
imprescindible (U12)	la marginalidad (U6)	orientado, orientada (U5)
impuntual (U11)	el marisco (U4)	el oso panda (U6)
incómodo, incómoda (U6)	marrón (U6)	la paella (U5)
el indiano, la indiana (U6)	masificar (U3)	la paga extra (U12)
influir (U5, U6)	el matamoscas (U11)	el palco (U1)
inmediatamente (U7)	las mates (U8)	el panel (U5)
la inmigración (U2)	matricular (U10)	la pantalla (U3)
la innovación (U2)	el matrimonio (U7)	el pantalón (U6)
el inodoro (U10)	mayoritario, mayoritaria (U10)	la papa (U3)
la inquietud (U1)	el mecanismo (U3)	el paraguas (U5)
la inseguridad (U5)	la media (U1)	parcial (U10)
insistir (U6)	el medio ambiente (U2)	la pared (U7)
la institución (U7)	el medio de transporte (U1)	pasar, pasar a limpio (U8)
la integración (U2)	mejor, a lo mejor (U5)	el payaso (U2)
integrador, integradora (U3)	mejorar (U7)	pedir (U6)
inventar (U2)	el miedo (U8)	la pelota (U8)
el invento (U5)	el minicine (U3)	la pena (U2)
invertir (U10)	la moda (U6)	pendientes (U11)
invitar (U1)	modales (U9)	perder (U4)
la jacaranda (U10)	el molde (U1)	el perfil (U12)
jamás (U3)	molestar (U5)	perjudicial (U10)
el jersey (U5)	morado, morada (U1)	el personaje (U6)
la jirafa (U2)	el mosquito (U5)	el pescado (U1)
jornada, media jornada (U12)	el multicine (U5)	picar (U10)
el jubilado, la jubilada (U5)	el musical (U6)	la pila (U6)
la judicatura (U10)	natal (U7)	el pimiento (U1)
juguetón, juguetona (U10)	natural (U6)	el pintalabios (U11)
laboral (U8)	el nerviosismo (U8)	el pisapapeles (U11)
latino, latina (U7)	nervioso, nerviosa (U10)	el plan, plan de estudios (U8)
la lavadora (U5)	la nómina (U8)	planchar (U9)
el león, la leona (U6)	normal (U1)	la planta (U1)
la liebre (U1)	la novedad (U3)	el plástico (U6)
limar (U9)	las nuevas tecnologías (U3)	la plataforma (U9)
la llegada (U7)	nunca (U4)	el polvo (U10)
la localidad (U5)	ocre (U3)	ponerse (U10)
lógico, lógica (U4)	la ocupación (U10)	por eso (U8)
maduro, madura (U10)	oficial (U6)	por supuesto (U2)
la maestría (U7)	ojalá (U7)	el portarrollos (U11)
maleducado, maleducada (U9)	la olla (U5)	el portátil (U6)
maltratar (U3)	la ópera (U4)	el posavasos (U11)
manchar (U10)	opinar (U4)	posible (U1)
el manejo (U12)	la opinión (U5)	posiblemente (U6)
marcha, salir de marcha	la oportunidad (U12)	el postre (U2)
	el optimista, la optimista (U10)	preferido, preferida (U2)
	óptimo, óptima (U10)	el premio (U3)
		la prenda (U1)
		la preocupación (U8)

Glosario

presentar (U9)	la ropa interior (U4)	tarde (U2)
prestado, prestada (U5)	rosa (U2)	la tarjeta de crédito (U1)
prestar (U7)	la rueda (U4)	la tasa (U10)
el presupuesto (U9)	la ruta (U3)	el tejado (U3)
la probabilidad (U1)	saber, y yo qué sé (U4)	el tejido (U3)
probablemente (U5)	el sacapuntas (U11)	la tela (U1)
productivo, productiva (U8)	salarial (U10)	temprano (U1)
el profe	el salario (U6)	tener, tener en cuenta (U1)
la profe (U8)	la salida (U8)	la terraza (U5)
profesional (U10)	saludable (U10)	el timbre (U11)
el profesorado (U8)	la sartén (U1)	tímido, tímida (U10)
la promoción (U12)	satisfecho, satisfecha (U7)	la tiza (U7)
proponer (U4)	sedentario, sedentaria (U9)	la tortuga (U5)
el propósito (U8)	seguramente (U4)	la transferencia (U9)
el protagonista, la protagonista (U6)	la seguridad social (U12)	el trapecista, la trapecista (U3)
psicológico, psicológica (U6)	seguro, segura (U1)	el trigo (U7)
el puesto, puesto de trabajo (U8)	la selección (U12)	el trozo (U6)
el pulpo (U1)	el sello (U11)	la trucha (U1)
punto, en su punto (U10)	la selva (U2)	el turno (U12)
puntual (U11)	el semáforo (U5)	la urbanización (U6)
la puntualidad (U11)	sensible (U10)	el vacuno (U1)
quedar (U9)	el sentimiento (U5)	vago, vaga (U10)
quedarse (U10)	la seño (U8)	valorar (U12)
el quiosco (U10)	la serpiente (U3)	el vecino, la vecina (U3)
quizá (U1)	el siglo (U6)	el vehículo (U2)
reciclar (U6)	significativo, significativa (U10)	la ventaja (U6)
el recipiente (U3)	el sindicato (U12)	la verdura (U5)
recomendar (U1)	sobreentender (U7)	la vereda (U11)
reconocer (U7)	la sociedad (U1)	la versión original (U5)
reducir (U6)	solar (U5)	la versión subtitulada (U3)
relacionarse (U5)	sonarse (U9)	la viñeta (U4)
la renovación (U7)	soportar (U2)	violeta (U1)
requerir (U12)	el subjuntivo (U7)	la vocación (U8)
la reserva (U1)	el sueldo (U10)	voluntario, voluntaria (U12)
el residuo (U2)	el suministro (U1)	volverse (U10)
respetar (U1, U9)	supuesto, por supuesto (U7)	la zona (U1)
resumir (U9)	tacaño, tacaña (U8)	
reutilizar (U5)	tal vez (U5)	
el riesgo (U12)	la tapadera (U10)	
rogar (U3)	tapujo, sin tapujos (U5)	
	la taquilla (U1)	

Nuevo Avance Intermedio

Transcripciones de las audiciones

Unidad 1: La ciudad es mi planeta

Pista 1
PRETEXTO. Actividad 1.
Para mí, una ciudad ecológica sería pequeña. Los edificios no serían muy altos, estarían bien orientados y habría paneles solares en todos los tejados. Los vecinos tendrían que poner plantas en todas las terrazas y balcones. Anualmente se celebraría un concurso de plantas y se daría un premio a la más bonita. Pondría un carril para las bicis por donde los ciclistas podrían circular sin peligro y prohibiría el tráfico por el centro, excepto para los vecinos, taxis, autobuses y ambulancias, que circularían lentamente. Y funcionaría un tranvía eléctrico. Habría espacios verdes en cada barrio, donde los niños jugarían al aire libre, los mayores se sentarían en los bancos, los jóvenes se reunirían con sus amigos y todos podrían hacer deporte. Potenciaría un pequeño comercio que recuperaría el trato humano entre vendedores y clientes.
¿Pido demasiado?

Pista 2
DE TODO UN POCO. Actividad 3.
1. ● ¿Puedes poner la música más baja? Es que me molesta.
   ▼ Sí, perdona, ahora mismo la bajo.
2. ● ¿Os importa llevarme a la estación?
   ▼ Es que no podemos. De verdad, lo sentimos mucho.
3. ● ¿Podéis cambiar de canal? Es que no me apetece ver el tenis.
   ▼ Pues a mí me apetece mucho verlo.
4. ● ¿Le importaría dejarme el periódico?
   ▼ Claro que no, tómelo.
5. ● ¿Cierras la puerta? Hace un poco de fresco.
   ▼ No quiero cerrarla; es que yo tengo calor.
6. ● ¿Sería tan amable de volver a llamar?
   ▼ De acuerdo, ¿a qué hora?
7. ● ¿Me prestas el coche para este fin de semana?
   ▼ No puedo porque me voy a Granada.
8. ● ¿Podríamos vernos otro día? Hoy tengo mucho trabajo.
   ▼ Sí, no hay inconveniente.

Pista 3
DE TODO UN POCO. Actividad 4.
Y ahora, para terminar nuestro programa, queridos oyentes, quiero recordarles que mañana por la tarde viene el alcalde a nuestros estudios de Onda Meridional para hablar de una ciudad más limpia. ¿Serían tan amables de colaborar con nosotros? ¿Tienen ustedes alguna pregunta o sugerencia para él?

● A ver, usted, señora.
▼ Sí, bueno... A mí me parece muy bien todo esto del reciclaje, pero ¿no podrían recoger los vidrios a otra hora? Es que me despiertan todos los días las 5:00 h y ya no me puedo dormir. Esta es la pregunta que le haría.
● Sí, dígame usted, señor:
▼ Algo muy simple: le preguntaría por qué no pone contenedores en las urbanizaciones y no solo en las zonas céntricas. Se reciclaría mucho más.
● Quiero hablar, por favor, quiero hablar.
▼ Adelante, señora.
● Yo no le haría ninguna pregunta, simplemente colocaría el vertedero que han puesto junto a mi casa al lado de la casa del alcalde. Creo que no le gustaría...
● Me despido y ya saben que pueden dejar sus preguntas y sugerencias en: *visitaalcalde@ondameridional.es* o en el teléfono 952 20 20 20. ¡Hasta mañana!

Unidad 2: ¡Cuánto hemos cambiado!

Pista 4
PRETEXTO. Actividad 1.
¿Alguna vez te ha interesado saber quién inventó el lápiz, los zapatos de tacón, internet, etc.? Si es así, tú y yo coincidimos en la misma inquietud, por eso en este *blog* (o **bitácora** como se dice en español) voy a investigar y contar las historias de aquellos inventos que han cambiado nuestra vida.

El contestador automático, por ejemplo, fue un invento revolucionario, sobre todo en el mundo de la empresa. Pero este aparato también se metió en nuestras casas hace mucho tiempo.

¿Ha cambiado mi vida el contestador automático? Pues sí. Gracias a él encontré el trabajo de mis sueños. Me dejaron un mensaje por error. Me presenté a la entrevista y me dieron el trabajo. Aunque ya no lo uso tanto como antes, todavía no lo he quitado. Sigue al lado del teléfono. Y tú, ¿qué me cuentas del contestador?

¿Y qué me dices del bolígrafo, algo tan pequeño y tan útil?

Lo inventaron en 1938 los hermanos húngaros, Laszlo y George Biro. Yo, desde que compré mi primer boli, siempre he llevado uno en el bolso o en la cartera. Y una curiosidad, en algunos países se llama 'lapicera', 'birome' (del apellido de los hermanos Biro y el de su socio Meyne) –que fue su nombre original–, 'puntabola' y de otras muchas maneras. Bueno, lo dejo aquí por hoy, pero espero vuestros comentarios y vuestros inventos preferidos.

Nos vemos.

Pista 5
DE TODO UN POCO. Actividad 1 C.
Tenemos en línea a nuestra reportera que habla con doña Inés Ayllón, la alcaldesa de nuestra ciudad.
- Buenos días, señora alcaldesa: ¿qué puede decirnos de la ciudad que usted dirige desde 2001?
- ▼ Nuestra ciudad ha cambiado mucho en los últimos años. Estos cambios la han convertido en una ciudad más limpia, más verde, más habitable. Para verlo solo hay que pasear por cualquier barrio.
- ¿Podría señalar los cambios más importantes y cuándo se hicieron?
- ▼ Pues sí, claro. Nuestro plan de transformación ha tenido varias etapas. La primera de ellas fue al principio de nuestro mandato: entre 2001 y 2003. Durante ese periodo, transformamos el centro histórico e hicimos todas las calles peatonales. La segunda etapa fue en 2005. Durante ese año plantamos los árboles del cinturón verde de la ciudad y construimos dos parques públicos y un estadio.
- Veo que invirtieron mucho dinero.
- ▼ Pues sí. Una ciudad que quiere ser más moderna tiene que gastar mucho dinero en beneficio de todos.
- Muchas gracias, señora Ayllón por sus declaraciones y ánimo. Esta ciudad cada día está más bonita.
- ▼ De nada. Estoy a su disposición.

Pista 6
DE TODO UN POCO. Actividad 3.
1. ● ¿Quieres venir con nosotras? Vamos a la bolera.
   ▼ Lo siento, pero no puedo. Es que tengo un examen dentro de dos días y además fui a la bolera hace un par de días.
2. ● No sé qué podemos hacer este fin de semana. Han dicho que va a llover.
   ▼ ¿Por qué no hacemos una cena en casa?
   ● No gracias. La semana pasada hicimos una cena. Ya lo pensaremos mañana.
3. ● ¿Hacemos una pausa y tomamos un café?
   ▼ Sí. ¡Qué buena idea! He dormido muy mal esta noche y ahora estoy cansado.
4. ● Tengo dos entradas para el concierto, ¿vienes?
   ▼ Gracias, ¡qué bien! Me encanta Nena Daconte. Otro día te invito yo.
5. ● ¿Me acompañas a la tintorería?
   ▼ De acuerdo, pero después me llevas en coche a mi casa. ¿Vale?
   ● Vaaaale, de acuerdo.

Pista 7
DE TODO UN POCO. Actividad 4.
- ¿Te das cuenta, Carmen, de la cantidad de cambios que se han producido durante nuestras vidas?
- ▼ Sí. La cirugía ha avanzado muchísimo, pero todavía los médicos saben poco de las alergias y de las enfermedades mentales. También han aparecido enfermedades nuevas, como el SIDA. Y hablando de cosas más agradables, los electrodomésticos han sido y son una gran ayuda en los hogares, especialmente, la lavadora.
- Sí... la lavadora, el frigorífico, el lavavajillas, el microondas. Bueno, todo. ¿Y qué me dices de la televisión?
- ▼ Que ha cambiado nuestras vidas. El desarrollo de las telecomunicaciones ha sido increíble. Y ¡cuántos inventos!: los móviles, internet. ¡Madre mía!
- Sí, sí y los sistemas de transporte también han progresado mucho. Bueno todos, todos no. Los aviones no han evolucionado mucho. Cuando vamos a visitar a Marga y a Alfredo a Bruselas tardamos el mismo tiempo que hace 20 años.
- ▼ ¿Y qué cambios verán nuestros bisnietos?
- Yo creo que no habrá libros en papel. Existirá una gran biblioteca en internet. Oye, ¿crees que tendrán más hijos que ahora?
- ▼ Creo que sí, porque la madre o el padre podrán quedarse dos años o más sin trabajar.
- ¿Crees que serán felices?
- ▼ Eso dependerá de ellos mismos.
- Bueno, voy a poner la tele, que empiezan las noticias.

Unidad 3: La medida del tiempo

Pista 8
PRETEXTO. Actividad 1.
El astrónomo y filósofo griego Sosígenes midió el tiempo y nos dio un calendario de 365 días y 6 horas. Este calendario, asombrosamente exacto para la época, fue oficial durante el Imperio romano.
Después, cada cultura ha medido el tiempo a su manera. Por ejemplo, según el calendario gregoriano el siglo XXI comienza en 2001. Para los musulmanes este cambio de siglo fue en 1423 y para los tibetanos lo será en 2128.
Y en los calendarios judío y maya, que se remontan al origen de los tiempos, el año 2001 aparecía como 5761 y 5117 respectivamente.

Pista 9
DE TODO UN POCO. Actividad 2 A.
1. ● ¿Sabes si Leticia se fue a México?
   ▼ Sí, se fue con un trabajo estupendo, pero ya ha vuelto.
2. ● ¿Qué sabes de Miguel?
   ▼ Desde que se fue a Colombia no he tenido noticias suyas.
3. ● Oye, ¿te has dado cuenta de que cada día vienen menos alumnos a clase?

Transcripciones de las audiciones

▼ Sí, ya me he dado cuenta. ¿Por qué será?
4. ● ¿Qué hay entre Paloma y Joaquín?
▼ ¡Y yo qué sé!
5. ● ¿Te has enterado de que han secuestrado un avión?
▼ No, no sabía nada, cuenta, cuenta.
6. ● ¿Sabes si hubo clase la semana pasada?
▼ No, no hubo porque el profesor se puso enfermo.
7. ● ¿Sabes que mañana estrenan *El ave de la alegría*?
▼ Sí, me lo han dicho. He quedado con Pablo para ir.
8. ● ¿Sabes que hoy es el día de la madre?
▼ Sí, ya lo sé y he llamado a mi madre.
9. ● ¿Has oído que nos van a subir el sueldo?
▼ Sí, he oído hablar de eso, pero no lo creo.
10. ● ¿Te has enterado de que habrá huelga general?
▼ No tenía ni idea.

Pista 10
DE TODO UN POCO. Actividad 3.
● ¿Qué significa para usted la moda? ¿La sigue?

▼ ¡La moda! ¿Me habla usted de esos hombres con pelo largo y pendientes, de esas mujeres con esos zapatos con los que parecen de todo, menos eso, mujeres? Mire, el mundo está cambiando, pero yo creo que va hacia la ordinariez y hacia la estupidez. Soy un amante de la pintura, pero de la pintura de verdad, pero ahora tenemos el Arte Moderno. ¿Cuántas personas lo entienden? ¿Y qué me dice de esos grupos musicales de aspecto sucio y de tan mal gusto? Eso no es música, tienen ritmo, sí, pero siempre el mismo. ¿Cómo va usted a comparar con la armoniosa música de un bolero o un tango? ¿Y la literatura? Ahora resulta que, para leer un libro, hay que empezar por la página 40. ¿Estamos locos o qué?

■ Es muy fácil decir que la moda es mala, que es una forma de hacernos consumir más. Creo que hay que verla en todos sus aspectos. Ahora, por ejemplo, está de moda cuidarse: no fumar, comer sano, hacer ejercicio. La moda de seguir costumbres orientales nos hace vivir mejor. Y todo eso es muy bueno. Seguir la moda me parece divertido. ¡Qué horror vestir siempre igual! Sí, a mí me gusta ir a la moda, es una de mis aficiones. Para mí, seguir la moda es una forma más de estar al día, como en política, sociedad, etc. A mí me parece que los que se oponen totalmente a seguirla, solo quieren llamar la atención.

▼ Como puede ver, yo no sigo la moda. Soy clásica en mi manera de vestir, de decorar mi casa. Y todo por una razón práctica: lo clásico, como su nombre indica, nunca pasa de moda. Además, me parece una de las maneras más claras de esclavizar a una mujer. Me explico: un hombre puede llevar años y años el mismo traje de chaqueta y siempre va bien. No sé por qué las mujeres entran en el juego de ir siempre a la moda. Otra cosa son los jóvenes: para ellos puede ser una forma de afirmar una personalidad que todavía no está bien formada. Yo los respeto. Pero mire, cuando es el cumpleaños de mis nietos, que tengo 3, yo les doy dinero y ellos se compran lo que les gusta.

Repaso 1: *Unidades 1, 2 y 3*

Pista 11
Actividad 3 A.
Diálogo 1
● ¿Qué podríamos hacer en las vacaciones de verano?
▼ ¿Por qué no vamos a recorrer el Amazonas?
● Me encantaría, pero tendremos que prepararlo muy bien.
Diálogo 2
● ¿Os importa llevarme al aeropuerto?
▼ Es que no podemos. De verdad, lo sentimos mucho, los dos tenemos turno de tarde.
Diálogo 3
● ¿Puede bajar el volumen de la música, por favor? Es que no nos oímos.
▼ Sí, claro, disculpe, ahora mismo lo bajo.

Diálogo 4
● ¿Quieres venir con nosotros? Vamos a correr.
▼ Lo siento, pero no puedo. Es que tengo un examen dentro de dos días y, además, no me encuentro muy bien. Gracias de todas formas.
Diálogo 5
● ¿Podríamos vernos otro día? Hoy tengo mucho trabajo.
▼ Sí, no hay inconveniente, hombre, pero recuerda que la vida es algo más que trabajo y que hay que divertirse.

Pista 12
Actividad 3 B.
Jorge Luis Borges nació el 24 de agosto de 1899 en Buenos Aires, Argentina. Estudió en Ginebra y vivió poco tiempo en España. En 1921 volvió a su país. En 1930 empezó a perder la visión hasta quedarse ciego.
Trabajó en la Biblioteca Nacional de 1938 a 1947 y, después, la dirigió entre 1955 y 1973.
En sus obras, Borges creó un mundo fantástico, difícil de comprender. Su obra *Ficciones* (1944) la componen una serie de relatos cortos considerados por la crítica como literatura perfecta. Otros libros importantes de relatos son *El Aleph* (1949) y *El hacedor* (1960).
Borges nunca escribió una novela porque decía que en un cuento se encontraba todo lo que quería contar.
Recibió muchísimos premios, pero nunca le dieron el Nobel de Literatura. Murió en Ginebra el 14 de junio de 1986.

Transcripciones de las audiciones

UNIDAD 4: Vamos a contar historias

Pista 13
PRETEXTO. Actividad 1.

Un abrazo muy peculiar.

Un día, mi padre fue a comer a un restaurante con unos amigos. Le habían dicho que era muy bueno y que estaba muy bien de precio. La comida fue un desastre. Todos empezaron a discutir con el pobre camarero, que no tenía culpa de nada. Mi padre llamó al dueño y le dio un abrazo. El propietario, asombrado, le preguntó:

● ¿Tan contentos han quedado con la comida?

Y mi padre dijo:

▼ No, es que como no pienso venir nunca más, quería despedirme de usted para siempre.

Pero, ¿qué pasa?

Yo había pasado un día estupendo subiendo y bajando montañas, estaba muy cansado y me fui a mi tienda a dormir. Llevaba un rato durmiendo cuando me desperté asustado porque había sentido que la tienda se movía. «Es una pesadilla», pensé. Busqué la linterna, pero me la había dejado fuera; encontré unas cerillas pero no pude encenderlas, así que empecé a tocar el suelo y sí, se movía. Salí de la tienda, agarré la linterna y me puse a buscar la causa de lo que había notado dentro. Después de un rato vi un bulto que se movía, que se desplazaba. Era un topo despistado.

Pista 14
PRACTICAMOS LOS CONTENIDOS GRAMATICALES. Actividad 5.

1. Cuando cuentes cuentos,
   cuenta cuántos cuentos cuentas,
   porque si no cuentas cuántos
   cuentos cuentas,
   nunca sabrás cuántos cuentos
   cuentas tú.
2. El perro de san Roque
   no tiene rabo
   porque Ramón Ramírez
   se lo ha robado.
3. Un tigre, dos tigres, tres tristes tigres comen trigo en un trigal.
4. Pablito clavó un clavito, un clavito clavó Pablito. ¿Qué clase de clavito clavó Pablito?
5. Como poco coco como, poco coco compro.
6. Rápido corren los carros, cargados de azúcar del ferrocarril.
7. Pepe Peña,
   pela papa,
   pica piña,
   pita un pito,
   pica piña,
   pela papa,
   Pepe Peña.
8. El amor es una locura que solo el cura lo cura.
   Pero el cura que lo cura comete una gran locura.

Pista 15
DE TODO UN POCO. Actividad 1 A 2.

Érase una vez una chica joven que vivía con su madre y dos hermanas en una casa grande. A las hermanas no les gustaba Cenicienta y siempre estaban riéndose de ella. Además, Cenicienta tenía que hacer todas las cosas aburridas que la madre les mandaba: fregar los platos, limpiar el baño, etc. Cada mes su padre, que estaba trabajando en la UNESCO en África, mandaba dinero a las chicas, pero las hermanas lo cogían todo, por eso Cenicienta nunca tenía nada. Un día, las hermanas de Cenicienta estaban muy alegres cuando volvieron a casa después de la escuela. Un chico les había vendido dos entradas para el concierto de Ricky Martin del sábado próximo. «¿Por qué no me comprasteis una para mí también?» –preguntó Cenicienta–, pero las hermanas no escucharon, querían ir de compras en ese mismo momento. «Tenemos que estar guapas el sábado» –le dijeron.

Llegó al sábado y Cenicienta se quedó sola en casa, limpiando. De repente el timbre sonó. «¿Quién puede ser?» –pensó la chica y abrió la puerta. Allí estaba Ricky Martin. «¡Hola, mi coche se ha averiado y tengo que ir a un concierto ahora mismo, ¿puedes ayudarme?».

«Ja, ja, ja» –pensó Cenicienta. «Esta es mi oportunidad». «No puedo ayudarte con el coche, pero si quieres, puedes llamar por teléfono» –dijo Cenicienta. Ricky quedó tan agradecido que le regaló una entrada. Estuvo en el mejor sitio y pudo ver que Ricky la miraba todo el tiempo. Después la invitó a cenar con él. Los dos se enamoraron y...

Pista 16
DE TODO UN POCO. Actividad 3 A.

1. ● ¿Qué te parecen las clases de español?
   ▼ Me gusta la profesora, pero para mí son un poco lentas.
2. ● ¿Qué les parecen las nuevas instalaciones deportivas?
   ▼ En mi opinión falta espacio para la gimnasia.
3. ● Perdone, en su opinión, ¿debería el Gobierno rebajar los impuestos?
   ▼ Para mí sería estupendo, pero no sé si sería bueno para todo el mundo.
4. ● ¿Cuál es su opinión sobre la globalización?
   ▼ ¿La globalización? ¡Huy! Pues no sé qué decirle.
5. ● ¿Creéis que deberían legalizarse todas las drogas para evitar el tráfico con ellas?
   ▼ Yo creo que no. Habría mucho más consumo.
   ■ Pues a mí me parece que estaría muy bien legalizarlas.
6. ● ¿Qué opina de las células madre?
   ▼ No estoy seguro. No me he informado bastante.
7. ● ¿Creen ustedes que deberían eliminarse todas las centrales nucleares?
   ▼ Yo no tengo ni idea.
   ■ Yo creo que sí porque son muy peligrosas.
8. ● ¿Qué opináis de los móviles de última generación?
   ▼ A mí me encantan. Creo que nos van a resolver muchas cosas.
   ■ Yo creo que no necesitamos tantas aplicaciones.

Transcripciones de las audiciones

Pista 17
DE TODO UN POCO. Actividad 4.
● Venga, Cristina, enséñanos la revista de viajes por Europa que ha sacado el Área de Juventud.
▼ Mirad, hay cuatro rutas. Las diferencias de precio son muy pequeñas.
● Unos amigos acaban de venir de Praga, Viena y Budapest y me han dicho que es una ruta estupenda.
▼ Sí, esa es la ruta número 3.
▲ ¿Y cuál es la primera?
▼ La Costa Azul francesa y toda Italia de norte a sur.
▲ A mí esa me apetece mucho. ¡La Costa Azul!
● A mí me encanta Italia, pero ya he estado dos veces y prefiero conocer otros países.
■ Bueno, dinos cuál es la número dos.
▼ Esta creo que también está muy bien. Francia, Bélgica, Holanda.
▲ Sí, reconozco que está muy bien, pero el curso próximo voy a Ámsterdam para un semestre con la beca Erasmus y tendré la oportunidad de viajar por ahí.
■ Si seguimos así, me parece que nos vamos a quedar con la de Praga. A ver la número 4.
▼ Suiza y Alemania.
● Yo ya lo he decidido, la de Praga.
● Yo prefiero la de Suiza.
▼ Pues yo no. Yo me quedo con la de Praga. Me apetece mucho conocer Budapest.
▼ Y a mí también. Todo el mundo dice que es una ciudad maravillosa.
● Pues está claro, nos vamos a Praga, Viena y Budapest.
▼ ¿Y cuándo nos vamos, la segunda quincena de julio o en agosto?
■ Yo creo que a todos nos viene mejor en julio, ¿no?
● Sí, sí.
▼ Pues perfecto, pasado mañana vamos a inscribirnos y a dejar un depósito del 20 %. ¿Vale?
● De acuerdo. ¡Hasta mañana!

Unidad 5: Los espectáculos

Pista 18
PRETEXTO. Actividad 1.
a. Papá, quiero que me lleves al circo.
b. No soporto que la gente coma palomitas en el cine.
c. Les aconsejo que vayan al teatro al aire libre.
d. ¡Espero que te diviertas en el concierto!

Pista 19
PRACTICAMOS LOS CONTENIDOS GRAMATICALES. Actividad 5 B.
Me gustaría ser.
Una tarde, hace muchísimo tiempo, Dios convocó una reunión.
Estaba invitado un ejemplar de cada especie.
Una vez reunidos y después de escuchar muchas quejas, Dios soltó una sencilla pregunta, «¿entonces qué te gustaría ser?».
A lo que cada uno respondió sin tapujos y a corazón abierto:
La jirafa dijo que le gustaría ser un oso panda.
El elefante pidió ser mosquito.
El águila, serpiente.
La liebre quiso ser tortuga y la tortuga golondrina.
El león rogó ser gato.
El caballo, orquídea.
Y la ballena solicitó permiso para ser zorzal...
Le llegó el turno al hombre, quien, casualmente, venía de recorrer el camino de la verdad.
Él hizo una pausa y exclamó:
Señor, yo quisiera ser... feliz.

Pista 20
PRACTICAMOS LOS CONTENIDOS GRAMATICALES. Actividad 6
1. calle. 2. Juan. 3. corazón. 4. plátano. 5. fútbol. 6. García Márquez. 7. bien. 8. González. 9. portátil. 10. reloj. 11. corréis. 12. mecánico. 13. redacción. 14. solicitud. 15. lápiz. 16. tienda. 17. allí. 18. justicia. 19. dáselo. 20. vacaciones. 21. perro. 22. guantes. 23. último. 24. histórico. 25. aquí.

Pista 21
DE TODO UN POCO. Actividad 3 A.
1. ● Hola, Clara, te llamo porque tengo dos entradas para el concierto del centenario de Albéniz, el miércoles a las 19:00 h, ¿te apetece venir?
   ▼ A ver, a ver... el miércoles, sí, no tengo nada que hacer, después te invito yo a unas tapas. Gracias, Guillermo.
2. ● Te invito a cenar, me han tocado unos euros en la lotería.
   ▼ Enhorabuena, encantada, eso no pasa todos los días.
3. ● Vente conmigo al circo. Yo te invito.
   ▼ Bueno, si insistes..., pero preferiría ir a otro espectáculo. El circo no me gusta mucho.
4. ● Te invito a pasar un fin de semana a una casa que tienen mis padres en la sierra.
   ▼ No puedo ir esta vez. Y lo siento de verdad.
5. ● ¿Te apetece que vayamos de fin de semana a Lisboa?
   ▼ Muchísimas gracias, pero no puedo. Es que tengo que terminar un trabajo para el lunes.
6. ● Les invito a todos a mi finca para pasar el fin de semana todos juntos.
   ▼ La verdad, yo preferiría otro fin de semana, es que para este ya tenía planes.
   ■ Fenomenal, ¡qué buena idea!
   ◆ Imposible, don Jesús, yo tengo billetes para ir con mi marido a París.
7. ● Os invito a todas a cenar mariscos.
   ▼ A mí no me apetece mucho cenar mariscos, pero si vais todas, iré.
   ■ Con mucho gusto.

Pista 22
DE TODO UN POCO. Actividad 4.
«Teatralia», se celebra en 64 escenarios y con más de 250 funciones desde hoy hasta el 29 de marzo. 16 de los 32 grupos de teatro, música, danza y circo que actúan son internacionales.
Este año el festival ofrece dos novedades para seguir ampliando su público.

La primera de ellas es la traducción de las obras al lenguaje de signos para el público con discapacidad auditiva. La otra novedad es la inclusión de dos obras dirigidas específicamente a los adolescentes. *Mono Sapiens* analiza cómo es el mundo desde la mirada limpia e inocente de un simio y se basa en un texto de Kafka. Por su parte, *Callejón sin salida* expresa el sentir de la calle a ritmo de break. El resto de obras son variadas, desde el circo de los canadienses Les 7 doigts de la main y su espectáculo *Loft*, a la danza de Michinu Sura y la compañía japonesa Kijimuna Dance o de la austriaca Dschungel Wien con Überraschung, pasando por los títeres de María Parrato, la música de Amores Grup de Percussió y el teatro para bebés de los andaluces La Sal Teatro.

Unidad 6: La diversidad es nuestra realidad

Pista 23
PRETEXTO. Actividad 1.
Pienso que todos debemos hacer un esfuerzo por la integración.
Es lógico que haya diversidad.
Es evidente que la sociedad española está cambiando.
Creo que las diferencias significan riqueza; no creo que sean un problema.

Pista 24
DE TODO UN POCO. Actividad 3 A.
1. ● Hay muchos jubilados extranjeros que pasan muchos meses anualmente en la costa mediterránea española.
   ▼ Sí, así es.
2. ● No es cierto que con la integración de los inmigrantes todos ganemos.
   ▼ No tienes razón, eso no es así.
3. ● Creo que las diferencias significan riqueza.
   ▼ Sí, eso es cierto.
4. ● La inmigración produce inseguridad ciudadana y marginalidad.
   ▼ Eso es falso.
5. ● Muchos españoles emigraron a Hispanoamérica a finales del siglo XIX y a principios del XX.
   ▼ Eso es verdad.
6. ● Es lógico que en nuestra sociedad haya diversidad.
   ▼ Sí, claro que sí.
7. ● No creo que la integración traiga problemas.
   ▼ No, estás equivocado.
8. ● Todas las personas tienen derecho a salir de cualquier país y a elegir su residencia en el territorio de un estado.
   ▼ Desde luego.

Pista 25
DE TODO UN POCO. Actividad 4.
● Hola, ¿cómo te llamas?
▼ Farda.
● ¿De dónde eres?
▼ Soy de Orán. Está en Argelia.
● ¿Qué curso estudias?
▼ Tercero de ESO.
● ¿Tuviste muchos problemas para adaptarte al colegio?
▼ Bueno, el primer día de clase no entendía nada. Fui a la secretaría, me presentaron al jefe de estudios que me enseñó el Instituto: el patio de recreo, la biblioteca, los servicios, las clases...
Pero tengo que decir que las clases de español me ayudaron mucho a entender y a conocer gente.
También las actividades de la tarde, porque me relacionaba con los españoles.
Fuera de clase veía la tele, hablaba con la gente...
¡No importa que hables mal...! Poco a poco vas aprendiendo a hablar español.
● Ya lo hablas perfectamente.
▼ Gracias. Ahora, ayudo a otros cuando llegan y me gusta mucho.

Bonifacio Ofogo es camerunés. Decidió viajar a España para completar sus estudios. Al principio le costó mucho comprender la manera de vivir de los españoles. Ahora Boni es un narrador de cuentos muy conocido en todo el mundo.
● Buenos días, Boni. Es un placer tenerte aquí con nosotros. ¿Cómo estás?
▼ Buenos días. Para mí es un honor estar en este programa. Estoy verdaderamente contento de poder presentaros mi nuevo libro.
● ¿De dónde eres?
▼ Soy de Omassa, una pequeña aldea a unos kilómetros de Yaundé, la capital de Camerún, en África.
● ¿Por qué viniste a España?
▼ Es una larga historia: en Camerún era muy buen estudiante y por eso conseguí una beca para estudiar en España, a principios de los años noventa.
● ¿Fue difícil adaptarte a la vida en España?
▼ Sí, las únicas referencias que tenía de Europa, eran de las lecturas y de las películas del colegio. No sabía qué había que hacer para hacer amigos, a quién pedir ayuda en caso de necesidad y mi español no era muy bueno...
● ¿Te sentiste muy solo?
▼ Un poco... en esos años había pocos africanos en Madrid. Al llegar al aeropuerto, el taxista me llevó a una pensión del centro que se llamaba «La Soledad». Era un mal comienzo, ¿verdad?
● Pero después, ¿cómo te convertiste en un cuentacuentos tan reconocido?
▼ Bueno, en mi país la tradición de contar cuentos es muy antigua. Mi abuelo, mi padre, ahora yo...
Y empecé a contar cuentos africanos en colegios en España, para ganar un poco de dinero, luego me pidieron cuentos para adultos... y ahora es mi profesión desde hace muchos años.
● ¡Y ahora hablas perfectamente español!
▼ Creo que sí. Trabajo en español, educo a mis hijos en este idioma y mi mujer es española. Y cuento en español. Estoy bien en España ahora, pero al principio me sentía extraño.

Transcripciones de las audiciones

Demasiado alto, demasiado negro, demasiado solo. Y ahora intento ayudar a que los niños y las niñas de este país se acerquen más a África y entiendan otras maneras de vivir.

Contar cuentos es algo que hacemos en todos los países del mundo y que nos une. No importa ni el color ni el origen cuando soñamos.

● Gracias, Boni. Es estupendo que hayas contestado a esta entrevista.
▼ Gracias a vosotros. Es un placer hablaros de las cosas bonitas de África. Se sabe muy poco de ella, todavía.

Repaso 2: Unidades 4, 5 y 6

Pista 26
Actividad 3 A.
Existen muchas recetas de dulce de leche, aquí va la nuestra. Para la elaboración de este delicioso dulce se necesita:
- 1 litro de leche
- 200 gramos de azúcar blanca
- 1 cucharada de bicarbonato de sodio disuelto en media taza de agua
- Esencia de vainilla

En una olla de cobre se pone la leche y el azúcar.
Se hace a fuego lento y revolviendo constantemente.
Poco a poco se añade la mezcla de agua con bicarbonato y la vainilla.
Cuando el color «marrón» tradicional de este tipo de dulce aparece, se retira del fuego.

Pista 27
Actividad 3 B.
1. ● Os invito a cenar en un buen restaurante.
   ▼ ¡Qué bien! Muchas gracias.
   ■ Gracias, pero yo no puedo ir, tengo que quedarme con mi hermano pequeño.
2. ● Todas las personas tienen derecho a salir a cualquier país y a elegir su residencia en el territorio de un estado.
   ▼ Por supuesto. Es un derecho que todos tenemos o, por lo menos, esta es mi opinión.
3. ● ¿Podríamos vernos otro día? Hoy tengo mucho trabajo.
   ▼ Sí, no hay inconveniente.
4. ● Todos deberíamos pagar impuestos de una forma más justa.
   ▼ Tiene usted toda la razón.
5. ● Qué sabes de Laura?
   ▼ Desde que se fue a Nicaragua no he tenido noticias suyas.
6. ● Me voy a Japón a dar un curso. ¿Por qué no vienes conmigo?
   ▼ Me encantaría, pero el viaje es muy caro.

Unidad 7: Nuestra lengua

Pista 28
PRETEXTO. Actividad 1.
Querida abuelita:

Hace dos semanas que llegué a tu tierra natal y ahora sí que puedo contarte cosas de mi vida en Ciudad de México.

El día de mi llegada estaba esperándome en el aeropuerto el matrimonio con el que vivo. Como me habían enviado una foto, los reconocí inmediatamente y ellos a mí también.

Viven en una zona muy tranquila y cuidada. El único inconveniente es que está lejos de la escuela.

Tengo una habitación para mí sola y la comida es deliciosa y abundante. Si no tengo cuidado, engordaré porque como mucho más que en Nuevo México.

La señora de la casa, que se llama doña Margarita, me dijo que los fines de semana podemos jugar juntas al tenis y el domingo hacer excursiones con su marido, así que estoy encantada con ellos.

Me siento feliz en la Universidad. Las clases de español para extranjeros son realmente buenas y tengo unos compañeros estupendos. No puedo quejarme de nada.

El primer día hicimos una prueba de nivel y quedé clasificada en el nivel superior. Me he enterado de que hay un nivel más alto, que se llama maestría, y tal vez me quede otro semestre para obtener el certificado. Si me quedo, necesitaré trabajar. Ojalá pueda quedarme y encuentre un trabajo que me guste.

Como puedes ver, mi español mejora cada día que pasa. He leído la carta dos veces y creo que no hay errores.

¿Qué tal están todos y cómo les va la vida en Albuquerque?

¿Vendrás a visitarme algún día? Ojalá vengas, me haría mucha ilusión.

Mi hermanita me envía muchos *e-mails* y así estamos en contacto. Me parece que se acuerda mucho de mí. Yo también la añoro mucho.

Un beso muy fuerte para la abuelita más linda del mundo,

Ann Melody

Pista 29
DE TODO UN POCO. Actividad 3.
1. ● ¿Me dejas un bolígrafo? Es que el mío no escribe.
   ▼ Sí, toma, pero es rojo.
2. ● Necesito un diccionario, ¿alguien puede prestarme uno?
   ▼ Sí, yo, aquí lo tienes.
3. ● ¿Me prestas tus apuntes?
   ▼ Ahora no puedo, te los dejo más tarde.
4. ● ¿Tiene el periódico?
   ▼ Claro, ahora se lo traigo.
5. ● ¿Me prestas tu vestido largo rojo para ir a la ópera?
   ▼ Lo siento, es que mañana voy a una boda y pienso llevarlo.
6. ● ¿Me dejas la cámara de vídeo?
   ▼ De acuerdo, pero ten mucho cuidado.
7. ● ¿Me das un chicle?
   ▼ Sí, claro.
8. ● ¿Alguien tiene un folio?
   ▼ Sí, yo. Ten.

Pista 30
DE TODO UN POCO. Actividad 4.
- ¡Qué mal me sienta que después de ir cuatro veranos a Irlanda, todo el mundo note que soy española! Bueno, no sé si piensan que soy española, pero lo que sí notan es que no soy irlandesa.
- Es normal. Cuando se aprende una lengua extranjera de niño, se aprende sin acento. Pero si la aprendes de mayor, es casi imposible no tener nada de acento.
- Ya, ya..., a mí me gustaría hablar el inglés como tú el francés, pero ya sé que lo aprendiste de pequeño.
- Pero, Marta, no te entiendo... Sabes un montón de inglés, lees periódicos, revistas y novelas en inglés, ves la BBC, siempre ves las películas en versión original, ¿qué más quieres?
- Tener un acento perfecto.
- ¿Pues sabes lo que te digo?, que el acento no es tan importante.
- Hombre, pero es que, como el español solo tiene cinco vocales: a, e, i, o, u, y el inglés tiene muchos sonidos vocálicos, pues yo no soy capaz de pronunciarlos todos correctamente.
- Por cierto, ¿cuándo te vas a Oxford?
- El 3 de julio. Venga, vamos, que Alberto y Susana nos están esperando.
- Vale, vamos en la moto, que así llegaremos antes.

Unidad 8: Los estudios, ¿una obligación? No

Pista 31
PRETEXTO. Actividad 1.
1. Me llamo Juan. Cuando sea mayor quiero ser futbolista.
2. Cuando termine la secundaria (ESO), empezaré los ciclos formativos de grado medio.
3. Pues yo, cuando acabe la secundaria, haré el bachillerato.
4. Yo no quiero estudiar después de secundaria. ¿Para qué voy a estudiar?
5. Como he aprobado todo el curso con buenas notas, este verano voy a Irlanda con una beca.
6. Queremos un sistema educativo de calidad para que los estudiantes terminen sus estudios muy bien preparados.

Pista 32
DE TODO UN POCO. Actividad 3.
1.
   - Estoy muy preocupado. No sé qué carrera estudiar...
   - Tranquilo, hombre, tranquilo, ya verás cómo encuentras lo que quieres.
2.
   - Me he quedado encerrada en el ascensor y han tardado 40 minutos en sacarme.
   - ¡Qué situación más angustiosa!
3.
   - Tengo miedo a suspender la Química; además, si la suspendo, perderé la beca.
   - No te preocupes, seguro que la apruebas.
4.
   - Me pongo histérico cuando mi hermano pone la música a tope y tengo que estudiar.
   - Pues dile que se ponga los auriculares.
5.
   - Hicimos el examen de Literatura el día 8; estamos a 22 y todavía no nos han dado las notas.
   - ¡Qué raro!, ¿no?
6.
   - Estoy segura de que todos conseguiremos las becas.
   - Pues yo... no sé... no estoy tan segura. Ya veremos.

Pista 33
DE TODO UN POCO. Actividad 4.
- Perdone, señora, ¿podría hablarme sobre sus recuerdos escolares?
- Sí, tengo algunos recuerdos muy buenos de esa época como la amistad. En primaria conocí a María, a Luisa y a M.ª José y todavía somos amigas. Recuerdo a la profesora de lengua; era estupenda, pero también tengo unos recuerdos que no son tan buenos: el exceso de disciplina, cuando me preguntaban la lección y no me la sabía...
- Gracias.
- De nada.

- Hola, ¿puedes contestarme a una pregunta sobre el colegio o el instituto?
- Vale.
- Dime, ¿qué recuerdos tienes?
- Bastante buenos. Acabé el Bachillerato hace dos años. Recuerdo muy bien el viaje de fin de curso. Lo pasamos estupendamente. Fuimos a Italia casi todos los de la clase... ¡Qué divertido! Mi peor recuerdo, el profe de Física, Alberto, enseñaba mal y era muy antipático. Lo que más me gustaba era hacer deporte. Bueno, me marcho que tengo prisa.
- Gracias.
- Chao.

- Señora, ¿puede contestarme a una pregunta sobre sus recuerdos escolares?
- Bueno... A ver, no recuerdo esa etapa de mi vida como la mejor. Soy muy tímida y soy malísima en deporte. Casi siempre estaba sola y a veces mis compañeros se reían de mí. Cuando fui a la Universidad todo cambió. Allí hice tres buenos amigos y ahora siempre estamos juntos. Salimos todos los fines de semana, pero bueno, me has preguntado por mi etapa escolar.
- No, no, está muy bien. Gracias.

- ¿Mis recuerdos escolares? Geniales. Lo pasé estupendamente. Ahora trabajo 10 o 12 horas al día y no tengo tiempo para nada. Mucho mejor la etapa escolar que esta vida de locos. Me voy, que tengo una cita con un cliente.

Transcripciones de las audiciones

Unidad 9: Dar las gracias no cuesta dinero

Pista 34

PRETEXTO. Actividad 1.
No seas animal, aprende de él
Mantén limpia la ciudad
No dejes regalos
No lo dejes en manos de otros
Responsabilízate

Pista 35

PRACTICAMOS LOS CONTENIDOS GRAMATICALES. Actividad 1B.
● Hola, Rocío, ¿qué tal estás?
▼ Estoy fatal. Vengo de mi primera clase de Pilates. Una hora entera: sube los brazos, bájalos, estira las piernas, levanta la cabeza, ponte en pie, siéntate, levántate, cierra los ojos, ábrelos, levanta el cuello, no subas los hombros, contrae el abdomen, respira lentamente, no te muevas, pon la pelota debajo de las rodillas, relájate... ¿Relajarme? Eso lo hago yo en casa oyendo música y gratis. Sí, soy sedentaria, ya lo sabes, Alfonso, ¡qué le vamos a hacer!
● Pues prefiero eso que: «Señor Fernández, por favor, venga a mi despacho, siéntese, enséñeme el último informe, no se vaya, tráigame la lista de clientes, hágame diez fotocopias de este documento. Vaya al banco y haga una transferencia a este número de cuenta. Y no tarde. Yo saldré dentro de media hora. Si me llama alguien, dígale que estoy reunido. ¡Ah! Y déjeme los presupuestos listos antes de irse». Este hombre piensa que yo soy una máquina.

Pista 36

PRACTICAMOS LOS CONTENIDOS GRAMATICALES. Actividad 4A.
El Canal de Panamá
«Dividir la tierra para unir el mundo». Este lema aparece en el emblema del Canal de Panamá. Al unir dos grandes océanos, en cierto modo el canal ha unido el mundo. Muchas de las cosas que hay en los hogares, incluida la comida, han viajado posiblemente por esa ruta.
El 15 de agosto de 1989 se celebró el setenta y cinco aniversario del primer trayecto por esta vía navegable. Sin embargo, las ilusiones, los planes y el trabajo que hicieron posible este tránsito marítimo de 80 kilómetros empezaron varios siglos antes.
Aunque los medios de transporte modernos han avanzado con rapidez en los últimos años, el Canal de Panamá es muy importante para el comercio mundial. Cada año lo atraviesan más de 12 millones de embarcaciones, que llevan unos 145 millones de toneladas de carga. Sin lugar a dudas, a pesar de todos los avances el lema del canal seguirá siendo el mismo: «Dividir la tierra para unir el mundo».

Pista 37

PRACTICAMOS LOS CONTENIDOS GRAMATICALES. Actividad 4B.
● Buenos días, señora, ¿para ir al museo de Arte Abstracto?
▼ Está un poco lejos, pero el camino es muy bonito. ¿Quieres andar 15 minutos o prefieres ir en autobús?
● Prefiero andar; hace un día muy bueno.
▼ ¿Ves aquella calle que sube?
● Sí.
▼ Pues aquella calle sube hasta la plaza Mayor. La plaza es muy antigua. Bueno, al llegar a la plaza, tienes que bajar por la calle que rodea la Catedral. ¿De acuerdo?
● Sí, vale. Sigo esta calle hasta la plaza, después bajo por la calle que rodea la Catedral...
▼ Sí, entonces..., te encuentras una plaza. A un lado están las Casas Colgadas y allí está el museo de Arte Abstracto.
● Muchísimas gracias, señora.
▼ De nada.

Pista 38

DE TODO UN POCO. Actividad 3.
1. ● Pues sí, llegaron tardísimo y además no había suficiente comida. En fin, que todo fue un desastre. Un beso.
▼ Un beso. Nos vemos mañana.
2. ● ...Y se enfadó conmigo y me dijo que no quería volver a verme. Y eso es todo.
▼ ¡Ah! ¿Sí? ¿Y qué más te dijo?
● Nada más, eso es todo. Bueno, nos vemos más tarde. Cuelgo, que tengo que trabajar.
3. ● Ayer fui a la revisión médica y me dijeron que estaba estupendamente.
▼ ¡Cómo me alegro! Perdona, tengo que dejarte un momento, llaman a la puerta. Enseguida vuelvo a llamarte.
4. ● Le habla el contestador automático de Carlos Sanchís. En este momento no puedo atenderle, si lo desea deje su mensaje. Gracias.
● Hola, Carlos. No me encuentro bien y no voy a ir al despacho. Por favor, pídele a María que te dé el informe de ventas, a Juan que firme la carta y a Pedro que conteste a los correos de los señores Samaniego y Navarrete. Y ya está. Gracias, y a ver si mañana estoy mejor y puedo ir.
5. ● He salido tarde del trabajo, me he ido al dentista, luego al súper y después al gimnasio.
▼ Total, que has estado muy ocupado.

Pista 39

DE TODO UN POCO. Actividad 4.
Buenos días, queridos oyentes. El tema de hoy son los buenos modales, ¿se están perdiendo? Algunas personas piensan que sí. Hemos salido a la calle y hemos hecho a los transeúntes la siguiente pregunta: ¿Piensa usted que los buenos modales son importantes? Esto es lo que nos han contestado.
● Piensa usted que los buenos modales son importantes?
▼ Por supuesto que sí, y además son ecológicos y buenos para la salud. Me explico: la gente que tira papeles o cigarros al suelo, los que organizan comidas, barbacoas, en especial en la playa o en el campo, no contribuyen a cuidar el medio ambiente. Y la salud: está claro que la buena educa-

ción evita el estrés. Si no nos gritamos en los coches, si no gritamos hablando por el móvil, si los dueños de los perros recogen, bueno..., ya sabe. Como ve, la buena educación es sana y ecológica.

◆ Bueno, en parte sí, pero las cosas han cambiado mucho y creo que para bien. La gente ya no se habla tanto de usted como antes y eso nos hace sentirnos entre iguales. Existían normas estúpidas, como, por ejemplo, que las mujeres no debían levantarse a saludar cuando llegaba un hombre. Antes no se podía empezar a comer hasta que todos tenían su plato servido y, como usted sabrá, esto ahora ha cambiado.

Y hay cosas que me parecen ridículas, como lo del vino: para tomarlo hay más protocolo que en una boda.

■ Eso de los buenos modales es sinónimo de convencionalismo, hipocresía y falta de naturalidad. El otro día fuimos a cenar con mis padres a uno de esos restaurantes de la «nouvelle cuisine», y ¡qué horror!: el camarero no nos dejó hablar, porque continuamente nos preguntaba que si nos encontrábamos bien, que si la comida era de nuestro agrado, no paraba de retirar platos y restos de pan. Y la comida, de «nouvelle», nada: eso lo inventamos los españoles hace mucho tiempo, se sirve en un plato más pequeño, es mucho más barato y se llama tapas.

✱ ¿Que si son importantes? ¡En la escuela se deberían aprender! Mire, no puedo más con la ordinariez y la falta de educación: gente que te llama a casa después de las 10:30 h, los coches con la ventanilla abierta y la música a tope, gente que hace sus necesidades en mitad de la calle... Y qué me dice de cómo están los servicios públicos. Bueno, y los dueños de perros: cuando el animalito te abraza o te pasa la lengua, te dicen: «Si no hace nada, es que es muy cariñoso». ¡Mi marido también lo es y no va haciendo esas cosas a todo el que se encuentra!

Repaso 3: *Unidades 7, 8 Y 9*

Pista 40
Actividad 3A.
1. Es posible que tu hermana esté enamorada y, ya sabes, cuando uno se enamora...
2. ● Son las ocho en punto, así que cierro el ordenador, ya está bien por hoy.
   ▼ Sí, y además es viernes... ¡Dos días sin trabajar!
3. ● Cuando llegué a la parada, el autobús ya no estaba.
   ▼ Y tuviste que coger un taxi, ¿verdad?
4. ● El director no está. Por favor, vuelvan mañana a las 10:00 h.
   ▼ Es que nunca está en su despacho.

Pista 41
Actividad 3B.
Nueva gramática de la lengua española

La *Nueva gramática de la lengua española* es una obra integradora que permitirá a los hispanohablantes comprobar lo que comparten con los demás y lo que es propio de su país, y supone un gran ejercicio de las veintidós Academias al servicio de la unidad de la lengua.

Los dos tomos (Morfología y Sintaxis) tienen 4000 páginas, pesan casi cinco kilogramos y cuestan 120 euros.

Después se editará el de la Fonética y Fonología, que irá acompañado de un DVD con las pronunciaciones del español en los diferentes países.

Para llegar a todo el mundo se harán otras dos versiones: el *Manual*, de unas 700 páginas, y la *Básica* o popular, que tendrá unas 250 páginas.

La nueva Gramática presenta muchas novedades, es una obra de síntesis, integradora, hecha por muchos especialistas a partir de un gran número de materiales.

En ella se dice con claridad lo que es correcto o incorrecto y se especifica qué usos son propios de América y qué otros lo son de España.

Por ejemplo, en Hispanoamérica se rechaza la construcción 'a por' («ir a por hielo»), utilizada en España, y se prefiere decir 'ir por' («voy por tabaco»). Y el «cine de suspense», tan común entre los españoles, es «cine de suspenso» al otro lado del Atlántico.

«Es curioso, pero no sabemos cuánto compartimos con los demás. Simplemente, uno sabe cómo habla él y los de su región o su país», comenta Ignacio Bosque.

El español actual está muy presente en los 40 000 ejemplos que ilustran los diferentes apartados de la *Nueva gramática*.

La anterior *Gramática académica* era de 1931 y apenas cambiaba la de 1917. Además, no tenía casi en cuenta el español de América por falta de medios y de información.

Ha tenido que pasar casi un siglo para que se hiciera realidad el sueño de elaborar una gramática entre las veintidós Academias. Las nuevas tecnologías lo han hecho posible y, sobre todo, las innumerables horas de trabajo que estas instituciones han dedicado al proyecto.

UNIDAD 10: Ellos y ellas

Pista 42
PRETEXTO. Actividad 1.

Día a día les enseñas a tus hijos a ser personas saludables y felices; les enseñas a estar en forma, cuidar su organismo, alimentarse bien... Tú sabes que, aunque las grasas son necesarias, el exceso de grasas que en general hay en nuestra alimentación es perjudicial para la salud. Por eso, los cereales son una óptima opción para el desayuno de tus hijos.

Pista 43
DE TODO UN POCO. Actividad 3A.

- ¡Hola Ernesto! Te llamo porque el viernes voy a ir a Logroño otra vez por cuestiones de trabajo, ¿podemos vernos ese día? Es que tengo tiempo libre para comer.
▼ ¡Clara! Me alegro mucho de tener noticias tuyas. Vamos a ver... el viernes...., sí, el viernes tengo casi todo el día libre.
- ¿Qué te parece si nos vemos y comemos juntos?
▼ Muy bien, ¿dónde quedamos?
- ¿Sabes dónde está el restaurante La Viña? Muy cerca de la calle Laurel.
▼ No, no lo conozco, pero «preguntando se va a Roma», no te preocupes. Nos vemos allí.
- Hasta el viernes, entonces. Oye, espera un momento, por favor, que no hemos hablado de la hora. ¿Te parece bien a las 14:15 h?
▼ De acuerdo. Entonces, nos vemos en La Viña el viernes, a las 14:15 h.
- Vale, hasta el viernes.

Pista 44
DE TODO UN POCO. Actividad 4.

Onda Meridional, buenas tardes. Empezamos hoy nuestro programa «La vida es bella» con los resultados de un estudio realizado por FoodNet a más de 14 000 adultos, los hombres prefieren la carne.

Las diferencias entre hombres y mujeres no solo están marcadas por su aspecto físico, también existe una diferencia entre las personas de ambos sexos a la hora de elegir qué comer. Según los datos de FoodNet, los hombres prefieren consumir alimentos de origen animal mientras que las mujeres se inclinan por los vegetales.

Esta encuesta se ha hecho entre más de 14 000 adultos. Los investigadores han descubierto que los hombres prefieren consumir carne, sobre todo de vaca y cerdo, así como ciertos mariscos. En cambio, las mujeres se inclinan por las verduras, sobre todo lechuga, zanahorias y tomates, y las frutas, principalmente naranjas, mandarinas, fresas y manzanas, y también por los frutos secos, como almendras y nueces.

Además, el estudio ha demostrado que las mujeres consumen más huevos y yogures que los hombres.

Por otro lado, a pesar de que los médicos recomiendan comer los alimentos bien cocinados para evitar posibles problemas, los hombres prefieren las hamburguesas poco cocidas y los huevos poco hechos.

Unidad 11: Me lo dijeron dos veces

Pista 45
PRETEXTO. Actividad 1.

- Hola, Sofía, ¿qué tal por Marruecos?
▼ ¡Hombre, Tomás! ¡Qué alegría oírte! Pues estoy muy bien. La gente aquí es muy amable. Por las tardes voy a clases de francés. ¿Sabes?, también estoy aprendiendo un poco de dariya.
- ¡Cuánto me alegro! ¿Qué más me cuentas?
▼ Pues muchas cosas... La playa es fantástica y el agua está limpísima. Estoy muy morena. Los martes y los jueves ponen un mercadillo en el que hay cosas preciosas a precios increíbles. Y a ti, ¿cómo te va?
- No me quejo, pero no tan bien como a ti por lo que veo. En el trabajo, con las niñas... Elena sigue en el turno de tarde... Todo normal.
▼ ¿Has visto a Maite y a Mercedes?
- No, hace mucho que no las veo.
▼ Yo hablé por el *messenger* con Maite el jueves, pero de Mercedes no sé nada. Me llamó el día que llegué pero no me ha vuelto a llamar.
- ¿Por *messenger*? ¿Tienes internet en casa?
▼ ¡Qué va! Todavía no. Voy casi todos los días a un cibercafé, aquí hay muchos y yo no lo sabía. Así veo el correo y leo el periódico.
- Ya veo, ya veo que no puedes vivir sin internet...
▼ Un poco de todo no es malo.
- Bueno, Sofía, te dejo, que estaba en la pausa del desayuno y vuelvo al trabajo. Un beso muy grande.
▼ Otro para ti, para Elena y para las niñas.

- ¿Qué cuenta Sofía?
▼ Que todo bien. Dice que la gente allí es muy amable, que va a clase de francés y que está aprendiendo también dariya. Que la playa es fantástica, que el agua está muy limpia y que ya está muy morena. Que ponen un mercadillo los martes y los jueves y que hay cosas muy baratas. ¡Ya sabes cómo le gustan! Me ha preguntado si he visto a Maite y a Mercedes y dice que ella habló por *messenger* con Maite y que Mercedes la llamó el día que llegó pero no ha vuelto a llamar. Le he preguntado si tiene internet en casa y me ha contestado que va todos los días a un cibercafé a ver el correo y a leer el periódico. Yo la he encontrado muy bien.
- Pues no sabes cómo me alegro. Sofía se lo merece. Y tú, ¡qué bien cuentas las cosas! No te has olvidado de ningún detalle.

(A los dos días)

▼ Hola, Tomás.
● Hola, Mercedes. ¿Sabes? Anteayer estuve hablando por teléfono con Sofía.
▼ Y ¿qué te contó?
● Pues que todo bien. Me dijo que ya conocía a mucha gente, que iba a clase de francés y que estaba aprendiendo también dariya; que la gente de allí era muy amable. Que la playa era fantástica, que el agua estaba muy limpia y que ya estaba muy morena. Y que ponían un mercadillo los martes y los jueves y que había cosas muy baratas. Me preguntó si os había visto a Maite y a ti y me dijo que ella habló por *messenger* con Maite y que tú la llamaste el día que llegó pero que no habías vuelto a llamar. Le pregunté si tenía internet en casa y me contestó que iba todos los días a un cibercafé a ver el correo y a leer el periódico. Me dijo que allí hay muchos y que ella no lo sabía. Yo la he encontrado muy bien.
▼ Pues a ver si la llamo esta noche, que tengo tarifa reducida. Aunque ya me lo has contado tú todo. No sé si podrá contarme algo nuevo.

Pista 46
DE TODO UN POCO. Actividad 3A.
1. ● La próxima semana es la final del concurso.
   ▼ Lo recuerdo perfectamente: hace tres días que no duermo pensando en eso.
2. ● ¡Qué buena memoria tienes!
   ▼ No tanta. Me acuerdo de las caras de la gente, pero no de sus nombres.
3. ● Creo que Marisa y Eric viven por aquí, ¿verdad?
   ▼ Pues no me acuerdo muy bien.
   ● Yo recuerdo este parque, pero me he olvidado de la calle.
4. ● ¡Ay! Me he olvidado de que hoy es el cumpleaños de Ana y Jorge.
   ▼ Pero yo no. Y mira, les he comprado un regalito.
   ● ¡Qué bien! Y además has recordado que les gusta jugar juntos.
5. ● ¿Cómo se llamaban los chicos que estaban en nuestro equipo de baloncesto de la Facultad? Por más que lo pienso, no me vienen sus nombres a la cabeza.
   ▼ No los recuerdo para nada, ni a ellos ni sus nombres.

Pista 47
DE TODO UN POCO. Actividad 4.
● ¿Es tan importante ser puntual? Si llega siempre tarde, puede perder su trabajo; también pueden impedirle entrar en un concierto para el que tenía boletos. Además, en muchos negocios creen que los impuntuales tienen otros defectos como el desorden y la ineficacia. Pero obsesionarse por el tiempo también puede convertirnos en personas intolerantes y maniáticas.

Hoy tenemos con nosotros a una socióloga española, Carmen Muchagente. Vamos a preguntarle sobre «el reloj mundial».
¿Hay muchas diferencias en este punto, Carmen?
▼ Se dice que los españoles somos impuntuales porque no tenemos prisa para irnos, para nosotros el tiempo es gratuito. Nunca quedamos a las horas en punto, decimos, por ejemplo «Nos vemos sobre las ocho» o «Llegaremos a eso de las doce». Pero si no somos estrictos para empezar, tampoco lo somos a la hora de terminar.
● Y en sus viajes por otros países, ¿qué observó en este sentido?
▼ Que los japoneses son muy puntuales para llegar, pero está mal visto irse del trabajo a la hora exacta. Otro país que he visitado es Alemania. Allí sólo a los profesores se les permite un pequeño retraso. En el trabajo creen que se les paga por un número exacto de horas y ni un minuto más.
● Es una lástima, señora Muchagente, pero no podemos seguir, el tiempo en la radio está muy medido y aquí no podemos ser impuntuales. En seguida llegan los compañeros de los informativos. Muchas gracias y hasta una próxima ocasión.

UNIDAD 12: El mundo del trabajo

Pista 48
PRETEXTO. Actividad 1.
Multinacional alemana dedicada a la fabricación de equipos de robótica
NECESITA
Administrativa/recepcionista
Se requiere:
– Imprescindible inglés y alemán hablado y escrito.
– Manejo de Microsoft Office.
Se valorará:
– Conocimientos de contabilidad informatizada.
– Conocimiento del idioma francés.

Se ofrece:
– Salario competitivo.
– Formación continua.
– Trabajo estable con posibilidades de promoción.
Enviar Currículum vítae a *rrhh@conulters.net* o al Apartado de Correos 28800. Referencia AD/REC 78562

Pista 49
DE TODO UN POCO. Actividad 3.
1. ● ¿Tienes alguna afición?
   ▼ Sí, soy muy aficionado a la pesca submarina.
2. ● ¿Qué te gusta hacer los domingos?
   ▼ ¿Los domingos? Quedarme en casa descansando.
3. ● No soporto a la gente que se compra toda la ropa por las marcas.
   ▼ Yo tampoco, me parece que tienen poca personalidad.
4. ● ¿Qué te parece mi prima?
   ▼ Me cae bien, es muy simpática.
5. ● ¿Te gusta el fútbol?
   ▼ ¡Qué dices! Lo odio.
6. ● ¿Qué es lo que más te gusta hacer el fin de semana?
   ▼ Cuidar el jardín.
   ● ¿Y lo que menos?
   ▼ Limpiar toda la casa.

Transcripciones de las audiciones

Pista 50
DE TODO UN POCO. Actividad 4A.

Nuestra reportera de Onda Meridional ha salido a la calle a preguntar a la gente qué haría sin trabajar. Aquí tienes las respuestas.
- Buenos días, caballero. Estamos haciendo una encuesta para Onda Meridional. ¿Qué haría usted sin trabajar?
- Yo me moriría. Soy uno de esos que ahora llaman adictos al trabajo. Me aburriría muchísimo. No sé, me pasaría horas delante de la tele. La verdad, no sabría estar sin trabajar. El trabajo es mi vida.
- Buenos días, señora, ¿puede contestarme a esta pregunta?: ¿Qué haría usted sin trabajar?
- ¿Sin trabajar? Sería feliz. Lo primero, me levantaría tarde todos los días, viajaría lo más posible, vería más a mis amigos... No me haga soñar, que llego tarde al trabajo.
- Señor, ¿qué haría usted sin trabajar?
- Escribiría. Es mi verdadera vocación, pero el trabajo no me deja tiempo. Y me apuntaría de forma activa a una ONG.
- Hola, ¿qué harías tú sin trabajar?
- ¿Que qué haría? Pues lo que hago, buscar trabajo. Me quedé en paro hace dos meses.
- Perdona.

Pista 51
DE TODO UN POCO. Actividad 4B.
- Buenos días, ¿para abrir una cuenta?
- ¿Ve aquel señor sentado al fondo? Él la atenderá.
- Gracias.

- Buenos días. Siéntese, por favor. Mi nombre es Gabriel López. ¿En qué puedo ayudarla?
- Verá, es que quiero abrir una cuenta corriente, porque el lunes empiezo a trabajar.
- ¡Enhorabuena! Yo le aconsejaría una libreta de ahorros.
- No sé... ¿Cuál es la diferencia?
- Domiciliando la nómina, con la libreta, le devolvemos el 3 % de sus recibos de agua, luz, teléfono e internet.
- Eso está bien. Pero yo quiero una tarjeta para pagar en las tiendas, por ejemplo.
- Esa es otra ventaja. Es gratuita. Y si la pedimos ahora, dentro de cuatro días estará aquí.
- Entonces, la libreta.
- ¿Me deja su DNI?
- Claro, aquí tiene.
- ¿Es usted de Valencia? Yo soy valenciano también ¡Qué casualidad!
- Pues sí... ¿Cuánto dinero tengo que ingresar?
- Es igual, ¿50 euros está bien?
- Sí, aquí tiene.
- Muy bien. ¿Puede firmar aquí?
- Claro. Entonces, ¿cuándo puedo recoger la tarjeta?
- A ver... hoy es lunes, el viernes seguro que estará aquí.
- Pues buenas tardes y muchas gracias.

Repaso 4: *Unidades 10, 11 y 12*

Pista 52
Actividad 3A.
- Almudena, ¿qué hiciste ayer al final?
- Me quedé en casa y vi una peli, bueno un DVD que me encantó. Buenísima, sorprendente, estupenda.
- ¿Sí? ¿Cuál?
- *Las mujeres de verdad tienen curvas.*
- ¡Ah, sí! No la he visto pero he oído hablar de ella.
- Es la primera película de la directora Patricia Cardoso, del año 2002.
- Sé que ganó muchos premios.
- Sí, dos en 2002 y otro en 2003, creo.
- ¿Y de qué trata exactamente? Porque algo he oído pero no sé...
- Pues de una chica de 18 años de origen hispano, Ana, que vive con su familia en Los Ángeles. Está a punto de acabar los estudios de secundaria y es la primera de su familia que puede ir a la universidad. Tiene muchas posibilidades de conseguir una beca, pero su madre no quiere. La madre quiere que su hija adelgace, encuentre un novio y se case. Durante las últimas vacaciones, antes de ir a la universidad, Ana tiene que empezar a trabajar en el taller de costura de su hermana, que debe hacer muchísimos vestidos de fiesta en poco tiempo. Y no te cuento más, Diego, porque quizá quieres verla.
- Sí que quiero verla, ¿me dejas el DVD?
- Sí ¡claro! Mañana te lo llevo a la oficina.

Pista 53
Actividad 3B.
- Buenas tardes, Concha. Bienvenida a Onda Meridional. Mil gracias por haber venido.
- Gracias a vosotros. Estoy encantada de estar aquí.
- Concha, sabemos que eres de Salamanca y que estudiaste tanto el Bachillerato como la carrera de Filología Española en esa ciudad.
- Sí, así es.
- También, según nos hemos informado, desde el primer momento te dedicaste a la enseñanza de ELE. ¿Podrías hablarnos de tu trayectoria?
- Pues sí, veo que estáis bien informados. Yo terminé mi último examen de Lingüística en junio de 1974 y, ese mismo año, empecé a dar clases en los cursos de verano de la Universidad de Salamanca. Fíjate cuánto tiempo ha pasado ya. Trabajé en Salamanca mucho tiempo y luego me fui a vivir a Málaga y seguí en la enseñanza de español para extranjeros. Precisamente allí conocí a Victoria Moreno y a Piedad Zurita. Juntas escribimos el primer *Avance*.
- ¿Y cómo surgió la idea?
- Las tres estábamos enseñando en el nivel intermedio. Un día nos fuimos a tomar un café y, hablando, nos dimos cuenta de la falta de material para ese nivel. Les propuse hacerlo y les encantó la idea. Nos pusimos

manos a la obra y…, ya ves. Ahora es un manual muy conocido y usado en todo el mundo.
● ¿Sigues dando clase a personas extranjeras?
▼ No, ahora trabajo en mis publicaciones y me dedico a la formación del profesorado. Por eso viajo mucho. Gracias a esta profesión he conocido a gente de distintos lugares y espero seguir así.
● ¿Qué es para ti lo mejor de este mundo de la enseñanza del español?
▼ Mira, no solo me ha permitido conocer la riqueza y la variedad de mi propia lengua sino que, también, me ha enseñado que el español une a una comunidad muy extensa de hablantes. Eso es algo estupendo. Y no te digo nada de todo lo que he aprendido yo dando clase. Y luego, la cantidad de personas que se dedican por el mundo a enseñar español aunque no sea su lengua materna. Desde aquí les doy las gracias por su interés y por el cariño que sienten por todo lo hispano.
● Tienes toda la razón. Hay cada vez más interés por nuestra lengua. Bueno, Concha, es una lástima pero el tiempo se nos acaba. Enhorabuena y que sigas con tanto entusiasmo.
▼ Muchas gracias.

EXAMEN DELE

Pista 54
PRUEBA 3: Interpretación de los textos orales
Parte número 1
A continuación escucharás diez diálogos breves entre dos personas. La persona que responde lo hace de tres formas distintas, pero solamente una es adecuada. Oirás cada diálogo dos veces. Después de la segunda audición marca la opción correcta.

Diálogo número 1
Esta semana he jugado a la lotería.
a El que juega sabe.
b ¡Que la suerte te acompañe!
c El juego es la mejor manera de tener amigos.

Diálogo número 2
¿Vendrás a visitarme algún día?
a Ojalá pueda.
b ¡Qué suerte!
c ¿Y eso?

Diálogo número 3
¿Por qué no fue ayer Andrea a la reunión?
a Porque su marido no comía en casa.
b Porque había demasiada gente en el mercado.
c Estaría de viaje.

Diálogo número 4
Estoy ahorrando para que mi hijo vaya este verano a Inglaterra.
a ¡Que se mejore!
b Yo estuve allí tres veranos cuando era joven.
c El verano es estupendo.

Diálogo número 5
Cuando apruebe el carné de conducir, se va a comprar un coche.
a Pues ahora hay buenas ofertas.
b Es su personalidad.
c ¡Que sea impaciente!

Diálogo número 6
Aprieta fuerte el botón y da media vuelta a la derecha.
a No lo apretaría.
b ¡Ay sí! Ya está. Gracias.
c No hay de qué.

Diálogo número 7
La comida está lista.
a ¿Hay que ponerle sal?
b Ya voy.
c ¡Qué listo eres!

Diálogo número 8
¿Has visto a Maite y a Mercedes?
a No los he visto ayer.
b No, hace mucho que no las veo.
c ¡Siempre estás contestando!

Diálogo número 9
Elena, ¿no deberías ir al médico?
a ¿No debería ir?
b Lo bueno es que tengo que hacer muchas cosas en el despacho.
c Si no me encuentro mejor, iré, no te preocupes.

Diálogo número 10
Te pasas la vida trabajando y al final no te queda nada para la vejez.
a No seas tan pesimista.
b Los viejos son así.
c Sí, la verdad es que es muy divertido.

Pista 55
Parte 2. Escucharás dos veces siete breves diálogos, marca la respuesta correcta.

11. ● De pequeño no me gustaba nada el cole.
▼ Pues a mí me encantaba.
¿Adónde no le gustaba ir al hombre de pequeño?

12. ● Me he quedado encerrado en el ascensor y han tardado 40 minutos en sacarme.
▼ ¡Qué situación más angustiosa!
¿Dónde ha estado el hombre durante más de media hora?

13. ● Dame un folio, por favor.
▼ Lo siento, no tengo ninguno.
¿Qué le ha pedido?

14. ● ¿Qué hay allí?
▼ Me parece que es la mochila de Sandrine, pero no veo bien; está muy oscuro.
¿Qué cree que ve la mujer?

15. ● Pásame el sacacorchos, por favor.
▼ Espera un momento, que está en el cajón debajo de todo.
¿Qué le pide el hombre a la mujer?

16. ● ¿Qué es lo que más te gusta hacer el fin de semana?
▼ Cuidar el jardín.
¿Cuál es la afición favorita de la mujer?

17. ● ¿Me deja su DNI?
▼ Claro, aquí tiene.
¿Qué documento le da la mujer?

Pista 56
Parte 3. Vas a oír esta noticia radiofónica dos veces, después contesta a estas tres preguntas.
«Teatralia», se celebra en 64 escenarios y con más de 250 funciones desde hoy hasta el 29 de marzo. 16 de los 32 grupos de teatro, música, danza y circo que actúan son internacionales.

Nuevo Avance Intermedio 247

Transcripciones de las audiciones

Este año el festival ofrece dos novedades para seguir ampliando su público. La primera de ellas es la traducción de las obras al lenguaje de signos para el público con discapacidad auditiva. La otra novedad es la inclusión de dos obras dirigidas específicamente a los adolescentes. El resto de obras son variadas, desde el circo a la danza, pasando por los títeres y el teatro para bebés de los andaluces La-Sal Teatro.

Pista 57
Parte 4. Oirás dos veces este diálogo y después contesta a estas dos preguntas.

● José, ¿qué tal en Verona?
▼ Bien, muy bien.
● ¿Qué haces?
▼ Te cuento. Vivo con otros tres estudiantes españoles de Erasmus. Todos tenemos clases por la mañana. Nos levantamos temprano y vamos a la Universidad. También tenemos clases de italiano. Y Verona es una ciudad increíble para estudiantes de Arte. ¿Y tú, qué tal?
● Pues yo también he empezado las clases aquí. Oye, ¿qué tal con tus compañeros de piso?
▼ Nos llevamos estupendamente. Hay una chica, Margarita, que me gusta mucho...
● ¡Huy! ¿De dónde es?
▼ De Toledo. Oye que Margarita está por aquí. Cambio de tema. Ya hemos estado en Roma y en Florencia y el próximo fin de semana vamos a ir al Lago de Como. Todavía tengo dinero de todo lo que he trabajado este verano en el bar.
● ¿Y qué tal los italianos?
▼ ¿Los italianos? Me caen estupendamente. Oye, que esto es caro. Nos vemos esta noche a las 10 en el *messenger*, ¿vale?
● Vale, estupendo. Hasta luego.
▼ Chao.